历史的伤口

中国散文学会编选

张秀枫 主编

远方出版社

图书在版编目（CIP）数据

历史的伤口/张秀枫主编. －呼和浩特：远方出版社：2010.4
ISBN 978-7-80723-504-0
I.①历… II.①张… III.①中国－历史－通俗读物 IV.①K209
中国版本图书馆CIP数据核字（2010）第056759号

历史的伤口

张秀枫/主编

编　　选：中国散文学会
策　　划：张　明
责任编辑：张　宇　敖登格日乐
特约编辑：文　欢
出版发行：远方出版社
社　　址：呼和浩特市乌兰察布东路666号
电　　话：0471-4919981（发行部）
邮政编码：010010
经　　销：新华书店
印　　刷：北京中印联印务有限公司
开　　本：720毫米×1000毫米　1/16
字　　数：300千字
印　　张：20.5
版　　次：2010年5月第1版
印　　次：2010年5月第1次印刷
标准书号：ISBN 978-7-80723-504-0
定　　价：32.00元

序 言

真正的历史没有定论，也没有穷尽，它总是在不断的发现中曲折而持续地走向真相。

东汉的蔡伦是个声名显赫的人物，他采用植物为原料，通过“捣浆”等工艺，终于研制出“蔡侯纸”，成为中国古代四大发明之一，对人类文明做出了巨大的贡献，美国人麦克·哈特在《影响人类历史进程的100位名人排行榜》中，将蔡伦排在第七位，在中国名人中仅次于孔子。

然而，历史学家柏杨却认为蔡伦是个坏东西。蔡伦自15岁入宫后，颇善察颜观色，看风使舵，很快便成为宫中实力派窦皇后的亲信。窦皇后没有儿子，宋贵人的儿子便被立为太子。窦皇后担心自己失宠甚至被取代，于是策划于密室，然后无中生有地向汉章帝告密说，宋贵人大逆不道，诅咒皇上。汉章帝命蔡伦主审此案。蔡伦不问是非，对宋贵人严刑拷打，其手段令人发指，宋贵人姐妹被折磨得生不如死，违心地认了罪，然后在狱中服毒自尽。

柏杨在书中行文至此时，无比愤慨地写道：“中国人宁可永不用纸，也不要这种丧尽天良被阉割过的酷吏。”是啊，蔡伦不发明造纸术，自然会有张伦、赵伦发明，顶多晚几年而已，中国人不可能还用竹简。即使有了纸，那些心术不正、卑鄙无耻之徒，也断不会写出锦绣文章。

柏杨可能有些偏激，把历史和历史人物过于道德化也有失冷静和理性。蔡伦虽然人品低下，但他发明的造纸术，由于原材料易得，不仅宫廷，而且寻常百姓也能使用，这对于文化的传承和传播，对于提高民族文化素质，其划时代的意义不容抹杀。造纸术传到海外后，对于人类文明的进步功莫大焉，也是中国人对于世界文明发展的重大贡献。问题是，蔡伦在伟大发明的光环中，其人性的阴暗和残暴多年来都被屏蔽或忽略了，人们很难看到历史的全貌和真相。而且，说到底，蔡伦不过只是窦皇后的一个凶残打手而已。

人性是复杂的。人性中有天使，也有魔鬼。不同的境况会激发人性美，使之得到发扬和光大；也会诱发人性恶，从而做出伤天害理之事。“告密者”为人所不齿，而封建专制制度更是万恶之源。

那些毁灭人性的事件，是历史的伤口，我们的责任是正视而不是惧怕，是铭记而不是遗忘。社会的和解和进步，不是“不记”前嫌，而是“不计”前嫌。认真地对待历史的伤口，要有直面人生与真相的勇气，探索造成伤害的种种原因，剖析人性弱点形成的过程和自我救赎之路。“鸵鸟政策”既不利于灵魂的涅槃和净化，也不利于历史伤口的诊治和修复。

重视历史事实本身，而不是把事实的背后做为重点，剥离附着在历史身上的政治铠甲和道德含义，反对主观人为、急躁粗暴，不溢美，不掩恶，不过度诠释，既是科学历史观的题中应有之意，也是一流历史学者必备的素质。

基于上述这些考虑，我们从近一二年来大量散见于报刊的文稿中遴选编成此书，同时在表现形式上也力求独具特色，更加贴近读者。

对历史真实的笃信、痴迷和追求，就要把历史从意识形态的概念中解放出来，从把历史神圣化殿堂化、以枯燥深涩为美的情结中解放出来，从呆板、狭隘的官场范围呈现事件和人物的范式中解放出来，把历史还原为有用并且有趣的知识。提倡多元的叙事模式，从不同的角度揭示出各个时代历史群体的状态和立体图景。

历史是由无数鲜活的细节组成的，复原这些细节，是历史学家的责任。例如历史人物，无论是皇帝、名相，还是大盗、枭雄、悍匪、毛贼，都应以一种丰富的形态更有力度地呈现出来。在呈现的过程中，注重心理转换的细致描摹，形象刻划的丰盈和血肉感，叙事语言的灵活生动，读者在阅读中可以体会到历史车轮转动中的沧桑与巨变，人性与情感在冰与火较量中的激荡和震撼，以及对命运无常的感悟和感慨。

历史的研究、书写和阅读，既要有思想的激情，也要有伦理的责任，也就是说，要有勇气并理性地把历史的伤口及其镜鉴告诉大家，把通过峰回路转而探索出来的历史真相告诉大家，把历史研究的新成果告诉大家，把“非正统”的历史的丰富性告诉大家，把运用逻辑推理而还原的历史场景告诉大家，把惊心动魄的历史故事讲给大家听。

张秀枫

2010 年 4 月 13 日于深圳

目 录

历史的真相

人物的新探

历史的风月

上世纪 80 年代，冯老在乌江实地调查时，访问了当地农民。当地人竟然采用了元杂剧中艄公说的“渡马不渡人，渡人不渡马”这两句话来讲霸王。冯老觉得，元杂剧流传广泛，影响深远，这大概就是“乌江自刎”的传说得以广泛传播的原因。

乌江不在东城

也有人认为，“自刎乌江”与“身死东城”实为一说。据宋代历史地理学著作《舆地广记》中记载：“乌江本秦东城县之乌江亭，项羽欲渡乌江即此。”这样一来，《史记》中虽明确记载项羽“身死东城”，但乌江很可能在东城治下，故而也可称项羽“乌江自刎”。

但据冯老考证，秦汉旧制，东城辖区并不包含乌江亭。

传说中项羽自刎的乌江岸位于今天的安徽省和县境内，和县在古时被称为历阳。《灌婴传》里有“下东城、历阳”的记载，这就说明历阳当时并不属于东城。否则，《史记》作者司马迁只要说“下东城”就够了，没必要再说“历阳”。

另外，谭其骧先生的《中国历史地图集》第二册“秦”“淮汉以南诸郡”图，明确标着“阴陵”“东城”“历阳”。这也说明，在秦时它们是并列的 3 个县。到了西汉，“东城”与“历阳”之间又新增一个“全椒县”，“东城”与“历阳”已经完全不接壤了。

中学教师最早提出质疑

冯老还特意说明，是一个名叫计正山的人最早提出了“项羽并非死于乌江”的观点，引起了他的兴趣。

计正山正是定远县前文化局局长，也是受冯老委托寻找九头山的人。1985 年 2 月 13 日，计正山在《光明日报》发表学术论文《项羽究竟死于何地？》，第一次质疑项羽在乌江自刎的真实性。当时，计正山是定远二中的一名教师。

按照计正山的说法，“项羽身死东城”明确载于史书，只是长期被人们所忽略。《史记·项羽本纪》的论赞中就曾点明：项王“（汉高祖）五年卒亡其国，身死东城”。《史记·高祖本纪》中记载更为明确：“汉五年……骑将灌婴追杀项羽东羽身边还剩下 28 人。此时，汉军有数千人将其团团围困，项羽已是步行，手拿短兵器迎敌。从常理推断，又怎么可能从东城突围，再走 120 公里到乌江岸边呢？

一座有名无实的“九头山”

那么，项羽究竟有没有从东城突围呢？

据《汉书》记载，项羽东城突围不是在东城县城，而是在当时东城县境内一座山上。这座“山”在初唐李泰《括地志》上被再次提及：“九头山在滁州全椒县西北九十六里。‘江表传’云项羽败至乌江，汉兵至此，一日九战，因名。”按照这个记载，项羽的确曾率领 28 人突破了汉军的重重包围。“九头山突围战”一直以来被说得有板有眼，说是山石上还留有磨刀的痕迹。

为此，冯老委托当时的定远县文化局局长开车前往全椒县寻找九头山，想看一看东城距离九头山究竟有多远。但那位文化局长绕着全椒县东南西北找了个遍，都没有找到这座九头山。据当时全椒县文化局的同行介绍，全椒县根本就没有一座九头山。1988 年，全椒县重新修订县志时，已经将九头山的有关说法取消了。

另有一种说法，九头山其实是在离全椒县不远的和县，但和县只有一座花山，也从未叫过九头山。

冯老据此认为，九头山其实是一座千百年来有名无实的山。既然九头山找不到，项羽从东城突围的史实自然也就值得商榷了。

确切记载出自元杂剧

如果项羽根本没能从东城突围，而是葬身于东城。那“乌江自刎”的说法又是从何而来呢？

在元代的文史资料中，冯老终于找到了项羽乌江自刎的最早记载。但这段记载其实是出自元代中期剧作家金仁杰的杂剧《萧何月夜追韩信》。冯老由此认为，项羽乌江自刎是民间传说，由民间传说形成了杂剧。而在此前的史料中，从无“乌江自刎”的明确说法。

项羽葬身之地不在乌江

侯健美

公元前 202 年，西楚霸王项羽被汉军围困于垓下，四面楚歌。项羽力战脱身，却深感无颜再见江东父老，在乌江岸边自刎而亡。于是，后世便有了一出霸王别姬的凄美故事和一首“生当作人杰，死亦为鬼雄，至今思项羽，不肯过江东”的千古名诗。

但在今年 8 月，中国人民大学国学院院长冯其庸撰文指出：项羽并非自刎乌江，而是死在距离乌江 120 公里的东城。这给乌江岸边的千古悲歌打上了问号。

葬身地距乌江120公里

上世纪 80 年代，冯其庸前往安徽考察。他最初的想法是写一部“《史记》地理考”，对《史记》中涉及到的地点进行重新考证。从那时起，他就对项羽自刎乌江岸的说法产生了怀疑。此后 20 余年里，冯其庸沿着项羽兵败溃退的路线进行了实地调查，积累了大量材料。

据冯老认定，《史记》有关项羽之死的全部文字，除《项羽本纪》中有“于是项王乃欲东渡乌江，乌江亭长舣船待”两处涉及乌江，当另作分析外，其余无一处写到项羽乌江自刎。反倒是明确提到：项羽“身死东城”，“使骑将灌婴追杀项羽东城”，“破籍东城”，“追籍至东城”等等。东城在今天的安徽省定远县，距离乌江有 120 公里。

根据史料，项羽从垓下突围出来后还有 800 余人，但到了东城激战后，项

历史的质疑

城，斩首八万，遂略定楚地。”《汉书·灌婴传》也记载：“项籍败垓下去也，婴以御史大夫将车骑别追项籍至东城，破之。所将卒五人共斩项籍，皆赐爵列侯。”

但由于缺乏有力的证据，计正山的观点一直以来未能产生较大影响。而冯其庸老先生对自己的观点很有信心，觉得所掌握的证据很充分。

项羽到底是身死东城还是自刎乌江？不知此番是否能有定论。

吴王夫差并非贪色误国的君王

墨　羽

拒绝遗忘　励精图治

公元前497年，越王勾践即位，时值楚国联越制吴，吴、越冲突初起。此时，越国实力尚弱。公元前496年，吴王阖闾兴师伐越。勾践统兵抗击来攻的吴军于槜李（今浙江嘉兴县西南）。越王勾践派军中罪人成列自刎惊乱吴军而侥幸得胜，一举打败吴军，射伤吴王。使吴王阖闾受伤而死。吴王阖闾临终前告诫儿子夫差："一定不要忘记越国给我们的耻辱。"

夫差遵照遗训，励精图治，苦练精兵。他任命伍子胥和另一个大臣伯嚭日夜操练兵马，准备攻打越国，报杀父之仇。公元前494年，勾践闻吴王夫差日夜练兵欲攻越以报父仇，主张"先吴未发往伐之"，发兵攻吴。吴王夫差闻之，亲率精兵迎击越军，两军大战于夫椒（今太湖中洞庭西山，一说今浙江绍兴北）。越军力不能敌，惨败于夫椒，勾践率残兵5000，退守会稽山（今绍兴东南）。夫差追而围之。危急之际，越王勾践采纳上将军范蠡委曲求全、以退为进之策，卑辞厚礼派大臣文种向吴国求和。

心生恻隐　放虎归山

根据《史记·越王勾践世家》记载，越国求和使臣文种面见吴王夫差时，文种"膝行顿首曰：'君王亡臣句（勾）践使陪臣种敢告下执事：句（勾）践请为臣，妻为妾’”大意是：文种跪着爬行到吴王夫差面前，叩头说：“您的亡国之臣勾践派我告诉您，勾践请求做您的臣下，勾践的妻子做您的婢妾。”此时，吴国大臣伍子胥不同意，对夫差说：“天以越赐吴，勿许也。”

文种回来向越王勾践汇报后，勾践绝望了，准备杀妻灭子，焚烧珠宝玉器与吴军决一死战。文种劝阻勾践说：“吴国大臣太宰伯嚭贪财好色，可以利用。”于是，勾践派文种带着美女以及珠宝玉器行贿伯嚭。伯嚭带着文种再次面见吴王夫差。文种向夫差叩头后说：“希望大王赦免勾践之罪，收下越国的珠宝玉器。如果您不赦免我们，勾践将杀尽妻儿老小，焚烧珠宝玉器，率领 5000 人与您决一死战，定能以一当十。”

伯嚭接着对吴王夫差说：“越国已经臣服了,若赦免他们,对我国有利。”此时，伍子胥进谏说：“今不灭越，后必悔之。句（勾）践贤君，种、蠡良臣，若反国，将为乱。”大意是：现在不彻底消灭越国，必将后悔。勾践是贤明的君主，文种与范蠡是良臣，如果我们返回吴国以后，他们必将作乱。但吴王夫差动了恻隐之心，答应了越国的请求，罢兵而归。由此，我们不难看出吴王夫差的仁慈之心，但此举无异于放虎归山，最终导致了夫差自杀，吴国被越国所灭。

贪恋女色　子虚乌有

在很多的文艺作品里，吴王夫差被描绘成中了越王勾践的美人计，贪恋越国进献的美女西施，对其言听计从，以致误国。但近年来，有些史学工作者撰文认为，历史上实无西施其人，他们的依据是：在先秦诸子著作中就已屡见“西施”之说。如《管子·小称》篇中就载有“毛嫱、西施，天下之美人也”。该书作者管仲系春秋初期人，可见，“西施”至少比勾践早出生 200 多年，管仲怎么能够说到 200 多年后的西施呢？史家认为：“西施”一词是古代对美女的艳称，并非专指某一个人，漂亮女子都可称为西施。

那么在吴越交战中是否也有个“西施”呢？《史记·越王勾践世家》、《国语·勾践灭吴》与《货殖列传》都没记载过西施。西汉人的著作中出现西施，但也未涉及西施参与吴越交战之事。到了东汉初期，才有勾践报仇用美人计的记载，袁康的《越绝书》云：“越乃饰美女西施、郑旦，使大夫种献之于吴王……”《吴越春秋·勾践阴谋外传》中，文种陈述破吴谋略，第四条就是“遣美女以惑其心而乱其谋”，于是勾践“使相者国中，得苎罗山鬻薪之女曰西施、郑旦，教以容步习于土城，临于都巷，三年学服而献于吴”。西施身吴心越，为越国雪耻灭吴做出了卓越贡献的故事，主要是根据袁康的《越绝书》的记载逐步演变而来的。东汉初期，距吴、越争霸已经500多年了，这些著作对吴越争霸的记述，在真实性上应该是大打折扣的。

勇于自愧　慷慨赴死

史学界认为，吴国灭亡的原因一个是放虎归山，另一个是穷兵黩武并赶上自然灾害。根据《史记·越王勾践世家》记载：吴王夫差与齐国、晋国连年征战，争霸中原，精锐部队损失惨重，国力空虚。公元前478年，恰逢吴国大旱，百姓饥饿。越王勾践乘机攻吴，大败吴军于笠泽（今苏州南），从根本上改变了吴、越力量对比。

勾践自公元前475年开始，对吴国首都吴（别称姑苏，今江苏苏州）实施长达5年的围困，吴王夫差被越军长期围困，力不能支，遂派使臣袒衣膝行向勾践求和。勾践于心不忍，正要应允，范蠡上前说：“大王您忍辱受苦20余年。为了什么？现在能一旦抛弃前功吗？”转头又回绝吴国使臣：“过去是上天把越赐予吴国，你们不受；今天是上天以吴赐越，我们不敢违背天命而听从你们的请求。”范蠡毅然鸣鼓进兵。吴国使臣哭着离去。勾践动了恻隐之心，派人对吴王夫差说：“吾置王甬东，君百家。”大意是：我将你安置在舟山群岛，统领百户人家。吴王回答说：“吾老矣，不能事君王！”遂自杀。临死时吴王夫差说：“吾无面以见子胥也！”吴王夫差感到无颜面对一直对他谏言灭越的伍子胥。勾践灭吴后，埋葬了吴王夫差，而诛杀了太宰伯嚭。

图穷匕见，刺还是不刺？

张战稷

公元前227年，即秦王嬴政即位第20年，秦王大殿上发生了一件恐怖事件——燕国派来割地的使臣荆轲竟然在大殿上手持利刃，刺向嬴政，但连刺几下都没能成功。那么，为这次刺杀做了充分准备的荆轲，为什么连连失手？这里面究竟有什么样的内幕？

表面上看来，荆轲的行为属于刺客，但实际上，他的经历却更多倾向于说客。史载："荆卿好读书击剑，以术说卫元君，卫元君不用。"

但是，荆轲学来的"术"，绝对不是剑术。剑术打动卫元君能做什么？保镖？刺客？还是打手？这些显然都说不通，因为荆轲的剑术并不怎么高明。剑客鲁句践听到荆轲刺秦王失败的事情之后，就曾经叹息说："嗟乎，惜哉，其不精于刺剑之术也。"

司马迁将荆轲归为刺客写入《史记》，是从其行为上看的；刘向将其纳入纵横家一派编入《战国策》，是以他的经历为准的。虽然荆轲游说卫元君没有成功，但他说服樊於期把头交给自己却达到了目的。从这一点来看，荆轲作为一名说客远比刺客更成功。

《史记》、《战国策》和《资治通鉴》都记载了太子丹和荆轲面谈行动目的时的一段对话，大概意思就是：如果能挟持秦王，让他退还侵占六国的土地，就像当初曹沫对齐桓公做的那样，那最好；如果不能，那就干脆杀掉秦王，秦国必定内乱，待那时再起兵攻打。就是这一段话，让直接参与行动的荆轲心中打了个问号，到底是刺还是不刺？

从太子丹的前后种种来看，他的意图当然是要刺杀嬴政的。

首先，樊於期投靠太子丹的时候，就有人对他进言，若是要对抗秦国，就应该把樊於期送到匈奴，再联合三晋、齐楚和匈奴的力量联合抗秦。姑且不论这个建议的对错，但是太子丹拒绝这个建议的理由就很值得玩味："旷日弥久，心惛然，恐不能须臾。"(《史记·刺客列传》) 拒绝从战略上抑制秦国，而打算靠刺杀行动削弱秦国，明显是不现实的。归根到底，他安排的刺杀行动就是因为对嬴政的怨恨，因此，必刺无疑。

其次，不管是让秦国退还土地还是等秦国内乱，都需要在行动之后立刻跟进一个很庞大的后续计划，而太子丹从头到尾都没有这方面安排的记载。要么他根本没有这个打算，要么他根本不指望行动可以成功。

最后，太子丹在对行动的准备和过程安排中也露出了马脚。求天下利器淬剧毒，直接在嬴政眼前亮相，都是一心为了杀死嬴政，而不是挟持。

而荆轲是怎么想的呢?

太子丹给荆轲弄妥当了一切准备工作之后，荆轲意属的副手并没有出现，而太子丹怀着渴望复仇的迫切心情开始了催促，失望的荆轲说："何太子之遣?往而不返者，竖子也，且提一匕首入不测之强秦！仆所以留者，待吾客与俱。今太子迟之,请辞决矣。"刺与不刺之间,荆轲明显选择了后者。因为在《史记·刺客列传》中，但凡出手的刺客，不论成功与否，都没有人活下来，而荆轲不但打算活着回来，还直斥死士的行为。

一个主张刺杀的行动组织者太子丹，和一个主张不刺的行动执行者荆轲。在对行动目的理解中，有一个无法解释的巨大偏差。不管太子丹和荆轲两人有没有注意到，他们都用不专业的手段作出了备用方案——副手执行。

太子丹找了一个以能杀人和敢杀人闻名的秦舞阳，目的不外乎关键时候取代荆轲出手，确保行动的结果是刺。而荆轲找这个出场备用角色，目的是避免自己"往而不返"，确保行动结果是不刺而刺。

等到了秦王大殿上，初次出演大片的业余演员秦舞阳突然胆怯。而原本只打算做个执行导演的荆轲，在依旧没有弄明白导演意图的情况下，只好自己亲自担任男一号，并且不顾自己根本不具备夺奖能力的事实，毅然决定按照自己对剧本的理解，上演一场劫秦王的大片。不过遗憾的是，作为被动参演荆轲对手戏的秦王嬴政，在戏中完全拒绝与荆轲交流，一点都不配合。当图穷匕见，一切都没有选择余地的时候，荆轲并没有意识到这一点。他还在刺与不刺之间犹豫，准确点说是更倾向于不刺。而等他反应过来，一切都已经晚了。荆轲不是死士，最后的飞刀其实也是被逼的，他一开始就没想要刺杀秦王。最后的飞刀，只是无奈中的退而求其次。

或许，就在荆轲无奈地将剧情由劫秦王转变为刺秦王的时候，心中还有一句不知该如何说起的台词没有讲出口——“你莫慌，其实我不是来杀你的。”

强大的秦王朝因何灭亡

冯立鳌

垂死的王朝中杀出一匹黑马

陈胜所派的周文一支部队于公元前208年冬很快西向入关（指函谷关，故址在今河南灵宝东北），几十万军队到达咸阳之东约百里的戏（今陕西省临潼县东），准备发起最后的进攻。秦王朝在覆灭命运眼看指日可待的关键时刻，出现了一个试图力挽狂澜的章邯，垂死的阵营内杀出了一匹黑马。

章邯是秦国少府（掌管山海池泽收入和皇室手工业制造，九卿之一），在周文之军即将兵临城下时，他向秦二世胡亥建议说："盗贼已到眼前，人多势强，现在征发邻近各县的兵力已经来不及。骊山刑徒很多，请赦免他们，发给兵器以抗击盗贼。"胡亥乃赦免骊山刑犯和奴婢之子，让章邯组织成军队。章邯带领这支临时凑成的队伍东向出击，竟然打了一连串的胜仗。

章邯在戏地出手击败了周文之军，周文军队进出关内，章邯则乘胜追击，两个多月后在曹阳（今河南灵宝县东）再败周文，10多天后在渑池又大破其军，周文自刎而死，军队溃散，秦都咸阳面临的威胁遂告解除。

陈胜所派的另一支军队长时间攻不下李斯长子李由守卫的荥阳，围城的楚将田臧听说周文之军已败，料到章邯会率军来攻，于是让部将李归以少量兵力围荥阳，自己调动全部精兵迎击章邯。两军战于敖仓（秦代在敖山上所置谷仓，故址在今河南郑州市西北邙山上），田臧战死，军队溃散，章邯进军至荥阳城下，击破围城之军，李归死于军中。另外，陈胜前不久曾派遣宋留自南阳入武关（入秦的另一关口，在今陕西丹凤东南），宋留中途遇阻，回军新蔡时与秦军相遇，被章邯招降。

荥阳之战后，章邯得到了朝廷派来的长史司马欣、董翳两支部队的补充，军势颇大，他分兵攻破陈胜部将邓说、伍馀所驻扎的郏（今河南邦县）、许（今河南许昌市东）两地，扫清外围。旋率得胜之军直逼陈胜所建张楚政权的中心陈地（今河南淮阳县），陈胜所任的上柱国（楚国所设置的保卫国都之官）蔡赐战死。部将张贺出兵迎战，陈胜亲自出马督阵，但楚军还是被章邯击溃，张贺死于阵上。陈胜被迫弃陈退至汝阳（今安徽阜阳），很快又退至下城父（今安徽涡阳县东南），被部属杀害。

当时关东诸国都已称王自立。章邯在陈地得手后挥师向北，在临济（今河南封丘县东）进击魏国，魏王魏咎派周市向齐、楚求救，齐王田儋、楚将项它分别率兵来援，章邯夜间偷袭敌军大营，攻杀齐王田儋和魏将周市，乘胜包围临济，魏咎为保全民众而请求投降，随后自焚而死。

章邯与项梁部队进行过多次交锋，双方各有小胜。这时，秦国戍守北方边塞的军队在王离率领下前来增援章邯，恰逢项梁一次小胜后骄傲轻敌，又将项羽一支主力派去进攻外黄（今河南省民权县西北）、陈留（今河南开封市东南陈留城），力量薄弱，章邯乘机向项梁军发起突袭。他让军士把筷子一样的小棒（称为“枚”）衔在口中，两端用绳带系在颈上，称为“衔枚”，以防止行军喧哗，在晚间秘密行动，进攻楚军。项梁麻痹大意，不曾提防，被斩杀于定陶，全军溃败。秦军乘势渡河抵赵，招降了赵大将李良，一时声势大振。

章邯率兵至赵都邯郸，把附近的居民都迁徙到河北，毁坏其城郭。赵国君臣逃入巨鹿（今河北省平乡县西北），秦将王离率兵包围巨鹿，章邯军驻在城南的棘原，修筑甬道（两侧筑墙的甬道，防御敌方袭击抢掠）与黄河相连，给王离供应军粮。当时巨鹿城内食尽兵少，赵军人心不稳，而秦军锐气颇盛。赵国大将军陈馀在城外派5000兵将试战，结果全军覆没。燕、齐、代等诸侯的救赵之兵扎驻城下，不敢与秦军交战，秦军破城眼看已成定局。

一员勇将难挽既倒之狂澜

章邯在巨鹿攻占即将取胜的关键时刻，遇到了出兵以来一位真正的军事对手。楚将项梁之侄项羽在安阳（今山东省曹县东南）制造兵变，夺得上将军之位，率黥布、蒲将军等数万军马渡过黄河，破釜沉舟，首先经几次交战断绝了秦军甬道，随后包围了巨鹿城下的秦军，激战中俘获秦将王离，使副将涉间自杀，击溃秦军，解了巨鹿之围。项羽旋率得胜之兵驻军漳南，与驻棘原的章邯军相持。

章邯军在与项羽的对峙中不能得胜，数次后撤。当时秦二世胡亥行督责之术，派人责备章邯，章邯恐惧，派长史（约相当于秘书长职务）司马欣到咸阳请示，当时朝中赵高为相，司马欣在皇宫外门等候了3天，赵高不曾接见，表示不信任。司马欣设法摆脱了赵高的追捕，潜逃至军中，向章邯告知了赵高在朝中的所为以及章邯得不到朝中信任的危险境况。恰好此时赵将陈馀恳切地招降章邯，秦军又在汙水之战中被项羽打败，章邯于是决定投降项羽，而项羽考虑到自已军队粮食短少，难以久战，因而同意受降，二人在洹水（今河南省北部的安阳河）之南的殷墟（殷盘庚建都的遗址，在今河南安阳市西北小屯村）会谈立盟，章邯率几十万军队投降了楚军。

公元前207年的巨鹿之战是章邯军事生涯和个人命运的转折点，他所以在战后不久投降了项羽，军事失利固然是一个原因，但最重要的原因是秦王朝政治上的腐败。赵高当政的王朝对这位效命沙场的功臣没有抚慰和鼓励，只有督责意义上的责备，入京请启的长史非但奏事无门，反而沦落到性命难保的险地，他们得不到朝廷丝毫信任，正如司马欣向章邯分析所说："赵高用事于朝中，外面的人不可能有作为。如果作战取胜，赵高必定嫉妒我们的功劳；战斗不能取胜，免不了一死。"赵将陈馀也向章邯分析说："将军居外久，内多隙，有功亦诛，无功亦诛。"章邯在自已的政治前途和个人性命得不到任何保障的情况下与项羽军队相持，心理上早已失去了战胜的勇气，军事失利当是自然的结果。他在殷墟约降立盟时面对项羽痛哭流涕，诉说朝廷奸臣当道之事。可见不得朝廷信任正是他在战场上难以释怀的块垒，是他全军降楚的根本原因。

事实上，军事是政治的组成部分，它服务于政治并且受政治状况的制约。秦朝的军事出击，在章邯的率领下确实取得了一系列重大的胜利，但军事胜利扭转不了腐败的政治，反而要受后者的制约和牵累，这就决定了章邯的军事胜利只能是暂时的，而失败的结局却是必然的。

章邯降楚，从秦王朝的沉船上潜离逃生，但却导致了另外一种不幸的结局。他所率领的几十万军队中大部分官兵出身关中，他们当年曾对来关中服徭役或守边的关外官兵多有不恭之处，现在做了降兵，关外各路官兵乘机报复，随便侮辱折磨他们。军队到了新安（今河南省渑池县东）时，秦军官兵私下议论，心有不安，项羽顾虑秦军官兵入关后不听指挥，于是布置手下人连夜行动，将秦军 20 多万人坑杀，携章邯、司马欣、董翳三位高级将领入关。三人于公元前 206 年分别被项羽封为雍王、塞王和翟王，置三秦之地（今陕西省中部和北部地区）。与刘邦的汉王等十五王同时受封。雍王章邯领咸阳以西之地，以废丘（今陕西兴平东南）为都。然而，章邯所率 20 万秦卒被楚军坑杀，自己却受封为王，秦民对他恨入骨髓。公元前 206 年冬，刘邦明修栈道，暗渡陈仓（今陕西省宝鸡市），调动章邯主力前来堵击，汉兵主力则从陈仓道出兵，攻下大散关（今宝鸡市南大散岭上），在秦岭以北的陈仓、好畤（今陕西凤翔东）连续击败章邯，章邯得不到秦民的支持，退守废丘。公元前 205 年刘邦在彭城（今江苏徐州市）兵败后退至关中，引水灌废丘，章邯自杀。

事实上，秦王朝的覆灭是由它和民众的尖锐对立以及自身的政治腐败促成的，章邯的军事胜利改变不了王朝的政治态势，那么他就无法挽回王朝既倒之狂澜，他个人反而最终要被天下政治狂澜所覆没。

殉命江海的子婴

秦王朝的政治统治在赵高专权时期到了混乱不堪、无法收拾的地步。陈胜义军揭竿而起，天下反叛的烈火在熊熊燃烧，王朝统治面临灭顶之灾。公元前 207 年，丞相赵高恐怕二世胡亥追究自己的责任，恶人先下手，派人将胡亥攻杀于望夷宫（今陕西省泾阳县东北）。赵高本想自立为帝，一是百官大臣不服从；二是殿堂几次几乎倒塌，他认为不祥，于是立胡亥的侄儿子婴为君。因为当时关东六国均已反叛，秦国能管辖的地域很小，于是取掉君主皇帝的尊号，复称秦王。

秦王子婴的头脑始终是清楚的。他接到赵高让自己斋戒后在宗庙中拜祖先、会群臣、受玉玺的通知后，立即与两个儿子作了商量，得出的结论是："赵高杀掉二世，恐群臣诛讨，乃假装行义立我为王。"在情况并不十分明确的形势下，子婴甚至把局势估计得十分严重，他认为赵高让他斋戒庙见，是要在庙中杀掉自己。于是商量策划了诛杀赵高的计划。

子婴接到庙见群臣的通知后声称自己生病，并不前往，赵高派了几批人前来相请，都没有请来，赵高遂亲自前来相请，以宗庙大事为由，劝子婴前行，却被事先藏于密室中的宦者韩谈及子婴的儿子杀死。子婴下令灭赵高三族，并在咸阳示众。

子婴为秦王四十六日，刘邦率军队攻破武关已至霸上（今西安市东），派人对子婴劝降。子婴权衡了天下形势，深深地认识到秦朝的灭亡已无法避免，于是他用绶带系着颈项，乘坐白车白马，做出知罪的姿态，在一个叫“轵道”的亭旁将君王玺符献给刘邦。

从子婴接受王位和投降楚军的情形看，他是一位善于以低姿态处世、能够放弃政治欲求、具有较强生存技巧的人物。赵高曾唆使二世胡亥大肆诛杀皇亲贵族，子婴当时能侥幸免祸，这一条可能是极重要的原因。

子婴以无欲示外，其实是一位十分关心政治且有见地的人物。当年胡亥信赵高之言欲诛杀蒙恬、蒙毅兄弟，子婴面见胡亥，向他讲述了战国时赵王迁、燕王喜和齐王建杀忠任奸，导致国灭身亡的例子，劝谏胡亥说：“轻虑者不可以治国，独智者不可以存君，诛杀忠臣而立无节行之人，将会导致群臣猜疑，将士离心。”他的观点鲜明，认识切中要害，可惜胡亥没有听进这些意见。赵高杀掉胡亥后曾与刘邦秘密联络，子婴不久即告诉两个儿子：“我听说赵高与楚有约，灭秦宗室而称王关中。”他密切注视着朝廷的政治动向，信息渠道也极灵通，这均是他政治敏锐性的表现。

在被立为秦王的个人命运转折时刻，子婴能清醒地看到赵高的险恶用心，从最坏处盘算不明确的情况，在朝中毫无个人势力的情况下仅凭身边数人，用引奸入室的机智方法，轻易地除掉了朝中权高势盛、为非作歹的恶魔，做了一件大快人心的好事，一时稳定了局面，这是极不容易的，子婴的才能可见一斑。然而，子婴为王时，秦王朝的大厦已经倾倒，无论他有多么高超的才能，已经来不及挽救王朝的灭亡。

子婴投降刘邦后月余，项羽率诸侯军队到达关中，他听刘邦手下司马曹无双送来情报说：“刘邦欲在关中称王，安排子婴为相国。”项羽闻之大怒，准备以武力粉碎刘邦的计划。后来由于种种因素的作用，他在鸿门（今陕西临潼县东北一山坡名）宴上放掉了刘邦，不久却杀死了子婴和秦朝众皇族，烧毁了咸阳全部宫室，将财宝和宫女与诸侯瓜分，分封十八诸侯王后西返。子婴因为先降刘邦而被项羽猜忌，在楚汉分争的序幕尚未拉开时就殉命咸阳。作为一名末代君主，他得位于破轮沉没之时，虽有顶风舵航之才质，但难挽败亡之局。他在诸侯入关时身遭杀戮，实际上是殉命于灭亡了的王朝，给后人留下了无限的惋惜。

秦朝河决不可复壅

秦王朝以武力灭掉六国，创立了幅员辽阔的一统江山，他们建国改制，睨视四方，最高当权者以少有的才略伸张意志、重塑天下，他们在享受到无限的尊荣时，以为自己的铁铸江山可以自此开始，传至万代而无穷。但现实和他们开了一个极大的玩笑，巍巍帝国在垅上耕夫的振臂一呼中顷刻崩溃，社稷胤脉二世而绝。

预料中的万世江山只存在了短短的13年，表面上强大的帝国本质上极其虚弱。这些巨大反差的形成实在不是无缘无故的。

秦王朝建立之时面临的与六国贵族的矛盾、与天下民众的矛盾，以及内部各种政治势力的矛盾，王朝的最高当权人毫无意识。他们贪图于个人独享天下的目的，为了个人意志的无限伸张，选择了一种权力独揽的专制性政治制度。这种制度拒绝和本集团内部各政治势力的权力分享，最终把可以争取利用的士人阶层，以及其他皇族枝叶逼迫到了不愿合作、冷眼旁观的地步。最高当权人真正成了与天下为敌的匹夫。胡亥继位后，为维持自己非合法得到的权力而大肆诛戮朝臣，其后又大行“督责之术”，把本来还想维护王朝统治的皇族亲贵更是逼到了叛离与对抗的地位。王朝大厦失去了赖以支撑的力量，自然经受不了任何程度的急风骤雨。

以暴力征服天下的秦王朝在经营天下中仍然崇拜暴力，他们没用战争年代的方式，以严刑峻法统治天下。他们不顾多年战乱后民众急需休养生息的需要，为了个人的享受而大兴建设工程，穷极民力，压榨百姓，把无数民众逼到了死亡的边缘。嬴政死后秦王朝面临着一次治政方式重新选择和调整的机遇，但继位的胡亥继续了暴虐的方式，并且变本加厉，终于激反了失去求生希望的民众。正是王朝的统治者为自己呼唤出了遍地的掘墓人。

集权制的专制统治是不受监督、无所制约的权力独占，政权操作因而具有非公开化、不透明的特点，这是权力独占的必然要求。这样的操作方式固然保证了政治权力不为他人所分割和分享，保证了执政者个人意志的最大伸张，然而也极易出现被奸人利用、以售其奸的空隙，尤其是在皇权交接可能发生的“权力真空”期。秦王朝的赫赫统治震慑万民，威及四方，但在嬴政丧命沙丘后的一段时间内，其操纵权绝对地落在了一位宫中宦竖手中，百官大臣不曾丝毫知情。当中车府令赵高按照自己的好恶废置嗣裔、安排后事和朝政之后，大臣们除了认可既成事实、听任摆布与宰割外，已没有其他的选择。恰好赵高是一位满腹险机、诡诈无行的孽物，按照他的意志去处事和治政，王朝迅速走到了腐败和虚弱的极点。

秦王朝崛起于西部偏远之地，以武力征服关外诸国，始终没有形成自己更为优胜的文化形态，缺少文化理念的军事帝国固然不乏强大，似难以在广阔的大地上扎下根系，缺乏被认同和支持的社会基础。建国不久又采取了焚书坑儒的极端措施，以政治暴力手段对付不相认同的文化现象，表明了他们对历史上治国经验的拒绝和不引前鉴、我行我素的狂妄心态。历史的发展总有自身的惯性，这种惯性会体现在人们对某种固有文化的认同上。秦王朝要改制兴国，不是采取对该文化兼收并蓄，力求超越的文化建设方针，以此引导人们转变为新的文化认同，而是对人们原已认同的文化采取仇视和消灭态度，并对主要负载该文化的读书人采取暴力坑杀的方针。他们以为消除了历史文化，就可以中止历史发展的惯性，就可以按自己的政治意志重建社会，殊不知，暴力可以焚毁典籍，却难以消灭文化。任何较优越的文化都体现了当时人们对复杂的社会发展规律一定程度的体认，要武断地消除这种文化，实际上是把自己放在了与社会发展规律相对立的境地。秦王朝正是这样荒唐处事而不自知的行险者。

恶劣的制度无法防止恶劣之人的恣意妄为，恶劣之人在无所制约的制度空隙中诡谲钻营，惑乱朝政，制度的恶劣和人的恶劣在相互加强，必然把新起的王朝推向崩溃。纵有敢于力挽狂澜的英雄，也有愿意扭转航程的舵手，终于不能避免大厦倒倾、轮船破沉。东汉时的班固认为秦王朝后期已是“河决不可复壅，鱼烂不可复全”，这是极有见地的。

秦王朝的覆亡表明了暴力治政的虚弱和荒唐，启发后来欲有作为的政治家看重民心，关注民情，珍视民力，它给历史留下了一面鲜亮的镜子。

韩非为何必死?

简 超

后世说起韩非之死，或谓他爱韩国为秦所不容，或谓起于与李斯的争斗，等等，但我总觉得这里忽视了一点：韩非必死，实在因为他把书写得太透彻。

古人把不朽分成3个层次：立德、立功、立言。立德教化万民，只有尧、舜等圣人才能做到。春秋以降，圣人绝迹，立德就成了准圣人们的梦想，于是接舆讥笑孔子说："风兮风兮，何德之衰？"孔子一声长叹，删定六经，继往开来。到了三国末叶，杜预在家赋闲，认为德不可企及，终于写出了《春秋左氏经传集解》，成了大学问家。

韩非呢？以顶级思想家的才华和王室公子的身份而不得任用，这种境况比孔子奔走和杜预赋闲更加难堪，于是他也写书，把法术的妙用阐述、发挥到最高境界。书传到秦国，秦王嬴政才看了《孤愤》、《五蠹》两篇，就喟恨不能与作者同时而游。李斯说，这个韩非就是韩国一落魄公子，还是下臣我的同学呢，嬴政因此发兵以求韩非。

其实秦国伐韩，索取韩非只是个捎带，主要是习惯性地骚扰这个老邻居，一面敲敲竹杠，一面用韩国当蓝军来练兵。韩王派人找来韩非说："委屈你了，祖宗社稷就着落在你身上了。"一句话感动得韩非痛哭流涕，期期艾艾地表态："大王何出此言？为国效力，万死不辞！"于是上了韩王鞴的高车驷马，意气昂扬地西去，上书秦王，名曰《存韩》。嬴政看了一撇嘴：韩非有毛病啊，你结结巴巴也就算了，怎么还是个自相矛盾的主儿呢？

秦国自昭王以来的战略是就远交近攻蚕食天下。韩国与秦地相接，而国力薄弱，是秦攻取的首要对象。韩非在《五蠹》里论述了纵横之术的利弊，明着是批评纵横家，说白了就是别同情弱者，别与虎谋皮（别滥施同情于弱者以求名，别奢望与强者分羹以图利）。这种说法，对于已成为超级大国的强秦而言，几乎就是对小国落井下石、对大国发动战争的理论依据，而其中暗藏的“捏软柿子思想”，也正符合秦并天下的战略战术，不要说嬴政听了会引为知己，就是孝公、穆公于地下，也会紧握韩非的手，连连夸他有才。

但是韩非在《存韩》里怎么说呢？他说：“韩事秦三十余年，出则为扞蔽，入则为席荐……且夫韩入贡职，与郡县无异也。今臣窃闻贵臣之计，举兵将伐韩。”——韩国这么忠顺地服从秦国，大王怎么能听贵臣（明显主指李斯）的话讨伐韩国呢？还说：“夫韩，小国也……今伐韩，未可一年而灭，拔一城而退，则权轻于天下，天下摧我兵矣……陛下虽以金石相弊，则兼天下之日未也。”意思是说，韩国是个小国，秦不能一举灭韩，没面子还在其次，由此降低了在七雄中间的分量，再想兼并天下那就没影没边了。所以大王还是努力去打赵国吧。

是应该先伐弱韩，还是隔着韩国劳师远征呢？倘若韩非对秦国像李斯那样忠诚，一定会贯彻他的“捏软柿子思想”，现在他却建议嬴政捧着软柿子去捏硬柿子。这种自相矛盾，究竟是韩非言不由衷，还是他明于理而暗于事，还是他的行动在背叛他的思想，还是他的爱国热情战胜了政治理想，实在说不清楚。但无论如何，韩非的表现不是嬴政的期待，而此时已是秦灭六国的前夜，嬴政断不会因这么一番无力的说辞而改变既定的战略。

话不投机，嬴政对韩非有点失望：你不是说不要同情弱者吗，不是说先拣软柿子捏吗？保你的韩国也就罢了，还玩一个移祸赵国的拙劣把戏，让我劳师远征，让人断我后路，让你韩国以此自重？所以嬴政很不高兴，向李斯大发牢骚。李斯说：“韩非是韩国公子，为自己国家考虑，也是人之常情啊。”秦王说：“你倒是够大度，他还说你净给我出馊主意呢。”

韩非居然说伐韩是馊主意，李斯当然也是又恨又气。好吧，你无情，休怪我不义。于是李斯动了歪脑筋，问：“大王觉得韩非如何？”秦王说：“思想挺深刻，政事没经验。”李斯又问：“以大王之贤明，读韩非书一定会有所发现。”嬴政得意地说：“观书而尽知之，韩非书治天下之术也。”李斯又问：“大王觉得韩非书足够完备吗？”秦王说：“够了。”李斯进一步试探：“看来得韩非书足矣，真不该兴师动众把他弄来给大王添堵。”嬴政听了这话居然没反对。于是李斯心里有了底，就把韩非下狱，然后让人捧了碗毒药给他喝。

本来韩非入秦，极有可能获得实现他政治理想的机会，之后的历史，也将把统一六国的一份功劳录入他的名下，这也是秦王召他的初衷吧。但他却死在了秦国，还死得不明不白、极其窝囊，其实这都是因为他把书写得太透彻。

试想，嬴政以战争方式实现“得见此人与之游，死不恨矣”的愿望，韩非在其心目中的地位自不待言；而韩非的故国之情，也必定在嬴政意料之中，因此韩非在《存韩》中的拙劣表演，嬴政可以不屑，可以冷面而对，可以置之不理，却绝对不会成为他放纵李斯下黑手的原因。因了嬴政这层关系，韩非这样一个以非常手段得来的贤人，他的被害无论起由如何，无论涉及李斯和李斯之外的什么人，都应该有一个前提：韩非对嬴政来说已经可有可无。而这个前提的前提即是：韩非的重要性已经被《韩非子》所取代了。韩非把书写得太完美，把道理讲得太透彻，于是嬴政自信韩非的本事他看书自学就能融会贯通；于是李斯就敢下黑手，弄碗毒药送给韩非。嬴政没必要为一个死韩非而迁怒活李斯，也就不再过问。

这样看来，韩非之死即便有责于秦王的寡恩和李斯的阴狠，可确实也因为他自造了可杀之局。他的情商太低，不明白“犹抱琵琶半遮面”的道理，不晓得文章太透彻、太完美，书的价值竟然超过了作者本身。否则，若他对嬴政还存在着时时请益的价值，李斯大概也没底气那么利索地把他弄死，他的人生也就可能发生另一种变化吧。可惜的是，韩非枉自研究了一辈子人心，替别人打算了那么多保国、自保之术，却没弄清虎狼之围中藏私的必要，从而给自己制造了可弃、可杀的局面。这也可能因为长期的压抑激发了韩非的表现欲和创作欲，所以他用著书的形式把自己和盘托出吧。

贤如韩非，磊落是磊落了，脖子却送到别人刀口上了。

秦陵兵马俑的主人竟然不是秦始皇?

易　名

1974年2月，一群农民在秦始皇陵东侧1.5公里处打井时偶然发现了与真人真马一样大小的兵马俑。从此，一个埋藏了两千多年的地下博物馆被挖掘出来。至今，兵马俑已出土陶俑8000件、战车百乘以及数万件实物兵器。其中一号坑为“右军”，埋葬着和真人真马同大的陶俑、陶马约6000件；二号坑为“左军”，有陶俑、陶马1300余件，战车89辆，是一个由步兵、骑兵、战车等3个兵种混合编组的军阵；三号坑有武士俑68个，战车1辆，陶马4匹，是统帅地下大军的指挥部，被誉为“世界第八大奇迹”。而自这一奇迹发现不久，它便被认定作秦始皇陵的陪葬，这几乎成为一种“公论”。甚至美国《焦点》杂志在介绍兵马俑时也称“中国第一个皇帝秦始皇在2200年前驾崩之前统一了中国，下令修建长城，对中国实行残酷统治。他当时唯一惧怕的是天帝的震怒。他为此下令修建一座庞大的陵墓，让8000名真人大小的彩绘武士守卫。”但近些年来，有学者却对这一“公论”提出了质疑，认为兵马俑的主人根本不是秦始皇。此论一出，立即在学界引起了轩然大波。那么兵马俑的主人到底是不是秦始皇呢?如果不是秦始皇又是谁呢?

对兵马俑的主人是秦始皇这一观点提出质疑的是南京建筑学家陈景元，1961年他曾参与秦始皇陵的保护规划，1984年他就曾发表文章质疑兵马俑的真正主人是否秦始皇，但未得到重视。2006年，他又在《中国科学探险》杂志第2期发表了《兵马俑的主人根本不是秦始皇》一文，首先他对秦始皇藏于骊山脚下提出了质疑。认为现在认为秦始皇葬于骊山脚下,最主要依据是《史记》的记载。

《史记·秦始皇本纪》里面说，“九月，葬始皇郦山。始皇初即位，穿治郦山……”，这里面包含了两个意思，一是说秦始皇死后埋在了骊山，二是说他刚一即位就在骊山建造皇陵。

陈景元认为《史记》的记载未必真实。秦始皇出巡途中死于河北邢台，要回咸阳一条捷径是向南过黄河向洛阳，再到西安；另一条路线如秦俑馆里所记载的：向西经井陉，过娘子关到太原，再向北到包头转至西安。无论是哪条路都不可能短时间内回到咸阳，而在夏天要保证赵高、李斯为“篡党夺权”所要求的“秘不发丧”，要保证尸体不腐烂。这样看来，秦始皇的尸骨其实是出不了河北省的，即使到了骊山，也只能做个衣冠冢。而从陕西省文管会1960年代初到当地进行现场调查后所写的调查报告来看，位于现在秦始皇陵北面的大量夯土地基，其上什么都没有，从中可见作为宫殿建筑群主要部分的这一地块当时根本就还没有进行施工建设，内城、外城及封土等，都是死后的工程。而骊山上洪水严重，几乎每隔三年就会下一场暴雨，大开挖的地宫也不可能不顾积水而在秦始皇生前几十年就预修。

但多数学者认为秦始皇陵就在骊山脚下。除《史记》记载外，考古研究者在出土文物刻字中发现了大量秦代地名，与湖北出土的云梦竹简、湖南出土的龙山竹简上的同代文字对照，它们符合秦代的书写习惯，确为秦代之物。而兵马俑身上秦代工匠所刻的文字和与秦始皇陵砖瓦上文字的相似性，也证明了两者之间的联系。史书上记载秦始皇六月封于沙丘，九月归葬咸阳，尸体腐烂是肯定的，所以历史上也有关于在归途的车队里放上鲍鱼“以乱其臭”的说法。

在对秦陵提出质疑之后，陈景元进而提出兵马俑的主人并非秦始皇而是秦始皇的高祖母秦宣太后的。

秦宣太后，姓芈（音同“米”），楚国王族，后嫁于秦惠文王。她在秦国统治了41年之久，是中国历史上第一个真正掌权治国的女国君，甚至有人称她为两千多年前的“慈禧太后”。为何说兵马俑不是秦始皇而是她的陪葬呢?

陈景元认为历史上秦始皇曾经下令将陵墓向外扩展“三百丈”，但秦时的“三百丈”只有690米，所以在秦始皇陵封土之东近2公里的兵马俑，不可能被包囊在这一个“三百丈”的界址之中，因而也不可能成为秦始皇陵的一个组成部分。而在《史记·正义》及《陕西通志》、《临潼县志》等史料中，都有“骊山：在雍州新丰县南16里；秦始皇陵：在雍州新丰县西南10里；秦宣太后陵：在雍州新丰县南14里”的记载。雍州新丰县的县城，也就是今临潼县新丰镇的东北不远处，根据上述明确的方位和里程，很容易判断出秦宣太后陵，就在秦始皇陵的东侧偏南、距骊山山脚约2里处的西杨村、下和村一带，也就是人们现在所熟知的秦俑坑附近。

此外，在兵马俑的身上也发现了一些奇怪之处：一些兵俑的头顶，梳有苗裔楚人特有的、偏于一侧的歪髻；秦俑所着衣服，非常鲜艳，与秦王朝的尚黑制度，有显著差别；此外，在陶俑身上还发现了“芈”字，疑似为秦宣太后的姓。

定性秦始皇陵方圆一定范围内的出土物为皇陵陪葬并不是基于某个孤立的判断，在皇陵东边离外墙350米处，考古队员发现了17座皇子、公主的陪葬墓；在离外墙800米处，发现了100多座马厩坑；在皇陵外城与兵马俑之间是流水冲刷出来的古河道，从地理上看，那里没法设陪葬坑，到离外城墙1000多米的地势宽处设兵马俑陪葬坑很合理。同样，在兵马俑中有铜戈上刻字“三年相邦吕不韦”，仅一号坑前的5个探方内就出土了刻有“四年”、“五年”、“七年”等字样的10余件铜戈，这些字样实际上就可以成为确定兵马俑年代的直接证据。又如像“十六年寺工‘某’造”的字样，“寺工”作为中央管理手工业的一个官署，只有在秦始皇时代才有。

如果兵马俑真是秦宣太后的陪葬，那么哪里是宣太后的陵墓呢？目前考古学者还没有发现足以与兵马俑品配的宣太后墓。

诚然，陈景元有些质疑有一定的道理，也说明当前的秦始皇陵和兵马俑的研究还应进一步地深入探讨。但考据学上强调“孤证不立”，就是单独的一个例子是不能证明一个事物的真实性的。尽管陈的观点很有几分道理，但孤证不能立，至少凭借现有证据而断定“兵马俑的主人是宣太后而非秦始皇”为时尚早。

《史记》白璧中的微瑕

周英杰

《史记》向来被认为是我国历史学和文学史上的巅峰之作，鲁迅先生评价此书为“史家之绝唱，无韵之离骚”，司马迁本人在《报任安书》一文中也明确指出，自己发奋著此书的目的是“究天人之际，通古今之变，成一家之言”。

在古今上下众口一词的赞美声中，作为一部严肃的历史学著作，《史记》存在的一些显而易见的“硬伤”则被有意无意地忽略不计了。

事实是，从总体上说，《史记》固然有班固所称赞的“不虚美、不隐恶”的实录精神，表现了司马迁严谨的治学作风。但另一方面，《史记》中也的确记载了不少荒诞不经、经不起推敲，甚至根本就是胡扯的史料。这些瑕疵处在白璧之上，虽然并不能完全遮掩白璧的价值，但是它们毕竟有损于《史记》的“信史”地位。因此，从某种意义上说，笔者一直以来宁愿把《史记》当成一部生动的文学作品来读，而不想过高地抬高它在史学上的价值。

可能会有人说，这是在唐突古人，标新立异。然而，《史记》中的《高祖本纪》一章，最能证明这个观点。

本纪这种体例是司马迁专为帝王量身定做的，共有十二本纪。在这些本纪中。作为西汉开国皇帝的刘邦自然尤其引人注目。但《高祖本纪》里，却存在多处与史学精神完全违背、荒诞不经的地方，其中最明显的是关于刘邦的出身问题。

《史记》中载：“高祖，沛丰邑中阳里人，姓刘氏，字季。父曰太公，母曰刘媪。其先刘媪尝息大泽之陂，梦与神遇。是时雷电晦冥，太公往视，则见蛟龙于其上。已而有身，遂产高祖。”高祖刘邦竟然是其母亲和蛟龙产下的怪物！这样的故事倘若进入《山海经》之类的神话传说倒也罢了，但它却被司马迁认认真真地写进了信史中，岂能让人信服？

事实上，以今天的眼光来看，关于刘邦的种种神话传说，完全是其幕僚集团为了强化刘氏“家天下”的合法性而编造出来的弥天谎言。而作为明察秋毫的太史公，司马迁是决然不会不明白其中的“猫腻”所在的。既然知道这其中的玄机，明智一点的做法自然是在书中搁置不提，以免谬种流传，误导后人。但司马迁却没有这样做，而是在本纪中煞有介事、添油加醋地肆意渲染一番，弄得好像实有其事一般，实在是令人费解。

窃以为，司马迁这样做无非有两种可能：一是把谎言当成“真事”一本正经地展示出来，采用反讽的手法，以荒诞打击荒诞；二是在有意宣传这些谎言，为刘氏的“家天下”摇旗呐喊。

联想到司马迁在《高祖本纪》里有大量揭露刘邦这个流氓出身皇帝的劣行文字，所以，我个人倾向于第一种可能。实际上，“以子之矛攻子之盾”是一种屡试不爽的有效战法。把围绕刘邦编造的种种神话都一一呈现在后世读者面前，纵然不加任何评论，也会令读者心知肚明。

当然，反讽手法精彩归精彩，但却是一种缺乏理性的“春秋笔法”，本质上属于文学创作的常用手法，而不是著史者应该有的笔法。因此，倘从文学的角度看，这样写极其生动，是不可多得的好文章，但从史学的诸原则看，这样写则无疑是不小的败笔，是与史学的实录精神背道而驰的。

凤雏才高卧龙，庞统实为饮箭自杀

汪宏华

诸葛亮和庞统同是罗贯中小说《三国演义》中的顶尖谋士，并称为一“龙”一“凤”。大隐士司马徽曾夸赞说：“伏龙、凤雏，两人得一，可安天下。”那么他俩的才志究竟有何差别呢？刘备一度龙凤兼得，为何还是没安天下呢？

一、谋士才志存在时间、空间和阴阳差

《三国演义》中有四位关系非同一般的谋士：程昱、徐庶、诸葛亮、庞统。他们不但与水镜先生司马徽都有过交往，还依次以才识相差“十倍”自谦。其实，他们就像刘备的异姓兄弟、诸葛的同姓兄弟、曹操的同／异姓混合兄弟（夏侯）、孙氏父兄、司马家族一样，属于同门校友类型的集团。只是合作较为松散、隐形，仅限于推动哲学从新法家到新儒家，再到儒法混的精神层面。

他们所谓的“十倍”差异主要体现在：一、时间差。高人往往眼界远，能沉得住气，出道更晚。他们四人的出场顺序也正是昱、庶、亮、统。二、空间差。高人往往控制能力强，管理范围大，所以有十里之才、百里之才、千里之才等说法。他们的初始战功也确乎如此，程昱取东阿县，徐庶取樊城，诸葛亮取荆州，庞统取西川。

但我们很快会发现，程昱、诸葛亮的终生成就要远大于徐庶、庞统。这又是什么缘故呢？原来他们还存在第三方面的差异——阴阳差。前面“十倍”说的都是表面的毕业考试成绩，我们可以称之为智谋或阳谋。但在实战中还会有

人违背忠孝、信义，用到权谋或者说阴谋。四人中，统、庶仅善阳谋，亮、昱则兼善阴谋，其中亮又较昱为高。专注阳谋者往往忠顺，精于阴谋者往往逆反。

这里需要说明的是，“篡逆”对于统治者来说是洪水猛兽，但对于“民族”这一生命体而言,却是必不可少的阴阳顺逆,即新陈代谢。只分合理不合理。再者，兵不厌诈，孙子甚至说自己的阳谋也皆为诡计，所以阴阳与忠逆一样，本身也没有优劣之分,关键在于均衡掌握,合理运用。准确地说阴谋属于攻心术的范畴。不过，在阳尊阴卑的封建社会，阴谋是从老师和书本上学不到的，只能靠自我参悟、自主研发。可一旦拥有就能出奇制胜，改变自己的命运。程昱、诸葛亮就是因为谋略全面而从排行榜中脱颖而出了。

庞统起初是完全忠于刘备的，他先去东吴寄寓就是为了与诸葛亮、徐庶形成三方策应，决胜赤壁，曲线救刘。所以赤壁大战一结束，庞统就直接来投刘备了。为了不让刘备为难，他是情愿从最底层做起，并不急于出示鲁肃和孔明的推荐信。果然，他在耒阳以真才实学征服了刘备，孔明也不得不承认庞统高自己 10 倍。

从这件事也可以看出，庞统若真想进入谁的班子，是总能想出办法的。连进门的本事都没有，还敢号称“凤雏”吗？想当初曹操的水寨都能任意出入呢。他在东吴“面试”时冲撞孙权，只不过是要在不得罪人的情况下开溜。

二、诸葛亮先请庞统，后又想废庞统

诸葛亮能帮刘备拿下荆州，面对“民强地险”的西川却无计可施。既不知如何劝说假装仁义的刘备篡夺刘璋，也不敢为西川再打一场赤壁大战了。于是他就借吊孝周瑜之机去东吴请比自己高一筹的庞统。（这里孔明还有一层用意就是在刘家宗亲面前继续恪守疏不间亲，以掩饰异志，保持愚忠形象）此后，两人就一个守荆州，一个攻西川，同时成为了刘备的左膀右臂。

庞统的确是比孔明有才，他意识到刘备在取荆州时必须装仁义，因为还要图将来刘璋的好感，但到刘璋这里就可以彻底撕破脸“逼宫”了。理论上，他只用“逆取顺守”4 个字就将刘备轻松说服。武功上，他只用黄忠、魏延两位孔明不要的“末将”就实现了西川突围。

然而就在西川势在必得、大功告成的时候，事情出现了转折，孔明向庞统发出了一封死亡恐吓信。此举与前面程昱骗徐庶大同小异，程昱是利用徐庶的至孝，先劫持徐母，再招降徐庶。诸葛亮则是利用庞统对刘备的至忠，刘备对庞统的至爱，先动摇刘备之心，再灭掉庞统。两位阴谋家就像是排球运动员，将球扣到对方两个人的中间，迫使他们在互让时出现失误。

事情的经过是这样：有个广汉人彭羕向刘备密告说敌方有人要决涪江之水淹魏延、黄忠的前寨。还说："罡星在西方，太白临于此地，当有不吉之事，切宜慎之。"这一情报不但救了刘备数万人性命，还斩了敌方主谋泠苞，化凶为吉。

那么是谁制造了这命悬一线的险情呢？是刘备。川将泠苞先前本已被魏延活捉，但刘备偏要将他释放。魏延说："此人不可放回。若脱身一去，不复来矣。"玄德说："吾以仁义待人，人不负我。"在你死我活的前沿阵地，在优势尚未确立的攻坚时刻，竟能这样不结合实际情况而滥施仁义，真是可笑至极。既然仁义都可以换仁义，还用得着逆取吗？既然仁义可以换仁义，曹操怎么没给过你一寸土地呢？可见刘备已经从儒仁颓堕成了愚仁了，刘家的遗传病发作了，不再是以前对付曹操时那个明辨真仁假义的玄德了。这次若不是彭羕帮忙，庞统必会功亏一篑。

刚刚化险为夷，诸葛亮却派马良送信说："亮夜算太乙数，今年岁次癸巳，罡星在西方，又观乾象，太白临于雒城之分；主将帅身上多凶少吉。切宜谨慎。"同一种星象，诸葛亮提出了第二种解释。而庞统对诸葛亮的"善意"嗤之以鼻，又进一步提出第三种解释："统亦算太乙数，已知罡星在西，应主公合得西川，别不主凶事。统亦占天文，见太白临于雒城，先斩将泠苞，已应凶兆矣。主公不可疑心，可急进兵。"真正是一象三说。

三、庞统看透刘备，决意以死让贤

龙、凤的意见分歧让刘备狐疑不定，一方面他十分珍爱庞统这位能力超强的谋臣，另一方面又十分信服料事如神的诸葛亮。为了确保万无一失，刘备决定退守荆州。第二天他还以自己的梦劝庞统说："吾夜梦一神人，手执铁捧击吾右臂，觉来犹自臂疼。此行莫非不佳？"向来果敢不信邪的庞统哪里受得了这种患得患失、软弱无能的言行，只见他回答说："壮士临阵，不死带伤，理之自然也。何故以梦寐之事疑心乎？"又说："主公被孔明所惑矣。彼不欲令统独成大功，故作此言以疑主公之心。心疑则致梦，何凶之有？统肝脑涂地，方称本心。主公再勿多言，来早准行。"说得多好啊，一勇二忠三唯物，四不跟贪功小人一般见识。不过就在庞统作这番慷慨陈词之时，他的忠心急转直下——不想再为刘备卖力。刘备现已愚仁愚义又愚信，全无可取之处了。

特别值得一提的是，《三国演义》中屡屡出现的占星术，在罗贯中看来都是惑人的方术或者攻心术。彭羕是先分析了涪江的地理之后，怕刘备不信，才结合星象说话的。庞统则是将星象当成了提升必胜信念的心理暗示。如果占星真能卜知未来，诸葛亮和庞统为什么就没能预测到涪江的险情？他俩还不及彭了？

一般而言，《三国演义》中的谋士是很少起誓提到"死"或相关字眼的，一旦提到就可能有赴死的动机。比如郭嘉北伐时就对曹操说："某感丞相大恩，虽死不能报万一。"这里的庞统与郭嘉一样，也是内心意欲反主而表面故作忠义。而且他们都是在个人生死和国家前途之间选择了后者。尽管郭嘉不知道刘备究竟是个什么样的人，但至少可以确定他的新儒家要领先于曹操的新法家。庞统亦然，尽管他也不太清楚诸葛亮今后的具体举措，但至少可以肯定他的"儒法混"要高于刘备的新儒家，未来发展的空间更大。

由于庞统秉承忠义之德，从未做过篡夺天下的打算，所以他想让位于孔明。只见庞统像一个自由体操运动员一样，在前冲惯性太大而不能急停时，临时来了个绝妙的"回笼"。动作可分解为：一、维护自己男儿和战士的尊严，宁可马革裹尸也不当逃兵。按说此时的庞统可以选择引退，以保全性命，但他没有这样做。这也是他与刘备性格的最大区别。二、为了不影响诸葛亮而将自己的死因略略推给刘备。为什么他的马"久乘，不曾如此"却突然间失蹄呢？难道他也开始起疑、怕死，情绪影响到马了？非也！他是看到刘备迷信这些，所以也玩了个自己将自己掀下来的戏法，以促使刘备为关心他而与他换马。骑上刘备的白马之后不但死得快，还可以将过失归于刘备。这样刘备也就不会迁怒孔明了，他梦见神人击臂即表明潜意识有点怀疑孔明，只有孔明才是他心中的神人啊。三、他选择死在"落凤坡"则又是反过来安慰宿命的刘备：我是命里该死，你也不必过分自责哟。四、庞统为什么要反复揭露诸葛亮的来信是出自妒忌呢？为什么在树木丛杂的小路上行军，却将魏延远远地安排在前队呢？自己手无缚鸡之力，守在更危险的后队有什么作用？贴着魏延走不行吗？原来，庞统是要用这一显著的行阵破绽向同行的诸葛亮表明：我是心甘情愿让功、让位与你，并非屈死在你的手中，更不是不识你的险恶居心。

由此可见，孔明的确不是庞统之死的直接责任人，如果真要说其中有什么关联，那就是孔明先发射了一枚远程攻心导弹，但庞统随即做出了精准拦截。导弹真正的作用在于让庞统发觉了刘备愚仁愚义之外的怯懦和愚信，进而坚定了他反主的决心——庞统便应着弹声假摔了。

事实上，像庞统这种能够指挥千军万马的超级谋士如果不是想自杀，一般人是放不倒他的，哪怕比他高的谋士也难。即便不能取胜，也能自保性命，还何况是个无名川将张任。例如诸葛亮在比他高两档的司马懿面前也总能逃逸。

谁能想到，乱箭穿胸、肝脑涂地的窝囊死相竟然是一代凤雏精心策划的自杀方式，世间还有比这更能彰显大智若愚、舍生取义的行为语言吗？毫无疑问，庞统是当时唯一有才华打通蜀道的人，但他却在黎明到来之前毅然将接力棒传给了才识低一等，志向高一筹的孔明。

罗贯中的“宿命回护”手段可谓地道，表面上看，星象的3种解释最后似乎都应验了，其实都是人为操纵。所以，现代人不必再对星象好奇！

四、孔明以同样的姿态修复自己，成全司马天下

英雄所见略同，孔明又何尝不能重新认识同窗好友庞统的宽阔胸怀，只见他刚刚擦干眼泪就开足马力进川，同时也迈出了反刘的实质性步伐：调走张飞和赵云，只留关羽一人守荆州，以从关羽开始打断刘备的兄弟链。诸葛亮最终不但没有辜负庞统的期望，先后灭掉了刘璋、刘备，还在西川实施了较刘汉“仁”政先进的“儒法混”新政。而更重要的是，诸葛亮后来在碰到同样进退两难的困境时，也仿效庞统选择了理智让贤：明忠蜀汉，暗降司马懿。又果断交出了校友团队中的最后一棒。（孔明究竟如何修复自己的人格，详见《破解<三国演义>之“三国五方”结构》）

诸多谋士，从郭嘉到程昱，从徐庶到诸葛亮，到庞统，特长和价值观或许

各有差别，但都是清一色的好男儿——不退缩、不逞强，只求生命无怨无悔、纵情燃烧！

长期以来，人们都在疑惑，刘备得了一龙一凤怎么仍旧没安天下？原来他只摸到了凤毛龙角，从来就没有真正得到过他们。唯有司马昭具备乘龙驾凤的能力，还记得邓艾结结巴巴说的“凤兮凤兮，故是一凤”吗？还记得钟会在定军山感应诸葛亮显圣吗？此即指明邓艾是庞统式的凤，钟会是孔明式的龙，也同样是一忠一逆。诚所谓：龙凤常有，而安天下的主公不常有！

揭秘神探狄仁杰的真脸谱

孙彦博

现在大多数中国人对狄仁杰的认识，有很大一部分源自荷兰的汉学大师高罗佩博士对狄仁杰的描述。他的侦探小说《狄公案》发行100多万册，并被译成多种外文出版。由此人们大多知道了狄仁杰是破案高手，却很少注意到他的为官之道。历史上女性掌权通常多疑而嗜杀，而武则天作为历史上唯一称帝的女性更是其中的典型人物。高处不胜寒，在这样一位女皇的身边，狄仁杰能多年身处高位而不衰，他自然有其独到之处。

生而大丈夫

唐高宗仪凤年间（676年—679年），年近不惑的狄仁杰升任大理丞，一年之内判决了大量的积压案件，涉及17000余人，无冤诉者，一时名声大振，成为朝野推崇备至的断案如神、惩奸除恶的大法官。狄公断案如神莫如说他重来就没有“三思而后行”，没有忌惮那涉案其中的官绅名流。他因断案出名，那是“果”，而狄仁杰的直谏，他的忠君之道才是“因”，真正保全了他。

仪凤元年（676年），武卫大将军权善才误砍昭陵柏树，唐高宗大怒，命令赐死。狄仁杰奏罪不当死，唐高宗疾言厉色地说：“善才斫陵上树，是使我不孝，必须杀之！”狄仁杰神色不变，据法说理：“犯言直谏，自古以为难。臣以为遇桀、纣则难，通尧、舜则易。今法不至死而陛下特杀之，是法不信于人也，人何措其手足！今陛下以昭陵一株柏杀一将军，千载之后，谓陛下为何主？此臣不敢奉制杀善才,陷陛下于不道。”终于迫使唐高宗改变了主意,赦免了权善才的死罪。

不久，狄仁杰被唐高宗任命为侍御史，负责审判案件，纠劾百官。调露元年（679年），司农卿韦弘机建宿羽、高山、上阳等宫，宽敞壮丽。狄仁杰上奏章弹劾韦弘机引导皇帝追求奢侈，韦弘机因此被免职。左司郎中王本立“恃恩用事，朝廷畏之”。狄仁杰毫不留情地揭露其为非作歹的罪行，请求交付法司审理。唐高宗想宽容包庇王本立，狄仁杰以身护法:“国家虽乏英才，岂少本立辈！陛下何惜罪人以亏王法。必欲曲赦本立，请弃臣于无人之境，为忠贞将来之戒！”王本立最终被定罪，朝廷肃然。后来，狄仁杰官迁度支郎中，唐高宗准备巡幸汾阳宫，以狄仁杰为知顿使，先行布置中途食宿之所。并州长史李冲玄以“道出妒女祠”，征发数万人别开御道。狄仁杰说:“天子之行，千乘万骑，风伯清尘，雨师洒道，何妒女之害耶?”俱令作罢，免除了并州数万人的劳役。唐高宗闻之赞叹说“真大丈夫矣”！

顺应时变 大周良相

武则天垂拱二年（686年），狄仁杰出任宁州（今甘肃宁县、正宁一带）刺史。其时宁州为各民族杂居之地，狄仁杰注意妥善处理少数民族与汉族的关系，“抚和戎夏，内外相安，人得安心”，郡人为他建碑颂德。是年，御史郭翰巡察陇右，宁州歌狄刺史者盈路，郭翰返朝后上表举荐，狄仁杰升为冬官（工部）侍郎，充江南巡抚使。到任之后狄仁杰针对当时吴、楚多淫祠的弊俗，奏请焚毁祠庙1700余所,唯留夏禹、吴太伯、季札、伍员四祠,减轻了江南人民的负担。垂拱四年（688年），博州刺史琅琊王李冲起兵反对武则天当政，豫州刺史越王李贞起兵响应，武则天平定了这次宗室叛乱后，派狄仁杰出任豫州刺史。

当时，受越王株连的有六七百人在监，籍没者多达5000人。狄仁杰深知大多数黎民百姓都是被迫在越王军中服役的，因此上疏武则天：“此辈咸非本心，伏望哀其诖误。”武则天听从了他的建议，特赦了这批死囚，改杀为流，安抚了百姓，稳定了豫州的局势。其时，平定越王李贞的是宰相张光弼，将士恃功，大肆勒索。狄仁杰没有答应，反而怒斥张光弼杀戮降卒，以邀战功。他说“乱河南者，一越王贞耳。今一贞死而万贞生……明公董戎三十万，平一乱臣，不戢兵锋，纵兵暴横，无罪之人，肝脑涂地……但恐冤声腾沸，上彻于天。如得上方斩马剑加于君颈，虽死如归。”狄仁杰义正辞严，张光弼无言可对，但怀恨在心，还朝后奏狄仁杰出言不逊。狄仁杰被贬为复州（今湖北沔阳西南）刺史，入为洛州司马。

但是，狄仁杰的才干与名望，已经逐渐得到武则天的赞赏和信任。天授二年（691年）九月，狄仁杰被任命为地官（户部）侍郎、同凤阁（中书省）鸾台（门下省）平章事，开始了他的宰相生涯。身居要职，狄仁杰谨慎自持。一日，武则天对他说：“卿在汝南，甚有善政，卿欲知谮卿者乎？”狄仁杰谢曰：“陛下以臣为过，臣当改之；陛下明臣无过，臣之幸也。臣不知谮者，并为善友。臣请不知。”武则天对他坦荡豁达的胸怀深为叹服。

久视元年（700年），狄仁杰升为内史（中书令）。这年夏天，武则天到三阳宫避暑，有胡僧邀请她观看安葬舍利（佛骨），奉佛教为国教的武则天答应了。狄仁杰跪于马前拦奏道：“佛者，夷狄之神，不足以屈天下之主。彼胡僧诡诈，直欲邀致万乘所宜临也。”武则天遂中道而还。是年秋天，武则天欲造浮屠大像，预计费用多达数百万，宫不能足，于是诏令天下僧尼日施一钱以助。狄仁杰上疏谏曰：“如来设教，以慈悲为主。岂欲劳人，以在虚饰？比来水旱不节，当今边境未宁。若费官财，又尽人力，一隅有难，将何以救之？”武则天接受了他的建议免去其役。

兴复皇室 大唐功臣

狄仁杰一生中最重要的活动是兴复唐皇室。这个活动，分为两步，第一步是将被囚禁在房州的李显迎回洛阳，然后把他推上储君位置。这一步，在狄仁杰活着的时候，便已成功了。第二步是将李显推上帝位，这一步在狄仁杰死后，才得以实现。

狄仁杰要实现他的想法，首要的一条就是要设法对武则天施加影响，改变她对两个儿子的看法，使李显与李旦兄弟能够摆脱被囚禁的地位。但在他与武则天建立相当紧密的信任之前，要想对武则天施加影响，是不可能的。武则天延载三年（696年）五月以后，狄仁杰逐渐获得了这种信任。

获得信任以后，狄仁杰不露声色地展开了兴复唐皇室的活动。这个活动分两步进行，一是利用别人；一是他亲自出马，双管齐下。这个时候，武则天养了两个男宠，张易之与张昌宗。这两个人是嫡姓兄弟，原来地位不高，因为备受武则天宠爱，旬日之间，贵震天下。武承嗣极力想接近他们，以谋求太子位置，狄仁杰也接近他们，以实现自己的计划。二张兄弟有一种不自安的心理：他们现在的地位是如此优越，又来得如此容易。他们担心，有朝一日，不幸的事情会发生，他们将丧失一切，乃至于自己的生命。

于是，他们向狄仁杰请教“自安之术”。狄仁杰告诉他们，只有一个方法，可以长保富贵，这便是劝武则天将李显迎回洛阳，并立为太子，二张如能立此奇功，一旦武则天去世，继承帝位的便是李显，二张有了迎立之功，任何灾难也就不会降临到他们头上了。二张采纳了狄仁杰的意见。

狄仁杰又用与武则天接触的机会，多方劝说武则天。一次，武则天带着一种不安的情绪，和近臣们谈起了她的一个梦，她梦见一只大而美丽的鹦鹉，可是它的两个翅膀全折断了。武则天要求近臣们对这个梦做出解释。在一段沉默之后，狄仁杰说话了：“臣以为，那只大而美丽的鹦鹉就是陛下自己，因为陛下姓武。”这个解释是有根据的，因为武则天常将鹦鹉来拟比自己。“两翅，就是陛下的两个儿子。”狄仁杰指的是李显与李旦。“现在，他们都处于被囚禁的地位，这就是两翅折断的意思。没有翅膀的鹦鹉不能飞翔，陛下起用王子，鹦鹉就能飞翔了。”

圣历元年（698年），武则天的侄儿武承嗣、武三思数次使人游说太后，请立为太子。武则天犹豫不决。狄仁杰以政治家的深谋远虑，劝说武则天顺应民心，复立庐陵王李显。当时，大臣李昭德等也曾劝武则天迎立李显，但没有为武则天接受。对武则天了解透彻、洞烛机微的狄仁杰从母子亲情的角度从容地劝说她：“立子，则千秋万岁后配飨太庙，承继无穷；立侄，则未闻侄为天子而附姑于庙者也。”武则天说：“此朕家事，卿勿预知。”狄仁杰沉着而郑重地回答：“王者以四海为家。四海之内，孰非皇土？何者不为陛下家事！君为元首，臣为股肱，义同一体。况臣位备宰相，岂得不预知乎？”最终，武则天感悟，接受了狄仁杰的意见，亲自迎接庐陵王李显回宫，立为皇嗣，唐祚得以维系。

梁国公

在狄仁杰为相的几年中，武则天对他的信任与重用是群臣莫及的，她常称狄仁杰为“国老”而不名。狄仁杰喜欢面引廷争，武则天“每屈意从之”。狄仁杰曾多次以年老告退，武则天不许，入见，常阻止其拜。武则天曾告诫朝中官吏：“自非军国大事，勿以烦公。”久视元年（700年），狄仁杰病故，朝野凄恸，武则天哭泣着说“朝堂空也”。赠文昌右丞，谥曰文惠。唐中宗继位，追赠司空。唐睿宗又封之为梁国公。

朱棣：篡位者，还是合格继承人？

冬 子

建文四年（1402年）六月十七日，朱允炆的亲四叔、以“清君侧”为名起事的燕王朱棣“靖难”成功,正式登基称帝,第二年改元永乐。从此,官方记载中,少了一位温文尔雅的惠帝，多了一位雄才大略的成祖。

600年后，在经历了长达一个世纪被人称为“东亚病夫”，受尽欺辱的困苦之后，努力复兴、力图强健的中国人，因为迫切地需要找回历史荣誉感，一改传统的价值判词，重新开始对这位曾南定交趾，北出塞外，似乎一扫盛唐之后中国始终被动挨打颓势，重振中华雄风的篡位者“津津乐道”，并一度对他与他的时代大加赞赏和尊崇。

然而，历史始终只是历史。任何试图对其脱离实际环境的诠释和评判，都将成为苍白的一厢情愿。

靖难之役

史载，在登基之前，朱棣的心里充满了期待和忐忑。

4年前，即建文元年七月初五日的凌晨，朱棣正式扯起了“靖难”之旗，宣布废除建文年号，改称本年为“洪武三十二年”。从这一刻起，他才真正地感觉到自己走上了一条无法回头、只能胜利的道路——虽然他喊出的口号是“奉天靖难”，但却矢口否认自己“谋逆”。

形势异常危急。北京城的四周要塞，都已经被朝廷派来的亲信重兵把守，军队加起来达 10 万之多，而朱棣所能支配的却只有燕王府的 800 名亲兵，双方实力悬殊，无法武力对决。对此，朱棣的策略是阴谋加闪电出击。

前一天，即七月初四日下午，朱棣用计将领兵包围王府的张昺、谢贵骗入王府斩杀，府外守兵群龙无首。五日凌晨时分，朱棣果断起事，命手下大将张玉和、朱能迅速出动，以迅雷不及掩耳之势一夜之间占领九门，城内明军纷纷投降，第二天，北京大定。

战火终于烧了起来。从表面上看，朱棣虽旗号打得漂亮，很能蛊惑人心，但力量终究有限。对方是名正言顺的一国天子，拥有理直气壮的正义和集天下于一身的各种资源。而朱棣是叛逆之师，以数百人起事，以北京城一隅而对全国，胜负之势似乎不难判断。然而，他仍然底气十足，从一开始就端着一副异于常态的冷静。

八月十二日，洪武朝唯一一位躲过朱元璋屠杀的开国宿将耿炳文，率领 30 万大军北上平叛。出师一月，即兵败定城。十月，建文帝换将李景隆，代替耿炳文领兵 50 万，再征再败。到建文二年五月时，水陆重镇德州失守，城内百万石粮食及无数兵器尽为燕军所得，南军一败涂地。在此期间，作为一名杰出的政治家和军事家，朱棣运筹帷幄、指挥若定，对战争的判断、分析和决策水平，毫不逊于其父朱元璋。

反观南京城内的小皇帝朱允炆，虽然看似满腹经纶，韬略过人，一上台便雷厉风行地大力削藩，实际却是多谋寡断，毫无权谋之术。这在他与朱棣对决的过程中展现得尤为突出。从一开始的掩耳盗铃，放回朱棣的 3 个儿子，以为能使朱棣降低戒心，“示彼不疑”，实则是给燕王大送定心丸；到关键时刻，识人不明，任命朱棣的心腹张信掌北平都指挥使司，让其监视朱棣，实则是与虎谋皮；再到出征之前告诫将士“毋使朕有杀叔父名”的妇人之仁，绑自己人手脚，授敌人于盾甲……类似情形，不一而足，失败的迹象已经非常明显。

600 年后，回顾整个靖难之役的历史，我们可以清晰地看出，这场叔侄二人的生死对决，抛去了价值观道德情感上的讨伐，朱棣的胜利完全是理之必然、势之所趋，早在朱元璋“龙驭上宾”时，就已经注定了。

朱元璋独特的集权方式，造成了他死后朱允炆面对的窘迫局面。他大开杀戒，杀光一切可能会危及他或他子孙手中权力的文臣武将。无论是同起草莽、忠心耿耿的元勋，还是计定乾坤、辅国佐君的良臣，或者能征善战、勇冠三军的宿将，一一被他除尽，丝毫不考虑第二梯队人才的培养和接替。与此同时，他还收回一切尽可能的权力，集中在帝王手中。因此，当他死后，等到建文帝继承大统时，除了一柄权力空前巨大的帝国权杖外，身边竟没有一个经得起考验的文武英才。以至于靖难之役发生后，当燕王朱棣听说李景隆被任命为平叛大将军，领兵50万来征时，忍不住替朱允炆"担心"道："（此人）智疏而谋寡，色厉而中馁，骄矜而少威，忌刻而自用。未尝习兵，不见大战。以五十万付之，是自坑之也。"这应该不是一个玩笑。

而且对朱元璋来说，这应该还不是最大的打击，最大的应该是他日夜精思、机关算尽，预防了一切外人，却唯独没有防到萧墙之祸。他精心打造的拱卫帝室的防火墙，末了却将武器对准了自己钦定的接班人。

帝权的本质就是家族统治，是唯一的一个家族统治天下所有的家族。但是往往在具体的实施过程中，为了照顾某种平衡和附带的利益分红，家族的范围可能会相当宽泛。可这些到了朱元璋这里就行不通了。朱元璋偏执地认为，只有血管里流着的是他朱家的血，而且是直系的，方可以分享权力。所以，明朝建国后，异姓的徐达们必须死，同姓的李文忠（朱元璋的外甥，曾经也姓朱）们也必须死——不管他们为自己流过多少血，同自己患过多少难。而他自己的子孙后代们无论是否出过力，都可以大大方方地被封王。

更重要的是，朱元璋对子孙的封王还不是虚封，而是实封，即亲王不仅拥有自己的领地，还有属于自己的军队，是实实在在的小国王。朱元璋不惜一切分封权力，目的是打算靠这些有枪又有炮的藩王来帮助自己"皇图永固"。打一个通俗的比方就是，朱元璋用尽一切方法打造了一个黄金庄园。为了防止别人偷钱或分钱，他干脆不用管家和下人，只允许自己一人打理，并且规定，他死后，庄园的唯一继承人也只能这样做。与此同时，为了防止盗贼，他允许其他儿子们都拿着武器来护庄。这样一来，既保证了自己的财产不外流，也保证了庄园固若金汤，无人可撼。

设计固然巧妙，但他完全忽视了一点，即诸藩王有无个人野心、那些拿着大刀长矛的其他儿子们是不是永不眼红庄园的持有者。

现实永远是残酷的。洪武三十一年之前，有朱元璋这根定海神针在，燕王们只能老老实实地看门，世界风平浪静。可是江山易主之后，新皇帝年仅 22 岁，并且在朱元璋纯正的儒家教育下，他还是一个文雅、浪漫、充满理想主义的书生。这就不能不使那些在各自王国里积累了丰富政治、军事经验，雄心万丈的叔父藩王们心潮上涌了。

建文三年十二月，朱棣第四次出师南下。这一次出师，他一如既往地发挥着自己高超的战争智慧，并取得了最终胜利。

在此之前，朱棣的“靖难”策略是稳扎稳打，步步为营，即由北至南，一步步征服天下。但是在山东屡屡被南军大将铁铉和盛庸顽固纠缠后，他发现，争城争池的拉锯战远不如轻骑奇袭的效果好。于是，他决定绕道山东，逼近徐、淮，一路绝不打攻坚之战，直扑南京而去。

建文四年五月二十日，扬州城不战而降。南京危矣。20 多天后，六月十三日，守金川门的谷王朱穗和李景隆，开门投降，南京沦陷，朱棣胜得一塌糊涂。

取得胜利后，朱棣的日子相当难熬。《明史》载：“是日，王分命诸将守城及皇城，还驻龙江，下令抚安军民。”朱棣死后，仁宗朱高炽御制的“长陵功德碑”也记道：“皇考虑惊乘舆，驻金川门，遣人奉章，言所不得已来朝之故。奸臣苍黄，知罪不宥，闭皇城门不内，而胁建文君自焚。皇考闻之大惊，发众驰救，至已不及。皇考仰天恸哭曰：‘臣之来也，固将清君侧之恶，用宁邦家，何不寤耶？’遂备天子礼殓葬。”

结合两处记载，除去其中的假仁假义，当时的情形极有可能是：

一、南京城破后，皇城已禁闭。此时，朱棣并没有决定立即攻城，而是将燕军退驻金川门，并且递书给建文帝。这样处理，原因有二：

1. 他始终坚称自己是“靖难”、“清君侧”，攻克南京城，目的已经达到，此时若再继续武力攻取皇城，就无法自圆其说了。

2. 相对于武力夺权，朱棣还是更加希望朱允炆自己能主动做点什么，或者逊位或者自裁，这样他就可以避免背上杀侄的罪名。

二、朱棣愿望如此，但朱允炆的答复却完全超出了他的想象——消失。当朱棣看见皇城内的火光时，他已明白让朱允炆自动逊位是不可能的了。但是他还心存幻想，急忙派兵救火，以确定朱允炆的生死。然而，从碑文中异常地没有交代朱允炆的尸首来看，朱棣并没有找到朱允炆。

但无论如何，此时，大明王朝的国都南京为朱棣所控制已确定无疑。第二天，投降的朝中文武及诸王纷纷以个人名义上表劝进，请求朱棣即位。朱棣称自己只有周公之意，并无称帝之心。随后，燕军诸将上表劝进，仍被严词拒绝。六月十六日，前两天上表劝进的两拨人联手劝进，恳请朱棣顺应民心。朱棣考虑再三，终于“勉为其难”，答应愿为天下苍生造福。

三次反反复复程式化的推让之后，六月十七日，朱棣的登基大典如期举行。此时，在等待和煎熬中过了4年的他，虽然数夜未眠，却毫无倦容，亢奋不已。在各种彩旗仪仗的引导下，在庄严的钟鼎鼓乐声中，朱棣率众将士在文武百官的夹道拜迎下，浩浩荡荡地直向皇城而去。

但意外发生了。根据《明史》的记载，燕王朱棣进城途中，路旁拥挤的人群中突然跑出一个叫杨荣的人，拦住朱棣的马道：“殿下先谒陵乎？先即位乎？”——按照帝王即位的程序，登基之前，新君必须先祭告天地祖先，这样，他的皇位才是注过册的。朱棣兴奋过度，竟然将如此重要的事情忘之脑后。

是日，建文四年六月十七日，朱棣正式即位，成为中国历史上著名的永乐大帝。

新的战争

称帝的兴奋过后，当朱棣冷静下来平静地观察周围时，才发现自己兴奋得太早了。即使没有了朱允炆，他称帝的阻碍仍在。这个阻碍不是其他，而是他没有合法性——即使在杨荣的提醒下，他已经及时向天地祖宗注册了。

或许，他的这种感觉可能还早一些。

六月十三日，李景隆将金川门打开，战争结束了。从这一刻起，朱棣就尴尬地发现，虽然自己赢得了战争，却并没有获得欢迎、拥戴和臣服。从周围人虚假夸张的表情里，他发现他们眼神里一闪而过的3个字——“不承认”。

虽然朱棣称帝后极力封杀言论，以致后人难窥当时的真实情景，但个别明人的杂文笔记以及民间的传说，仍然留下了不少蛛丝马迹。从这些点滴中，我们或许可以捕捉到以上信息。

明人顾起元记述道，直到明末崇祯年间，他的家乡仍有一个传闻：“及燕师至日，哭声震天，而诸臣或死或遁，几空朝署。”《建文帝遗迹》中也记载：“当时城破后，迎降的文武官员不过百十号人，然遁去者，达四百六十三人。”数字未必精确，但可以肯定的是，与朱棣不合作的人应该不是少数。

因此，与其说朱棣登基后成功了，倒不如说他的战斗才刚刚开始。

其实，说白了，靖难之变不过又是一次皇族内部统治者之间争权火拼的事故罢了，不论谁做皇帝都与老百姓不相关，那么，大家为何要百般抵制朱棣呢?

道理很简单，伦理纲常而已。经过儒家思想数千年的渗透，伦理纲常已成为君臣之义、宗法关系、王朝继嗣制度等人们观念中根深蒂固的一种秩序理念。它们是整个国家的根本和大体，具有超乎道德之上的地位，是不可破坏的。然而，当朱棣凭仗武力推翻合法的建文帝，拿起帝国权杖时，整个大明王朝的读书人及官员被推入了一个极为尴尬的境地。因为按照儒家社会弘扬的理念，朱棣不是胜利的英雄，而是一个不折不扣的谋权篡位者！人们怎么可能情愿放下万古长存的道义而服务于一个篡位者呢？这无疑是一种精神自杀！

另一个原因，则可能是建文帝朱允炆的“贤德”所致。

虽然在位时间很短，但朱允炆却在任内推行了一系列大受百姓欢迎的新政，如将全国的田租减免一半、取消江南重税、裁汰政府冗员等等，极大地减轻了百姓的负担。同时，他还宽刑律，一改朱元璋时期“重典治国”的策略，强调今后国家的政策是“务崇礼教，赦疑狱，嘉与万方，共享和平之福”。时人记曰：“（新政后）罪至死者，多全活之。于是刑部、都察院论囚，视往岁减三之二。”这也是后人称赞朱允炆的四年之治，纷纷将其比作“阳春”的重要原因。反观朱棣上台前后的残暴，他的不被人接受可以想见。

因此，朱棣上台后，大多数忠于建文帝的官员纷纷选择了弃官、隐退、逃亡，甚至殉道等方式来表达对新皇帝的不认可，这种局面一度让朱棣措手不及。

方孝孺是朱元璋开国功臣文官第一位的宋濂的得意门生，建文帝时期又是朱允炆的老师和首席顾问。因此，他在士林中的声望极高，被天下读书人视为楷模。基于此，最后一次出征前，朱棣的军师姚广孝曾深谋远虑地叮嘱朱棣：“进入南京后，方孝孺是一定不会投降的。但无论如何都不能杀他，杀了他，天下读书种子绝矣。”朱棣颔之。

南京城破后，方孝孺被捕。朱棣记着姚广孝的话，同时想借助方孝孺的名望，让他为自己草拟即位诏书，从而让整个士林对他皇帝身份的合法性予以承认。但朱棣万万没想到，要实现这一简单的想法，竟难如登天。

面对朱棣的要求，方孝孺投笔于地，且哭且骂曰："死即死耳，诏不可草。"结果朱棣大怒，命人将其磔于市。

方孝孺的拒绝犹如一记重拳，将朱棣打回原形。从这一刻起，他彻底明白了，想让进行过正统儒家教育的士人们轻易地接受自己是根本不可能的，只有通过屠杀，才能使那些士人胆寒；只有通过屠杀，才能使那些观望的人、不满的人，迅速扑倒在他的脚下。于是，他放弃了讲理，抛出一句"此朕家事"，再一次举起了血淋淋的屠刀。

于是，整个永乐元年都在血雨腥风、毫无节制的大屠杀中度过。方孝孺的"磔"刑，灭十族、杀 873 人，只是一个简单的开始，朱棣要用自己的行为告诉别人："顺我者昌，逆我者亡。"

正是这段炼狱般的经历，中华民族的骨气开始倾颓，正气开始削弱。为满足这位自命为永乐皇帝的自私欲望，中国的历史、社会和人性付出了异常惨重的代价。

另一种合法性

其实，靖难之役完全不是朱允炆一人的悲剧。当封建皇权终于发展到朱元璋时代，彻头彻尾地蜕变为一种"以我之大私为天下之公"，"于兆人万姓之中，独私一人一姓"的极端主义君权，视全天下人为仇雠，而置自己为独夫时，靖难之役的发生已经注定了——无论迟早。而朱允炆的悲剧，则是恰好承担了这一切。

事实上，历史也证明，尽管就帝王的个人品质而言，朱允炆并不该被推下台，但不幸的是，朱元璋交给他的权力既非他这样性情的人所能掌控，又太过诱人。

于是，悲剧发生了，合适的舵手朱棣杀了出来。

观察明初数十年的历史，我们会惊奇地发现，这段历史太诡异了。朱元璋自己虽未选对集权体制下帝国的掌舵者，但这套集权体制却准确无误地找回了最合适自己的掌舵者。

登基以后，尽管实施了大规模的屠杀、酷刑以及极其歹毒的身心摧残，但朱棣知道，单靠这些仍然远不足以平弭朝野上下乃至后世的非议。他要做的，是一步步从根本上彻底毁灭一切证据，让一切对自己“非法性”的异议结束。

首先是焚毁历史，然后再伪造历史。这是一种釜底抽薪的手段，然而却也是人类文明史上最卑劣的一种手段。《明史・王艮传》载：“（朱棣称帝后）出建文时群臣封事（即奏折）千余通，令缙等编阅，事涉兵农、钱谷者留之，诸言语干犯及他，一切皆焚毁。”在这里，朱棣狡诈地表现了一番宽容大度，将建文帝时期朝廷官员的奏折统统烧掉，以消除那些投降者的不安，但真正的目的则是要彻底消灭一切不利于自己的言论和材料。后来的事实也证明，绝不仅仅只是销毁奏折这么简单，在他的授意下，一大批文人走狗专职“焚史”一事，千方百计、不惜一切地销毁了建文朝的文字记录，致使到最后，建文朝史事“千钩百索，只字不留”。与此同时，为防“怀疑怨谤”，他还下旨，严禁民间自由谈论或书写建文时期的历史，“事发族灭”。

朱棣的目的达到了，他以自己超前的智慧给中国的历史开了一扇“天窗”，将一段历史从帝国的集体记忆中抹去，使后人无法知道当时的具体情况。但这还不是最恶劣的，最恶劣的是，他还添加进去许多假话。

朱元璋的《明太祖实录》在建文帝时期已经修过，但是朱棣上台后并不满意。他要把所有有利于朱允炆的记述都删减干净，然后再添加进去自己的辉煌形象，以显示自己才是根正苗红的、朱元璋钦定的帝国接班人。

需要特别提出的是，当后人因为那部所谓是世界上块头最大的《永乐大典》而纷纷对朱棣投去崇拜和赞赏的目光时，却不知道，这部从出生后就深锁皇家图书馆中，只与尘土为伴，几乎不被人们翻阅的大典，它真正的出身也是朱棣名为搜集古今文献，实为彻底消除不利于自己的历史资料，是企图永远掩盖其篡位事实的工具。除此以外，没有任何价值。

但是于朱棣而言，这一切都不重要，重要的是他已经通过种种手段牢牢地控制了“史者”的操守和气节，然后摧残他们，收服他们，进而通过他们操作历史。因此，别开生面的一幕出现了，别人是创造了历史，才拥有历史，而只有他，不需要创造历史，却同样拥有历史。

控制了历史之后，朱棣的第二个手段则是制造白色恐怖。

前面已经叙述过，上台以后，朱棣通过大规模的屠杀来消灭反对者，若仅仅出于这种需要，大家可能认为他毫无必要。但事实证明这是有必要的。朱棣的屠杀，一方面实现了从肉体上消灭和打击反对者的实际需要，另一方面则是为制造恐怖而行使恐怖，展示一种反对他的“下场”。所以我们看到，朱棣的屠杀不仅毫无节制，而且手段极尽狠辣之能事。

通过翻检史料，我们发现，害怕世人的非议成为朱棣一生的噩梦。他不断举起屠刀然后砍下，但还是担心在某个隐蔽的角落，有人会对他“念念有词”，有人在对他进行抵制。他异常恐惧地认为若是不加控制，总有一天，这些人也许会慢慢汇聚起来，变成一股能够正面冲击他的力量——正如百年后王世贞所分析的“既由藩国起，以师胁僭大位，内不能毋自疑人人异心，有所寄耳目”。

为防止那股力量壮大，朱棣认为自己必须先发制人。他命令兵部发布公告：“今为众所推戴，嗣承大统……尔兵部亟出榜晓谕，令各安心乐业，勿怀疑惧，敢复有妄言惑众,许诸人首告,犯人处死,家产给赏告人。知而不告,与犯人同罪。”

这是一道表面上以高压强使百姓安居乐业的命令，但实质却是告诉百姓，不准“疑惧”，更不准“妄言惑众（即背后议论）”，否则就是死罪。甚至，为了彻底防止人们对他非议，他很卑鄙地利用人的求生本能，许诺首先起来检举揭发别人者的罪行即可免除，而且会得到其他所有被处死者的家产作为奖励，相反，“知而不告，与犯人同罪”。可以想见，此令一出，社会上的风气会变成什么样子。

除了鼓励民间百姓相互揭发以外，朱棣的另一重要的恐怖手段则是重新起用锦衣卫，恢复其刑侦职能，并“寻增北镇抚司，专治诏狱”。从此以后，只要是锦衣卫认为某人不法，即可直接投入诏狱定刑定罪，甚至还可以“取诏行，得毋径法曹”，即只要皇帝同意，便可越过法律程序将人犯直接处死。

永乐时期，锦衣卫人数究竟有多少，现在已不可考。但根据史料的记载，明世宗朱厚熜即位之初，为表示新君新气象，一次性就裁汰了锦衣卫近32000千人。明代后期,有人痛陈其弊曰:“自锦衣镇抚之官专理诏狱,而法司几成虚设……罗织于告密之门，锻炼于诏狱之手，旨从内降，大臣初不与知，为圣政累非浅。”国家的法律如同虚设，政府司法部门和工作人员被撇在一边，皇帝一人想怎么办就怎么办，鼓励告密、纵容刑逼，这样的国家怎能不乱？

然而，对于疯狂地想要将所有的权力集中在自己手里的帝王来说，这些手段无疑是成功的。只有百姓惧怕你，你手中的权力才能足够大，也只有控制了一切，才能知道你手中的权力到底有多大。

几百年后，当我们回顾这段历史的时候，会发现历史的进程竟是如此诡异。朱棣对于帝国的统治是非法的，然而正是因为他是非法的，他才会想方设法、用尽一切手段来强化这得到的权力——正是因为如此，朱元璋创设的集权体制才真正发展到了炉火纯青的地步。也正是从这个角度出发，才足以证明帝国权力的篡夺者朱棣，才是朱元璋构建的集权体制的合格继承人。

明末万历皇帝后宫疑案

佚 名

明朝到万历皇帝的时候，已经十分衰败。关外努尔哈赤已经起兵，极大地威胁着明王朝的统治。而在北京后宫内却围绕着皇帝宝座的争夺发生了3个疑案。这3个案子分别发生在3个皇帝在位期间，万历皇帝和儿子光宗朱常洛以及他的孙子熹宗朱由校，这3个疑案就是“梃击案”、“红丸案”和“移宫案”。

先说“梃击案”，“梃”就是棍棒的意思，这是怎么回事呢？原来万历皇帝一共在位48年，是明朝所有皇帝中在位时间最长的一个。他的正宫娘娘是王皇后，十分贤惠，但一直没有生育。他的长子朱常洛是他和一个姓王的宫女生的，后来把这个宫女封为宫妃，但万历皇帝不喜欢王宫妃，当然也就连带不喜欢大儿子朱常洛了。他最喜欢郑妃，郑妃妖媚动人而且善解人意，郑妃生的三儿子朱常洵也因此受到他的宠爱。

每个皇帝死前都要立太子，以便将来继承皇位，但立太子自古以来就有“立长不立幼”的规矩，要立最大的儿子为太子。但现在万历皇帝不喜欢大儿子，却喜欢三儿子，于是他将立太子的事先拖着，反正自己年轻，以后再说。

但满朝大臣都坐不住了，不立太子怎么能行？万一皇帝有个三长两短，岂不天下大乱。于是大臣们纷纷上书要求立朱常洛为东宫太子，以防出现几个皇子争位的局面。但万历皇帝对这些奏章毫不在意，统统“留中”。奏章进了宫就石沉大海，立太子的事依然拖着。时间一年年过去，万历皇帝眼看40岁了，众臣劝立太子的奏章更多了，万历皇帝看也拖不下去了，只得立朱常洛为东宫太子，这时朱常洛已经20岁了。

万历四十三年（1615年），发生了一件怪事。一个中年汉子手拿一根木棍跌跌撞撞地打入太子朱常洛的慈庆宫，门卫也没有拦住他。这个汉子见人就打，一直往里闯，眼看就要进太子房间，幸亏门卫报警及时，大批卫士将这个中年汉子捆绑起来，押在牢里。

闯太子宫还了得，而且还手拿凶器。万历皇帝十分重视，立刻命令刑部官员严刑拷问，定要问个水落石出。

一开始这个汉子只承认自己叫张差，别的也不说，审判官员可急了，用酷刑拷打，这个汉子坚持不住只得招供实情。他供道：我真名叫张五儿，是无业游民，这次闯慈庆宫不是我自己要干，是庞保、刘成两位公公让我干的，并说事后给我重赏。

张五儿的供词送到万历皇帝那儿可把他气坏了，他知道庞保和刘成都是郑妃宫里的太监，显然这事和郑妃有关了。看来郑妃想谋害太子。万历皇帝立刻带随从来到郑妃宫中，气呼呼地让她看供词。郑妃一看阴谋败露可慌了神，连忙跪地磕头，泪水早就流下来了。

“皇上饶命，这是臣妾的过错，望皇上开恩，我以后再也不敢了。”

万历皇帝看是自己的爱妃，本来就不忍心处分她，这次也就算了。但他知道了这件事，朱常洵不可能再成为太子。第二天上朝，万历皇帝在百官面前说：“我立长子常洛是古今公理，现在却有人想谋害太子，我坚决不能允许。”接着他把张五儿、庞保、刘成都杀了，“梃击案”也就不了了之。

明光宗朱常洛继位时也快40岁了，他只当了一个月的皇帝就死了，他这么早就死还得从“红丸案”这个谜案说起。朱常洛身体虚弱，但他却不顾身体依然花天酒地纵欲享乐。他的正妃郭氏病死后，还有4个选侍，选侍是一种品级较低的妃子，除她们外还有无数美女陪伴在光宗身边，光宗只知享乐，身体却越来越糟。

这年九月，也就是朱常洛当皇帝一个月后的一天晚上，他忽然肚子疼，而且头痛。连忙叫太医进宫，过了一会儿一个叫李可灼的官员手捧红丸进献皇帝，称这是祖传秘方所制，百病皆除。朱常洛看这个红通通的丸药，不管三七二十一，先吃下去再说。也别说，吃下这颗红丸后，光宗果然精神倍增，红光满面，他十分高兴，不仅大大称赞了李可灼的忠心，而且让他再献一颗。当朱光洛吃完第二颗红丸以后，却疼痛难忍，一命呜呼了。谁也搞不清皇帝突然暴病死去的原因，这个神秘的“红丸案”也就成了一个千古之谜。

光宗一死，他16岁的皇子朱由校登上了皇位，这就是明熹宗。他登基不久就发生了“移宫案”。

这个“移宫案”是由光宗原来4个选侍之一李选侍引起的，前文提到光宗正妃郭妃病死，没有正宫皇后。现在朱由校登基，这个李选侍想当太后，她在乾清宫中哭哭啼啼拖着小皇帝，一定要小皇帝封她为太后。

乾清宫是皇帝才能居住的地方，现在李选侍却倚仗是先帝的妃子待在乾清宫中不走。小皇帝才16岁也没有什么主意，他不想封李选侍，但又下不了决心。但李选侍总赖在乾清宫里也不成体统，该怎么办呢?

小皇帝身边有个太监叫王安，这时他躬身跪倒说道：“皇上，可不能再这样下去，陛下可立即下诏逼迫李娘娘搬出乾清宫。”

小皇帝沉思了一阵，说：“好，朕马上下诏书。这样就由你去办，办好了朕有重赏。”

圣旨的威力果然巨大，李选侍再有怨言也只好灰溜溜地搬出了乾清宫，搬到宫女住的宫里，再也没出头之日了。这就是明史上的“移宫案”。

3个案子都发生在明朝末年，正是明朝走向灭亡的时期，而且都是围绕皇帝之位而发生的。明朝统治的大部分时间都花在这上面，当然无心管理国家了。

道光"奇案"：国库900万两白银因何不翼而飞？

喻大华

国之鼹鼠，监守自盗

道光二十三年（1843年）初，户部银库的库兵张诚保的侄儿捐了个官，钱捐到户部，叔叔张诚保负责过秤收钱，最后钱没收，但是开了收据。这事儿瞒上不瞒下，由于牵涉到复杂的人事关系和利益分配，结果被捅了出去。于是，黑幕越揭越大，最终揭发出户部银库巨大的黑幕。史称，"（道光）二十三年，库吏分银不均，内自攻讦，其事不能复蔽，达于天庭"。

道光帝闻讯后惊骇不已，迅速命刑部尚书前去查验，这一查非同小可，发现账面上的数字与实际库存银两相差竟有925.2万两之多。道光帝本以为国家还有1000万的国库余存，没想到一经查验已经成为泡影。

众所周知，道光皇帝是个节俭得出了格的主儿，大臣到北京述职，赶上吃饭时间，都舍不得留大臣吃顿饭，这回一下子丢了925万两白银，可以想象节俭得近乎吝啬的道光帝该是怎样的一种心情。

三月二十六日，道光帝痛责诸臣说："竟亏空银至九百二十五万二千余两之多，实属从来未有之事，览奏曷胜忿恨。以国家正项钱粮，胆敢通同作弊，任意攫取，似此丧心昧良，行同偕国盗贼……历次管库及历次派出查库王大臣，皆系亲信大员，亦复相率因循，毫无觉察，并无一人能发其奸，甚负委任，不知诸王大臣有愧于心否！朕自咎无知人之明！"同时，他指示刑部、吏部、步军统领衙门迅即介入调查，一查到底。

黑幕解开，道光震怒

大批库兵被抓下狱，大批官员被停职审查，刑部官员忙得不分昼夜。经初步研究，刑侦专家得出了一致的意见:925 万两白银并非一人所偷，也非短期作案，至于案犯基本上可以断定是银库的库兵。

这不是废话吗！ 925 万两白银要是用现代载重四吨的中型卡车运，能装满 100 车，一个人敢从戒备森严的银库运走如此多银子吗？就是能偷走，他往哪儿藏？至于说库兵是嫌疑人，也不是有价值的观点，因为除了库兵，谁也接触不到银子。

这么多银子放在哪里？又是怎么被偷出去的呢？

当时，北京共有 10 个大库，有装粮的、装钱的，还有装布匹绸缎的。其中装钱的共有三库：

第一个是紫禁城内库。此库存白银 120 万两，是给皇帝备用的“过河钱”，就是皇帝走投无路时用来流亡的路费，到目前为止还没用过，而且都是 50 两一个的大银锭，不易被盗，所以封条一封，上级官员基本不查库；

第二个是内务府银库。虽名曰银库，但不藏银，专藏金玉珠宝，库房不大，管理也很方便。

第三个是户部银库，即国库。国库里面藏着白花花的银子，差不多每天都在收支。库兵每日都在搬进搬出，忙得不亦乐乎。

为了保证国家资金的安全，清朝银库制定了严格的管理制度，设管库大臣一员，由户部侍郎兼任，下面设郎中等职，再下有库书数人，这些人都没有权力进入银库，能进入银库的只有库兵。

库兵如要进入银库，即使严冬，也必须脱去衣裤，进库后再换穿库内的衣裤；干完活儿出库时，再脱光衣服，库门口有一个板凳，库兵光着身子跨过板凳，两手往上一拍，大喊一声“出来”，然后就可以穿上来时的衣服，下班回家了。跨板凳、举手、拍手、高喊，是为了表明自己体内、腋下、嘴里、手中没有夹带银子。

由此看来，国库监管制度十分严密，库兵貌似无机可乘。其实不然，库兵守着白花花的银子，怎么会不费尽心机搞一点花花呢。

据说库兵偷银子的办法有两个：

第一个是“以谷道藏银”。库兵把银子通过肛门塞入体内，塞入时，用猪脂肪将银子包上，同时还得用点儿松骨的药，一次最多能塞 80 两，能忍受 30 分钟。这招是要勤学苦练的，不过也有两个局限：首先，年纪稍大点儿的人难以夹带；其次，只能夏天用，冬天不能用。

那么在严冬，库兵怎么往外偷银子呢？

第二个办法是用茶壶往外带银子。壶里有水，把银子放在茶壶里，出库时打开茶壶盖，将茶壶往下一倒就过去了。实际上，银子冻在茶壶里，自然倒不出来。

这是最主要的两个办法，还有其他一些方法。这样一来，天长日久，积少成多，银库的银子不知不觉间就被盗了很多。

调查组调查出答案，可问题又来了。既然不是一天所为，也不是一人所偷，为什么时至今日才发现呢？

此时，距清政府上次大规模、彻底地清查银库已整整 43 年了。从嘉庆五年（1800 年）彻底清查国库以来，每年只是例行公事般的查库，查库大臣翻翻账，看看门窗，检查一下管理制度，煞有介事地叮嘱库兵几句，走完过场就作罢。要说他们对库兵监守自盗一丁点儿察觉也没有，谁也不信，但是，一句话，惹不起啊。

这不仅牵涉部门利益、复杂的官场博弈，就是那帮库兵，也都不简单，水很深，有的甚至黑白两道通吃。

开库之日，户部银库门外一群群全副武装的保镖，聚存树下乘凉，那份威风，户部一般官员也比不上。这些都是库兵的私人保镖，其实不是库兵摆谱，他们时常会面临着被绑架、抢劫的危险，因为巨大的利益很容易让歹人见财起意。另外，补一名库兵的缺要六七千两白银的活动费，在这种情况下，谁砸他的饭碗，他不跟谁拼命才怪呢？

东窗事发，有些库兵闻讯之后，迅速逃离。怒不可遏的道光帝严令步军统领衙门、顺天府（今北京市）严拿务获。最后，大部分库兵被控制，不少库兵被拘捕，但如何处理也是一大难题，不仅人数众多、涉及面广，取证也很困难。另外，这是几十年间的群体性作案，各级官员负有不可推卸的责任，若是他们稍微负责一点儿，也不会酿成此等奇案，若是现在追究官员责任，又面临着法不责众的问题，而且还涉及管理体制上的弊端。所以，道光帝懵了，真不知该找谁算账了。

经过大臣劝解与开导，道光帝也逐渐从激愤万分中平静下来。道光帝愤怒地表示“本应立置重典，以肃法纪，唯事阅多年，官非一任，即书吏丁役等亦人数众多”，要想查个水落石出已不可能。除了个别证据确凿、情节恶劣的库兵被处以死刑、流刑、徒刑外，基本上没有追究官员们的刑事责任，这并不是对他们的宽大处理，而是道光帝此举别有用心，国家当下急需用钱，对于本应承担责任的官员，除了给予行政处分外，关键是责令他们分赔国库损失，尽可能挽回损失。

四月七日，道光决定追究嘉庆五年以来历任银库负责者的经济责任，责令按任期长短，分摊损失。其中库官、查库御史任期中每月赔 1200 两；管库大臣每月赔 500 两；查库大臣每查库一次赔 6000 两。那些已故官员的赔偿标准减半，由子孙代赔。

不久,道光帝还制定了缴纳赔款的详细时间表。这一期间有些官员拒绝赔偿，按道光之意，拒绝缴纳赔款者将被“监追”，即投入监狱，不赔钱就不放人；超过一定时间还不赔，就按犯罪追究刑事责任。

追缴失银，效果欠佳

款项数额如此巨大，当时国家机器运转效能也很低下，这些因素决定了追缴结果不理想，而这也在道光帝的预料之中。

在追缴过程中，有些官员或者子孙无力赔偿，即使“监追”也赔不出，所以，道光帝不得不调整赔偿标准，譬如延长赔款期限或者适当降低赔偿标准等。同时，道光帝也同意一些特殊官员免于赔偿，如官员本人去世而子孙尚未成年时，就不要他赔了。

银库大案对道光帝的打击很大，不仅 925 万两雪花花的白银不翼而飞，让崇尚节俭的道光帝心疼不已，更憋气的是此等大案竟然查不出个所以然来，其中几个长年作案的库兵至今逍遥法外。

道光帝怒斥道："奉旨饬拿，乃经年累月，置若罔闻，迄未就获。该衙门等所司何事，玩泄已极！仍著步军统领、顺天府五城各衙门一体严拿务获，归案究办，毋许再有延宕！"尽管道光帝大发雷霆，在逃的库兵依然杳无音讯。

古人云："哀莫大于心死。"道光帝君临天下 20 多年，虽励精图治，但鲜有作为；他几经努力，但终究无法力挽狂澜。前有鸦片战争失败重创，后有银库大案垂直打击，挫折接二连三，政事更是雪上加霜；加上此时年过 60，体力精力逐渐不济，雄心壮志消磨殆尽的道光帝表现出明显的懈怠与倦意，他开始回避矛盾重重的现实，慢慢地心灰意冷，终于无可奈何地接受了大清王朝没落的现实。

历史的谜团

隋唐两朝前仆后继征战高句丽的原因

佚 名

我国不同朝代都有异族侵略之患，只不过程度大小不同而已，那么在他们强大之前是否有必要把它掐死在萌芽状态呢？有这样一个原则，国与国之间，没有永远的朋友和敌人，没有绝对的公理和正义，永恒不变的只是国家利益。

但并不是所有政治家都能理解并遵循这一原则，纵观国内外的一些政治家们，在处理国与国关系时犹如孩童般的天真、哥们般的义气、愚夫般的鲁莽。

这一点，他们还不如我们的先祖，强盛隋唐时代的伟大君王，具备高强的洞察力和不懈的斗志。

隋唐征战高句丽的过程

稍懂中国史的人都知道，在公元7世纪以前，中国东北的辽河以东和朝鲜北部，存在着一个强大的中央集权制王国——高句丽。这个神秘王国，隋唐之前一直占据着中国边陲史的重要部分。可自隋之后，中国中央政权几个英名垂史的皇帝像着了迷一样发疯似的进攻这个王国，历经四代，终于将这个王国最后消灭。征高句丽之战，历来被史家们咒骂为“不恤民力，劳师远征”，甚至被骂为“封建军事帝国主义的侵略行径”，是隋唐封建贵族对弱小国家赤裸裸的侵犯！更多人认为这是“毫无必要的征讨”。

果真如此吗？

翻开隋唐史，征高句丽之战占据着整个国家政治生活的重要地位，自隋文帝开始，中国就将征讨高句丽作为国家的一项长远战略任务坚持不懈地执行，尽管多次面临失败，尽管可能导致国破家亡，可一代又一代的隋唐政治精英们始终没有放弃一个战略目标：消灭高句丽。

让我们先看看隋唐时代让全体中国人付出高昂代价的征高句丽之战吧！

589年，隋文帝在灭陈统一全国后，就将征高句丽作为一项战略任务提了出来，他在给高句丽的诏书中说："王谓辽水之广，何如长江？高丽之人，多少陈国？朕若不存含育，责王前愆，命一将军，何待多力！"公元598年，高句丽王率骑兵万余进扰辽西，隋文帝即命汉王杨谅、上柱国王世积为行军元帅，周罗喉为水军总管，率大军30万，分水陆两路进攻高句丽。汉王杨谅率陆路隋军出山海关，时逢雨季，道路泥泞，粮草供应不上，军中疫病流行，虽勉强进至辽水，已无力战斗；水路隋军由周罗喉率领，自东莱出海，直趋平壤城，在海上遇大风，船多沉没。于是水陆两路被迫退还，死者十之八九。

隋炀帝杨广继位后，更是念念不忘高句丽之患，一直在寻找借口讨伐高句丽。公元611年，隋炀帝以高丽不遵臣礼为由，下诏征讨高丽，命天下兵卒，不论远近，都到涿郡集中。次年正月，全国应征的士卒全部到达涿郡。全军共计113.38万人，号称200万，统由炀帝亲自指挥。各军首尾相接，鼓角相闻，旌旗相连长达千里，声势浩大，史称"近古出师之盛，未之有也"。三月，隋军进至辽水西岸展开。高句丽兵依辽水据守，数日后隋军浮桥接成，依次渡河，歼灭东岸的高句丽军万余人，乘胜进围辽东城，辽东城久攻不下。六月，隋炀帝亲至辽东城督诸军攻城，同时命左翊卫大将军宇文述等九军共30.5万人，越过高句丽诸城，向鸭绿水挺进，与水军配合攻打平壤。高句丽大将乙支文德采取诱敌深入的计策，边打边退，引诱隋军，致隋军疲于奔命，宇文述见将士疲惫已极，且军中粮尽，平壤城又坚固难拔，遂被迫还师。高句丽军乘其后撤，从四面抄击隋军。宇文述等且战且退，至萨水被高句丽军半渡击之，诸军皆溃，退至辽东城时仅余2700人。右翊卫大将军来护儿率水军经海道入大同江，在距平壤60里处击败高句丽军，乘胜以精甲40000攻城，遇伏大败，还者不过数千人。炀帝第一次征高句丽以惨败告终，上百万人的生命葬送在辽河以东，高句丽得胜后，将数万中国士兵的尸体筑成"京观"，用恐怖的手段来威吓中国人。

613年和614年，隋炀帝又发动了两次攻高句丽之战。皆以失败告终。

隋炀帝狂征高句丽给国家带来了严重的后果，由于广征丁夫，糜费巨大，加上修运河等工程，严重耽误农事，造成大量壮丁死亡，以致出现“男丁不足，役使妇人”的可怕局面,各地纷纷揭竿而起。山东有一个自称“知世郎”的王薄，利用人民反战的情绪，作了一首《无向辽东浪死歌》，鼓动百姓起事造反，天下大乱。

隋实际上间接亡于征高句丽之役。

唐朝的天下是由太宗李世民打下来的，作为一代明君，深知隋亡的原因。太宗继位后，接受隋灭的教训，行事处处小心谨慎，终生未犯大错，天下出现少有的治平景象。可唯独在征高句丽一事上,英明的唐太宗却和暴君杨广如出一辙。贞观十九年，太宗以高句丽欺新罗为由，诏命刑部尚书张亮为平壤道行军大总管，太子詹事、左卫率李绩为辽东道行军大总管，率六军从洛阳出发，御驾亲征高句丽。唐军渡辽水，在初胜后，却在安市城碰到顽强阻击。由于守军殊死抵抗，使唐军至九月仍未攻克。时近深秋，草枯水冻，士马难以久留，唐太宗被迫班师，数万将士殒命沙场。

唐太宗并不因此次失败放弃征服高句丽的目标，他多次训命边关进扰高丽。太宗晚年，他命四川等地伐木造船，以备征高句丽之用，结果造成山民暴乱，唐朝动用了数万大军，费了几个月才将起义镇压下去。英明的唐太宗差点走了炀帝杨广的老路。

唐高宗李治继位后，更是将最后消灭高句丽提上了日程。高宗虽然没有太宗的雄才大略，却是逢上历史的最好机遇。666 年，高句丽内乱，泉盖苏文死后，世子男生代为莫离支（相当于丞相），但为二弟男建所逼，降于唐。唐高宗借此机会,以李绩为辽东道行军大总管,统帅诸军,分道合击高句丽。公元 668 年春夏，各路唐军推进至鸭绿栅，高句丽各城守军或逃或降。唐军进至平壤城下，九月十二日，高句丽僧信诚打开城门，唐军冲进城中，俘男建，高句丽亡国。

征战高句丽的意义

读遍这些历史，就产生一个问题：在六七世纪的东亚政治格局上，相比中国来说，高句丽不管怎么说也是一个小国，它却为何让隋唐的皇帝们如此牵肠挂肚，动员中华之物力，非欲除之而后快？难道隋唐的君主们真的只会欺软怕硬，专打弱小国家？按照很多人的描述,征高句丽只是封建君主们“私欲”膨胀的结果，是对弱小国家的欺侮，如果是这样，有几点是解释不清的：

一是为什么自隋以来，连续几个政治观点、思想作风、行为方式都有很大区别的中国皇帝独独在高句丽一事上观点认同？隋代以前，中国已经历了300年的分裂动乱，国家刚刚重新统一，中华民族处在伟大复兴的关键时刻。而在这个时候，隋唐君主们都将高句丽作为国家的重大威胁提了出来，前仆后继不惜一切代价予以征讨，这不值得让人深思吗？风流倜傥、才学过人的隋炀帝任性好斗，为征高丽付出了惨重的代价，可史书上的唐太宗充满理智与自信，满口“君舟民水”，却也不惜冒“水覆”之险亲征高句丽。唐高宗呢，一直是文弱书生，却在征高句丽一事上，像个斗劲十足的公鸡，发誓一定要完成“父志”。

二是征高句丽是不是像一些人描述的那样是欺软怕硬，欺负弱小国家？纵观六七世纪的东亚，像高句丽这样的“弱小”国家并不止一个，朝鲜半岛上还有新罗、百济，东北后有渤海，南有南诏，至于北方和西面诸国，就更多了。可为何隋唐的君主独独盯着高句丽不放，一定要将其置于死地？有人说，高句丽和中国接壤，其实不然，新罗统一半岛后，唐朝并未对其采取什么大的军事行动，终唐之世，相安无事。

三是征高句丽之役是不是像一些人所说的那样“毫无意义”,是完全多余的，中国最终也没有得到多少好处。不错，表面上看是得不偿失的。征灭高句丽让六七世纪的中国付出了巨大的代价，无数年轻的生命葬送在沙场，间接死亡的人就更多。灭高句丽后不过10余年，唐军又不得不从朝鲜半岛撤军，领土多让于新罗。征高句丽的实际效果表面上是看不出的。

高句丽是个什么样的国家

高句丽到底是个什么样的国家，隋唐君主不倦征伐的根本原因到底在哪里？遗憾的是，大多数史书对于征伐的原因都是从表面上一带而过的，无非就是“不顺天命”、“不臣之礼”等等表面的冠冕之词，没有涉及征伐的深层次原因。但是唐太宗的一席话令人深思，贞观十九年，在出征前，太宗谓左右曰：“今天下大定，唯辽东未宾，后嗣因士马盛强，谋臣导以征讨，丧乱方始，朕故自取之，不遗后世忧也。”好一个“不遗后世忧也”！太宗这句话堪称经典，道出了征伐高句丽最根本原因。

史书虽对征高句丽一事起因记载不详，但观察秋毫，主要原因在于六七世纪的高句丽，已发展成为东亚一个强大的地区性王国，对中华的复兴构成了最直接最危险的威胁。六七世纪的高句丽对于隋唐，犹如前3世纪迦太基对于罗马，17世纪满清对于明朝，19世纪日本对于中国，二虎不可兼存，隋唐要想兴盛，必除高句丽不可。

第一,六七世纪的高句丽绝不再是一个地区性的强国，而是已发展成为一个强大的中央集权制王国，已具备与中国争夺东亚霸权的潜力。唐史载：“高丽，本扶余别种也。地东跨海距新罗，南亦跨海距百济，西北度辽水与营州接。其君居平壤城，亦谓长安城，汉乐浪郡也。”高句丽人本是扶余古人的一支，于秦汉之季建国，建国之初，仅在浑江、鸭绿江中游占据一小片土地，范围和面积还不到今天一地级市大，人口也少得可怜。与其说是建国，不如说还只是一个部落领地。可是高句丽的领导人和其他民族不同，善于经营，长远筹划，能够立足根据地，稳扎稳打，逐步扩大地盘。对于中原王朝采取表面顺服，暗地积力的策略，如果中国出现内乱，则乘机侵占土地，增强实力。经过500年的不懈努力，至6世纪，高句丽王国终于占领了汉代的辽东、玄菟、乐浪、带方四郡土地，隔辽河与中国相望，并征服了沃沮、夫余等游牧民族，“东西二千里，南北千余里”，领土扩大了10倍，人口也大大增加。高句丽和唐太宗作战时，一次能调动军队15万，可见其已不是一般的国家，加上6世纪东北地区温暖湿润，适宜耕作，分析其人口应在500万左右，常备军应在50万人左右。6世纪，高句丽已成为东亚地区仅次于中国的第二大强国，直接威胁中国的复兴。

第二，高句丽的国家结构兼有农耕和游牧两个国家形式，依山筑城，垦田游猎，以农耕为主。但其又带有很强的游牧民族特点，秋冬之季是其狩猎季节，加上不断征服了沃沮、夫余等游牧民族，游牧业在国家经济中占有主要地位，对农耕民族的筑城攻防和游牧民族的骑射都能吸收其优点，为其国家军力提供了充分的保障。这就是为什么在隋唐征讨战争中高句丽军队进能远攻、退能守城的原因所在。相比较突厥这样纯粹“马背上的国家”，高句丽国家组织稳定，有正常的经济基础，军事潜在威胁也就更大。有了这样强大的国家军事组织，高句丽也就具备了与中原政权相对抗的实力。

第三，在意识形态上，高句丽保持着部落的纯朴民风，并未完全接受儒家文化。大家切莫将高句丽和后来的朝鲜王国并论。朝鲜王国是一个典型的儒家文化古国，而高句丽则不是。史载“高句丽礼灵星及日、箕子（中国商王室成员，商朝灭亡后逃至朝鲜半岛建国）、可汗等神。国左有大穴曰神隧，每十月，王皆自祭。人喜学，至穷里厮家，亦相矜勉，衢侧悉构严屋，号局堂，子弟未婚者曹处，诵经习射。”可见，高句丽的民风是原始淳朴的，在国家意识形态上和中国存在较大差别，虽也有中华血统，但又混合了西北少数民族的血统与彪悍。儒家文化讲究仁义，接受儒化的国家侵略性和危险性就会减退（除日本变异的儒学外），但高句丽则没有，因为中国商王朝时儒学尚未形成，故高句丽虽奉中国的商王室箕子为祖先神之一，却不认同儒家文化，反而受西北异族文化影响较深，由于文化上的不相认同，高句丽对中国的威胁也就更大。

第四，六七世纪的亚洲国家关系上，高句丽的结盟和征伐已对中国构成了直接的威胁。6世纪，高句丽已在东北亚兴起，周围各国纷纷臣服，回纥等善战的游牧民族都已为其所用，就连强大的突厥汗国也已和高句丽结盟，不断侵扰中国的北部边境，相对于国家发展仅是雏形，极不稳定的突厥，高句丽是起主导作用，威胁更大。在朝鲜半岛上，百济已成为高句丽的盟友，而另一个国家新罗则面临着高句丽、百济和日本三方的威胁，国家时刻都在生死存亡中。这时，高句丽的战略目标是：在朝鲜半岛，制定先消灭新罗，最后消灭百济，统一半岛的计划，不断加强对新罗的攻势，这是高句丽首要的战略计划。在北方，进一步巩固东北亚的根据地，慑服各族，对突厥采取结盟利用战略，分化突厥和中原王朝的关系，挑起战争，以收渔利。对中国，首先积极备战，第二采取表面上绥靖政策，不断进贡予以麻痹，第三挑动中国河北一带的地方势力和军阀们对抗中央（如北齐贵族等），破坏中国的统一，第四不断小股部队侵扰，削弱中国边防。

相对于高句丽来说，早已儒化的新罗国危险性较小，新罗一直也和中国保持着良好的政治关系，这一点，隋唐君主们都是清楚的，这就是为什么当唐太宗听说新罗被高句丽围攻告急时，下定决心要干涉的原因。

通过上述分析，隋唐时代对高句丽大加讨伐的真正原因只能归纳为一句话：没有征高句丽战争，就不会有中华隋唐的兴盛。隋唐时代百万中华将士的鲜血不会白流。

现在大家都知道强大的罗马帝国是今天西方文明的源头。殊不知在公元前3世纪罗马兴起时，在地中海对岸北非境内，还有一个和罗马同时兴起的王国：迦太基，这个国家同样兴盛强大。面对同时兴起的两个国家，地中海只要一个，虽然残酷却是现实，于是，按优胜劣汰的原则，罗马和迦太基展开了持续近一个世纪的3次布匿战争。有好几次迦太基的军队都打到罗马城下，但罗马上下同心，同仇敌忾，最终战胜了迦太基，将迦太基城夷为平地。每当读起这段历史时，我就会想起隋炀帝浩浩荡荡的征高句丽之战，这位才华横溢但冲动不已的君王，面对横尸遍野，天下沸腾，万人骂名，在辽河边恐怕也感慨无人知己了。

一将成功万骨枯，哪一国成功呢？恐怕也是万国枯吧？高句丽的崩溃铸就了隋唐的辉煌。同样，大英帝国的兴盛不也是征讨的结果吗？没有满清4亿两白银的战争赔款，日本也不会有战胜西方列强称雄亚洲的资本。美国的强盛呢，其中自然也少不了掠夺和奴役。整个一部大国的强盛史，就是一部血淋淋的杀戮史。这很残忍，但只有强者才能得到尊重，要想得到尊重，必须遵循国家利益高于一切的法则。

成吉思汗真陵位置之谜

曾祥昆

早闻一代天骄成吉思汗大名，今年8月1日，终获参观其陵园机会。

成吉思汗陵（以下简称成陵），坐落于内蒙古自治区鄂尔多斯南部金霍洛旗的甘德力草原上，是一座雄伟壮丽的蒙古式陵园。陵园总面积55000平方米，其中建筑面积1500多平方米、绿化面积53500多平方米。建筑面积中，三座蒙古包式宫殿气势磅礴，一座汉式祭坛庄严肃穆。园中建筑，由四部分组成。一是陵宫，分正殿、寝宫、东殿、西殿、东过厅、西过厅6部分。正殿高24.81米，东西殿高各18米。正殿内，耸立着一尊4.3米高的汉白玉成吉思汗坐像，其背后是辽阔的成吉思汗四大汗国疆域图。寝宫内，安放着成吉思汗坐像及三位夫人的灵柩。东殿内，安放着成吉思汗幼子及夫人灵柩。西殿内，供奉着成吉思汗的银马鞍、弓箭、圣奶桶。东西过厅和各殿四壁，绘制了表现成吉思汗戎马生涯、国家兴旺、子孙业绩和生活习俗的巨幅壁画。二是祭坛，供奉着成吉思汗的军徽——苏力德，它象征着战无不胜、所向无敌的战旗。三是陵史展厅，记录着成吉思汗陵的创建和迁徙发展全过程，陈列着党和国家领导人、文人墨客谒陵题词、照片及部分珍贵文物。四是行宫，由金顶大帐与东西侧殿及选汗台组成，坐落在距成吉思汗陵一公里处，大帐直径18米，高13米，是历代蒙民选汗的地方。

成陵首建于鄂尔多斯，始称“八白室”。“八白室”，由八顶白色蒙古包组成，包内分别供奉着成吉思汗灵帐、白骏、珍藏等。成陵在抗日战争时期，为躲避战乱，于1939年迁至甘肃省的榆中县兴隆山。1949年，又迁至青海省的塔尔寺。1954年迁回鄂尔多斯，并进行扩建，1956年完工。2004年，重建成陵，2007年完工，形成现在的规模。

人们现在所见的成陵，并非成吉思汗的真陵，而是其“衣冠冢”。其所以如此，决定于蒙古族的密葬制度。蒙古人认为，人的精神重于肉体。因此，人死后，他们只埋葬遗体，不垒坟包，也不作文字记载，久而久之，后人就难寻墓地了。特别是贵族、皇族人员死后，更是如此。据《蒙古秘史》记载，贵族人员下葬后，先用数百匹马将墓地踏平，再在上面种草植树，而后派人长期守灵，一直到地面不露任何痕迹方可离开。据传说，成吉思汗下葬时，以万余匹战马踏平松土。为了便于日后找到墓地，在成吉思汗下葬处，当着一峰母骆驼的面，杀死其亲生的一峰小骆驼，将鲜血洒于墓地。第二年春草萌发后，祭祀成吉思汗的人们，便牵着那峰母骆驼前往。母骆驼来到墓地后，便会因想起被杀的小骆驼而悲鸣不已，人们便在母骆驼哀鸣处祭祀。可是，那峰母骆驼死后，人们就再也找不到成吉思汗的墓葬了。

成吉思汗的真陵位于何处？对此问题，700 多年来，形成了 4 种说法：第一种说法，认为成陵位于蒙古国境内的肯特山南的一个地方。其依据是：有关资料记载，成吉思汗生前某日，曾在肯特山下的一棵榆树下静坐长思，而后忽然起立，对手下随从说：“我死后就葬在这里。”南宋文人的笔记中也记载，成吉思汗当年在宁夏病逝后，其遗体被运往肯特山下某处，在地表挖深坑密葬。第二种说法，认为成吉思汗陵位于内蒙古鄂尔多斯市鄂托克旗境内。其依据是：在鄂尔多斯伊金霍洛镇境内，数百年前就有一座规模宏伟的成吉思汗陵。陵内后殿蒙古包式的黄色绸帐内，供奉着成吉思汗及夫人的灵柩。在它两侧的绸帐内里，安放着成吉思汗二夫人和三夫人灵柩及成吉思汗两个胞弟的灵柩。东殿安放的是成吉思汗的四子及夫人灵柩。西殿供奉的是象征成吉思汗九员大将的 9 支“苏鲁锭”（蒙式武器），还陈列着成吉思汗征战时用过的战刀和马鞭。每年的农历三月二十一日、五月十五日、九月十二日和十月三日，成吉思汗的后裔都要在此举行盛大的祭祀活动。而且，鄂特克旗阿尔寨石窟附近的地貌、地名等特征，与《蒙古秘史》《史集》等史料中有关成吉思汗葬地的描述极其吻合。同时，在阿尔寨山的第 28 号石窟中，有一幅画极似《成吉思汗安葬图》。第三种说法，认为成吉思汗陵位于新疆北部阿勒泰山。其依据是，考古专家在该地发现了一座人工改造过的大山，推测此山可能是成吉思汗的葬身之地。其佐证之一是，马可·波罗在其游记中写道："在把君王的灵柩运往阿勒泰山的途中，护送的人将沿途遇到的所有人作为殉葬者。"第四种说法，认为成吉思汗陵位于宁夏的六盘山附近。其依据是：有记载说，成吉思汗是1227年盛夏，攻打西夏时死于六盘山附近的。按照蒙古族风俗，人去世3天内就应该处理遗体，或者天葬，或者土葬，或者火化，如遗体腐烂，灵魂升不了天。因此，成吉思汗去世后，就地安葬的可能性大。这4种说法，各有道理，各存异议，专家们一直争论不休。

成吉思汗真陵问题，引起了国内外考古团体和专家、学者的高度重视，并开展了相关的考察工作。2001年8月16日，美国克拉维兹领导的探险队宣布，他们通过探测、考察，在蒙古国的乌兰巴托东北发现了成吉思汗的陵墓，但后来证明，此墓是匈奴墓。2004年10月16日，一支来自日本和蒙古的联合考察队宣称，他们在距乌兰巴托约150英里处，发现一座13到14世纪的灵庙遗址，从灵庙处的遗存看，推断此处即是成吉思汗陵。但这一推论，却遭到中国多名专家、学者的有力否定。我国今年78岁的齐忠义老人，曾担任鄂尔多斯市副盟长，几年前从内蒙古自治区政协副主席职务上退休。不久前，他接受了新华社记者的采访。他说：存于鄂尔多斯成吉思汗陵中的灵棺中，确实有人骨；原来从灵棺中取出的成吉思汗全家人的画像，至今仍珍藏于他的家中；吸收成吉思汗最后一口气的骆驼毛，几百年来一直收藏于鄂尔多斯成吉思汗陵；成吉思汗逝世后，遗体不可能运出很远，秘葬在离六盘山不远的鄂尔多斯的可能性很大。齐忠义老人的观点，多数专家、学者表示赞同，但仍有少数人持不同意见。

综上所述，成吉思汗真陵究竟位于何处，有待历史作答。其结果是，也许有朝一日，真相大白；也许旷日持久，永远是谜。

清朝原始档案揭开和珅终究被杀之谜

佚　名

和珅何以招来杀身之祸？

油头滑脑、不学无术的大贪官和珅的形象家喻户晓。和珅在历史上确实是一位赫赫有名的人物。乾隆年间，他做到文化殿大学士、首席军机大臣，权力仅在乾隆之下。那么，历史上的和珅到底是什么样的人呢？

身世回顾

《和珅列传》是嘉庆年间整理的原始档案，详细记录了和珅的身世和他的经历。

和珅（1750—1799），字致斋，原名善保，钮祜禄氏，满洲正红旗人。他生于乾隆十五年，父亲名常保，曾任福建副都统。他祖上是今辽宁清原县人，清初随清帝入关，住在北京西直门内驴肉胡同。

和珅出生在一个并不富裕的武官家庭，但他与弟弟和琳从小都受到较好的教育，10来岁时被选入咸安宫官学，接受儒学经典和满、汉、蒙古文字教育。和珅天资聪颖，勤奋努力，成绩突出，因而得到老师吴省兰等人的器重。

乾隆三十四年，20岁的和珅继承祖上三等轻车都尉的爵位。第二年，参加顺天府科举乡试，没有考中举人。不过，没有功名的和珅，后来却因颇有才学主管了许多文化、教育事业。

乾隆三十七年十一月，23岁的和珅被任命为三等侍卫（正五品），成为他人生的一个重要转折点。

仕途转折

皇帝的侍卫很多，但为什么和珅会得到乾隆的赏识?

《庸庵笔记》记载：某日乾隆要外出，仓促中找不到仪仗用的黄盖，乾隆责问：“这是谁的过错？”众侍卫都吓得不敢出声，只有和珅应声说道：“执掌此事的难辞其咎！”乾隆马上将他升了职。

另一说法是，某日乾隆在轿中背诵《论语》，忘了下文，和珅顺口背了出来，乾隆很是欢喜。总之，年轻的和珅英俊潇洒，又颇有才学，可能在某一偶然的机遇中引起了乾隆的注意，从此时来运转，飞黄腾达。

乾隆四十年闰十月，26岁的和珅被提升为乾清门侍卫，十一月再升为御前侍卫，并授正蓝旗副都统。四十一年正月，授户部左侍郎，三月授军机大臣，四月，授总管内务府大臣……

短短半年，和珅从一名普通的侍卫，进入清王朝权力的最高层，成为乾隆皇帝的亲信宠臣。

云南查案

《和珅列传》中记载，乾隆四十五年正月（1780年），31岁的和珅接受了一项重要任务，与刑部侍郎喀宁阿一起远赴云南，查办大学士、云贵总督李侍尧贪污案。

和珅一到云南，首先拘审李侍尧的管家，取得实据，迫使精明干练的李侍尧不得不低头认罪。和珅从接受这个任务，到乾隆下御旨处治李侍尧，前后只用了两个多月。

随后，和珅又向皇帝报告说，云南的行政管理混乱，许多州县都出现亏空，需要彻底清理整顿，这一报告立即得到乾隆的赞许。

当年五月和珅回京以后，又进一步向皇上表述想整顿云南的盐务、钱法和边防事务的具体意见，都得到乾隆的肯定。

云南的案子和珅办得很出色，确实表现了他的才华，所以和珅在回京的途中，就被提升为户部尚书。

结亲皇家

时隔一个月，乾隆给和珅6岁的儿子赐名丰绅殷德，又将自己最宠爱的小女儿和孝公主许配给丰绅殷德，两人于乾隆五十四年结婚。

这门亲事，既给和珅带来经济上的利益，又使和珅在政治上得到了不可估量的好处。和珅要风得风、要雨得雨，即使做错了什么事，也不会受到处分。

乾隆四十六年，甘肃苏四十三造反，和珅受命与大学士阿桂一起督军镇压。前方将帅本来快要取胜，但和珅先到一步就瞎指挥，竟然转胜为败，致使总兵图钦保被打死。

乾隆知道情况后，命令和珅马上回京。和珅回京后，不但没有受到处分，反而兼任了兵部尚书。

据史料记载，和珅从继承三等轻车都尉，直至他获罪前后的29年中，重要的封官就有47次之多。

乾隆四十一年，27岁的和珅被授予军机大臣。3年后，领班军机大臣于敏中去世，英武殿大学士阿桂担任领班军机大臣。当年在军机处任职的还有大学士王杰、尚书董诰和福长安。阿桂、王杰、董诰都讨厌和珅，结果就出现了五位大臣每天不在一起办公的奇特现象。

为此，御史钱沣专门上了一道奏折，请皇上下令恢复军机大臣在一起办公的规定，这一奏折矛头指向和珅，乾隆承认奏折所反映的情况是对的，但最后还是不了了之。

乾隆知道阿桂与和珅不和，常常让阿桂在外领兵或查阅工程、办理案件，军机处的实权自然就落在和珅的手中。乾隆五十八年英国使臣马戛尔尼访华时，就曾听说“许多中国人私下称和珅为二皇帝”。

多才多艺

和珅究竟是凭借什么功夫，讨得乾隆皇帝如此欢心呢？

和珅并非后人传说的那样不学无术。相反，他还是很有才干的。据《和珅列传》记载，和珅的记忆力惊人、聪明决断、办事利索、多才多艺。乾隆在《平定廓尔喀十五功臣图赞》中特别提到和珅精通满、汉、蒙古、西藏4种文字。

和珅另一手腕就是投其所好。乾隆一生喜爱作诗、书法，和珅为了迎合乾隆，在这些方面下了不少工夫，并达到了较高的水平。

乾隆的书法很见功力，和珅的字酷似乾隆，可能是他刻意摹仿的，乾隆后期的有些诗匾干脆交由和珅代笔。挂在北京故宫崇敬殿的御制诗匾，据考证就是由和珅代笔。

弄钱好手

乾隆在晚年时仗着国家繁荣昌盛，生活奢华，大兴土木。他六次南巡，沿途建造了30个行宫；他在圆明园和避暑山庄，仿造江南风景；建造娱乐场所；80岁时举行万寿大典。这些都需要大量的银子，当时国库已枯竭，银子从哪里来？

在这种情况下，乾隆非常需要像和珅这样的人，因为和珅是一个弄钱好手。他在不大动用国库的情况下，就想方设法满足乾隆的需要。

皇帝80大寿，和珅命外省三品以上大员都要进献，在京各部长官要捐出工资，淮南淮北的盐商要捐银400万两。

和珅还创立了议罪银制度，就是让有过失的官员交罚款代替处分，少则数千两银子，多则数万两、数十万两。这种议罪银直接交到内务府，入了皇帝的私人腰包。许多督抚大员都受到过这种敲诈，而他们对付的办法就是把损失层层摊派下去，最后加倍落到了老百姓头上。

大肆搜刮

努尔哈赤后人昭梿在《啸亭杂录》中说，和珅多方搜刮勒索，使得原来入不敷出的内务府，没用几年的时间就扭亏为盈。乾隆的腰包被塞得鼓鼓的，能够随意享乐，当然高兴，对和珅也就更加依赖了。

和珅不仅在崇文门税关勒索商人和官员士子，而且通过各种方法搜刮大量银两与珍宝。和珅在填满皇帝腰包的同时，也在毫不含糊地往自己怀里装银子。凡是外省进贡皇上的礼物，都要经过和珅这一关，有时交一二件给皇上，其余都落在和珅的手里。这些珠宝分别藏在许多地方，在当年和珅的住宅，有一部分珠宝就藏在特制的夹墙里。

这种事情，打着效忠皇上的旗号，自然不容易被人发现，就是发现了，谁又敢说三道四呢？

看来，和珅是认准了这样一条：只要讨得皇帝欢心，其他什么都好办，哪怕是犯了什么过失或是顺便也给自己搂钱，皇帝也不会在意。那么，和珅既然已经把乾隆皇帝伺候得到了离不开他的程度，又怎么会丢了性命呢？

和珅之所以能够成为乾隆的宠臣，权倾朝野，不仅因为他给乾隆搞到了不少银子，更因为他在官场玩弄权术也十分高明。不过，聪明反被聪明误，所有这些，最终都未能挽救他的性命。

培植势力

和珅一方面依靠乾隆掌握朝中大权，同时利用权术拉帮结派，培植亲信，不断扩大自己的势力。

和珅拉拢亲信军机大臣福长安，福是乾隆孝贤皇后亲侄子，其父傅恒和哥哥福康安都曾任军机大臣等高官。此外，山东巡抚伊江阿，和珅的老师吴省钦、吴省兰等，都成了和珅的亲信。他的弟弟和琳，更是几年之内就从一个内阁言官升为四川总督。

和珅对那些正直大臣，则不择手段地排挤打击。大学士松筠对和珅不屈服，被发配到边远地区任职。领班军机大臣阿桂德高望重，和珅总想扳倒他。军机大臣王杰、董诰也是和珅压制的对象。

和珅对付同僚的手段非常高明，讨好皇上更是与众不同。从当时朝鲜《李朝实录》中可以看到来华朝鲜使臣的描述：和珅虽贵为大学士、军机大臣，每当皇帝吐痰时，他就马上端个盆子去接。

参劾权臣

由于和珅的种种恶行，总有人想弹劾他。当然，那并不是传说中的刘墉，实际上刘墉比较圆滑，不敢仗义执言，反而是一些级别不高的官员敢于碰硬。

乾隆五十一年《夏季档》记载：御史曹锡宝本想参劾和珅的家人刘全，从中打开缺口。但他做事不慎,将奏稿拿给同乡吴省钦过目。吴省钦连夜向和珅告密，曹锡宝因此事被革职留用。

曹锡宝等人没有搬动和珅，反而使和珅有所警惕，他决定采取釜底抽薪的办法以绝后患。他规定：以后所有送给皇上的奏章，都必须同时送一份副本给军机处，这样谁去皇帝那儿告他的状就不容易了。他还规定，御史位置空出时，只能用60岁以上的老臣担任。和珅用权力几乎把所有通向皇帝的渠道都堵死了，这样他以为就可以高枕无忧了。

嘉庆继位

嘉庆元年，乾隆把皇位传给第十五子嘉亲王颙琰，自己当起太上皇。但遇上国家大事和重要人事任免，他都要亲自过问。

形势发生变化，和珅不得不采取措施防备嘉庆。他一面极力讨好嘉庆，又竭尽全力限制嘉庆培植自己的亲信。嘉庆即位时，他的老师朱珪时任广东巡抚，上了一封表示庆贺的奏章，和珅就跑到乾隆面前告了朱珪一状，不过乾隆未予理睬。

嘉庆元年八月，乾隆准备召朱珪回京，升任大学士。嘉庆向老师表示祝贺，和珅又向乾隆告状，说嘉庆笼络人心。这次乾隆生气了，幸亏军机大臣董诰劝谏，乾隆才作罢。但不久，和珅还是鼓动乾隆将朱珪从两广总督降为安徽巡抚。

和珅还将吴省兰派到嘉庆身边，监视嘉庆的言行。

嘉庆二年，首席军机大臣阿桂病故，和珅成为首席军机大臣。大学士王杰因看不惯和珅告病退休，董诰为母亲守孝也回了老家，在军机处和珅可以呼风唤雨。

这时乾隆已年老力衰，记忆力下降。和珅真正成了乾隆代言人，他的专横比往日更甚。

嘉庆城府很深，他把和珅的一举一动看在眼里，却不露声色。当有人说和珅不好时，嘉庆反而批评说：我正要依靠他来治理国家，你们为什么来说他的不是呢？甚至有些重大事情仍然让和珅去处理。这样，和珅终于被麻痹了。

权臣垮台

嘉庆四年正月初三，89岁的乾隆寿终正寝，和珅的靠山倒了。当天，嘉庆任命和珅与睿亲王等一起总理丧仪大事，并召朱珪迅速回京。

正月初四，嘉庆谴责在川镇压白莲教的将帅冒功请赏，并解除对这件事负主要责任的和珅与福长安的军机大臣职务，命他们昼夜在大内守灵，隔断了他们与外界的联系。

正月初五，官员纷纷上疏，弹劾和珅弄权舞弊，犯下大罪。

正月初六，嘉庆进行人事调整。

正月初八，嘉庆命令上奏文件直接送给他，军机处不得抄录副本。

正月初九，在公布乾隆遗诏的同时，嘉庆宣布革除和珅、福长安职务，交由刑部，并命查抄和珅家产。

正月十一，嘉庆宣布和珅的20大罪状，并要各省督抚表态。

正月十五，直隶总督胡季堂首先表态，请求将和珅凌迟处死。

正月十八，在京大臣奏请将和珅凌迟处死，将同案的福长安斩首。嘉庆表示，为了国家的面子，恩赐和珅自尽。对福长安改判死缓，但要让他亲眼看着和珅自尽。

随后，除了和珅的亲信伊江阿、吴省兰、吴省钦等人受到处分外，其他由和珅保举或向他行贿的官员都不予追究，保证了政局稳定。

富可敌国

嘉庆为什么要铲除和珅?

有人说和珅被杀是因为他太富了，所谓“和珅跌倒、嘉庆吃饱”，说他的家产值白银8亿两，是清王朝10年财政收入的总和，所以招来杀身之祸。

从查抄家产的清单中可以看出，和珅长期把持崇文门税关，索贿受贿；大量兼并土地；开设当铺银号，放高利贷；开设煤窑、跑运输……大量银子进入他的私囊。

巨大的财富使和珅过着帝王般奢华的生活，他在北京、承德等地都建有住所。和珅在北京什刹海畔建起豪宅（今恭王府），府内甚至仿乾隆宁寿宫建起楠木房，并仿皇帝建制修建垂花门等。和珅还在北京海淀建有淑春园，即今北大未名湖。

和珅不仅享受着姬妾成群、锦衣玉食的生活，还梦想着死后像皇帝一样风光，他在河北蓟州（今蓟县）修建巨大坟墓，规格甚至超过亲王，民间称之为“和陵”。和珅被抄家时，坟墓被平毁。

和珅被抄家时，除各处房产花园外，还抄出银子 300 多万两、金子 32000 多两；土地 10 多万亩，收租房屋 1000 多间；各处当铺银号以及各种珠宝、衣物等。其总家产折合白银约有 1000 万两。当时，清政府一年的收入也不过七八千万两。

杀身之祸

通过和珅仿皇帝建制修建房屋、陵墓等，不难看出他已不光是贪恋钱财，权欲之大已到了惊人地步。这才是他招致杀身之祸的主因。

嘉庆四年，嘉庆在张诚基奏折上批示：“朕若不除和珅，天下人只知有和珅，不知有朕。”

其实嘉庆对查抄和珅的家产是适可而止的。嘉庆四年正月，他在直隶布政使吴熊光奏折上明确批示，“不必过于株连搜求”。甚至后来大臣萨彬图奏称目前抄出的不足和珅家产的 1/10，请求再深挖严追时，遭到了嘉庆的严厉批评。

由此可见，嘉庆杀和珅是因他权力太大，已经严重威胁到皇权，嘉庆甚至怀疑他可能会谋反。

不过，嘉庆对和珅的功绩和才能还是肯定的。嘉庆十九年，清国史馆将编好的《和珅列传》送嘉庆过目。嘉庆见记载极简单，只记录了和珅的官阶履历，很不满意。他批示：和珅并非一无是处，他“精明敏捷”，任职 30 年还是做了很多事的。只是和珅“贪鄙性成，怙势营私，狂妄专擅”，才不得不加以重罚，为此嘉庆下令重新编写。

盛极而衰

乾隆时期，和珅也许运气太好了，盛极而衰。嘉庆元年以后，和珅的家庭接连遭到不幸。

嘉庆元年七月初七，被和珅视为掌上明珠的次子刚满两岁就夭折了，当时他正随驾避暑山庄，听到这不幸的消息极为伤心。

两个多月后，和珅弟弟四川总督和琳又染瘴气身亡。和氏兄弟手足情深，和琳又是他官场上的一大支柱，突然暴亡，和珅格外悲痛。

嘉庆二年，和珅的孙子夭折。

嘉庆三年，和珅结发 30 年的妻子冯氏也撒手而去。和珅虽妻妾成群，但与冯氏感情最为深厚。

不到一年，和珅本人也成了泉下之鬼。和珅死后，他的儿子丰绅殷德在河北蓟州草草埋葬了和珅。

和珅始终认为是被自己的才华给害了。和珅的确是个有才的人，但他最大的才华却是玩弄权术。他能登上一人之下、万人之上的高位，靠的是紧紧傍着皇帝、讨得皇帝欢心的本事，然而这种本事却不能让他永远享受富贵，最终还是皇帝把他送上了断头台。

荒谬绝伦的杨秀清身份悬案

梅　毅

清同治四年，湖广总督官文主修、汉官杜文澜主编的《平定粤匪纪略》中，有这样一段记载："……杨逆（杨秀清）本名嗣龙，湖南衡州人，其父杨大鹏因传教伏法。杨逆流徙广东，遂为嘉应州（梅州）人。"不仅如此，之前湖南常德一个士绅杨彝珍，他看见太平军在常德附近所贴布告的杨秀清衔名中有"禾乃"二字，便认定"禾乃"二字相合为"秀"，就把被左宗棠压下来的一桩案子重新"翻案"。那么，左宗棠压下的那件"案子"又是如何呢？

咸丰四年，胜保在山东高唐州俘获一名太平军北伐军中的军官，那人供称东王杨秀清是湖南耒阳人，家住耒阳城外西乡三角坪，并说杨秀清之父杨大鹏本来就是朝廷要犯，因抗粮被杀头。胜保不敢怠慢，立刻飞奏朝廷。咸丰帝很上心，送折批于军机处，让人急谕时为湖南巡抚的骆秉章彻查。骆秉章便命令属下一名叫张丞实的道员前往当地查访。

张丞实查了几天，确实查到有杨大鹏此人，但此人被杀，根本没有儿子。张道员办事认真，却查出另外一个事情：杨大鹏所居三角坪不远处，有个老头名叫梁人泰，其妻姓杨。此人于嘉庆十八年（1813年）生子名梁宗清，小名"禾乃"，生性顽劣，于道光十九年（1839年）出逃在外，不知所踪。梁人泰听说清政府彻查杨大鹏案件与太平军"东王"的事情后，心里不踏实，怕自己的儿子梁宗清逃出老家后加入"长毛"，姓母姓改名"杨秀清"，立刻自首。梁人泰害怕事发受累，因为根据清律，大逆乃是"族诛"重罪。

张丞实报告上交后，时任骆秉章"师爷"的左宗棠为人慎重精细，经过审慎验正和推敲后，以骆秉章名义向清廷秉奏此事。

左宗棠认定，杨秀清不是杨大鹏儿子，也不是梁人泰早年在家惹事后逃跑的儿子梁宗清。这件事，从政府层面，在当时已经被压了下来。

但是，常德士绅杨彝珍深觉左宗棠是故意隐瞒事实，由于他本人有功名在身，是“翰林院庶吉士”，就上书清廷，认定杨秀清就是梁人泰之子。清廷中有人信以为真，下令当地政府毁掘梁人泰家族的祖坟。挖坟就是毁风水，几千年的中国历史中，政府常用这招来断绝造反者的“龙脉”，（最显著的就是明末挖掘李自成祖坟）可巧的是，梁人泰祖坟被刨只过了几个月，“天京事变”发生，东王杨秀清被杀。

闻知信息后，杨彝珍认定自己为大清建奇勋一件，深信他一纸奏文毁掘了贼头家祖坟，才使杨秀清断头。洋洋自得之余，杨彝珍写诗道：“豕遁金蛇孽运终，连天烽燧遂销红。不矜一纸神通力，恐掩熊罴百万功。”为了详细说明他此诗的背景和功劳，老杨详细引摘了张丞实的报告内容，认定梁人泰之子梁宗清出走后改姓母姓，并把乳名“禾乃”合为“秀”字，起名“杨秀清”。这位杨爷根本不知道杨秀清衔名“禾乃师赎病主左辅正军师东王杨”中的“禾乃”，其实是太平天国教义中的一种宗教称呼：“今当禾熟之时，即得救之候。朕是禾王，东王禾乃。禾是比天国良民，禾王、禾乃俱是天国良民之主也。”（洪秀全《钦定前遗诏圣书》）

杨彝珍的自吹自擂，当时还真有不少人相信，连大文豪俞樾（杨彝珍同年好友）都为此事作文吹捧，故而以讹传讹，直至现在还有学者在研究杨秀清的“湖南”籍贯问题，显然是读书不多之误，把传说当成“悬案”来考证。

更可笑的是，官修历史的杜文澜既不知胜保奏章，也没看过张丞实的调查报告和左宗棠为骆秉章所写的奏折，牵强附会，以杨彝珍笔记和诗后记当成真事，把传说当成史实记入“正史”，造成日后一连串的“考据”与“调查”。

闻所未闻的42个暗杀圈

——陈其美狙杀郑汝成

门　睿　李继星

1912年，袁世凯伪装拥护共和，篡夺了资产阶级民主革命的胜利果实。为了巩固他的“皇基”，他于1913年3月派人暗杀了中国国民党代理理事长宋教仁。该案真相大白后，群情激愤。在孙中山先生的号召下，各地纷纷举事，发动了“讨袁战争”。但因各地反袁力量不够统一，不够团结，再加上袁世凯早有准备，致使讨袁力量相继被袁世凯各个击破。当时，以上海为根据地的沪军都督陈其美积极响应孙中山的号召，在1913年7月发动了武装讨袁斗争，但因准备不周及袁世凯收买了海军，致使该次起事惨痛地失败了。

失败后，陈其美奉孙中山之召于10月份去了日本，帮助孙先生组建了中华革命党，并担任该党总务部长。一年多以后，陈其美经大连等地回到了上海。上海的同志告诉他，上海人民的反袁情绪很高，海陆军方面运动得也已相当成熟，在上海发动武装讨袁斗争的条件已经具备了。陈听后，就留在了上海，准备发动第二次武装讨袁斗争。

陈其美等人认为，要想使讨袁武装斗争取得胜利，必须先除掉上海的镇守使（又称护军使）、袁世凯的悍将、权奸鹰犬郑汝成。从1913年10月份陈其美到达日本，直至1914年秋冬之交，大约一年多的时间，由于上海的革命组织无人领导（孙中山派往上海的领导人范光启在1914年秋季被暗杀），革命活动极为被动。在此期间，身为上海护军使的郑汝成与上海警察厅厅长徐国梁合作，屠杀了数以万计的革命党人，其中有相当一部分是革命讨袁部队中的中、下级军官。为了躲避袁世凯的迫害，这些中、下级军官大都未敢回原籍，而在上海租界流浪，有的也找到了某些生计。他们留在上海的目的，是希冀今后能继续为资产阶级民主革命效力。但中间也确实有少部分软骨头，在革命处于低潮时期，过不了艰苦的生活，或者在被捕后怕丢了脑袋，遂当了叛徒。这些叛徒在遇到原在革命军中的同事的时候，就隐瞒了自己的暗探身份，假称自己仍在革命组织中任职。他们私刻了孙中山、黄兴、陈其美及在二次革命中比较有名的领导人何海鸣、韩恢、钱通等人的印章，假设机关，利用私刻的印章签发假委任文件和介绍信，分派这些革命同志去各地从事反袁革命斗争。同时，那些叛徒又向上海护军使署和上海市警察厅密报。敌人出动了大批警察和暗探，密布于码头和火车站，对来往行人施以严格检查。那些上当的军官因无丝毫准备，假委任文件和介绍信纷纷被查出。结果，大批军官被捕被杀，死在了郑汝成的屠刀之下。当时上海流传着这样的顺口溜："镇守使署是鬼门关，党人一去不复还。"这是当时真实的写照。

"以冒险为天职"并曾为上海青帮著名头领且精熟暗杀手段的陈其美，怎能容得郑汝成如此肆无忌惮地屠杀他的老部下！再者，从整个事业上来看，要想在上海举事反袁，最好也能先除掉袁世凯派在上海的这个"钦差大臣"。于是，陈其美就把除郑作为他返回上海后的第一件大事来抓了。

1914 年 10 月底的一天晚上，陈其美在机关里召集上海革命组织各部门、各单位负责人会议，宣称有重要任务，要求各负责人在本部门本单位精选政治上可靠、坚强勇敢而又精于射击的同志二至三人，推荐上来。很快，推荐上来的人就达百人左右。陈命令财务部门负责人发给每人 100 元，让他们在一周内尽情寻欢作乐，把 100 元花尽用光，然后再来领任务。不用明喻，这些同志也都猜出了该任务是什么性质的了，对自己今后的命运也都有了估计。因此，大都把那 100 元吃、穿、玩、乐光了。到了 11 月 9 日，陈又把挑选出来的那些同志统统集中到机关里，陈郑重地对大家说："明天是日本天皇大正加冕典礼的纪念日，日本驻上海总领事要在虹口礼查饭店举行庆祝会，上海护军使郑汝成将代表中华民国前来道贺，我们要趁此机会把这个最凶恶的敌人除掉。"陈的面前的桌子上已铺好了一张上海地图，从虹口礼查饭店大门口起到斜桥止共圈了 42 个蓝圈子，圈子很密，几乎快连起来了。陈接着说："郑是坐船走水路来还是坐车走陆路来，我们还不知道，因此，只好把狙击重点放在礼查饭店附近，担任这一带狙击任务的同志，是要更勇敢更精于骑射的人，以期胜利完成任务。地图上42个蓝圈子代表42个狙击点。”陈让大家自找最要好的伙伴，自愿结合，多则三人，少则两人，组成小组，共组成42个小组。每人发10响自来得牌手枪一支，每组发炸弹一枚。

陈又嘱咐大家：郑汝成来时是穿海军上将礼服。有这一重要特征，可以不用照片。但是，他的座车速度一般很快，等到认清是他时，车子可能已经到了跟前，拔枪可能已来不及了。遇到这种情况，干脆不掏枪，放他过去，他过了这关，还有下一关等着他呢！万一大家都来不及掏枪，42道关都让他闯过去了，我也决不责怪大家。因为，这样的失败是没有暴露的失败，我们还可以搞第二次。但是，大家必须切记，一旦枪响了，就必须把他打死，万一枪响了而没有把他打死，那就是真正的失败、彻底的失败了。因为已打草惊蛇，再搞第二次、第三次就很困难了。

听了陈的叮嘱后，大家都很兴奋，一致向陈表示了决心。接着，大家自愿结合，组成了42个小组，陈亲自把各个狙击地点分到了各小组。其中十六浦、跑马厅、黄浦滩、海军码头、外白渡桥，均属重要路口，所选人员均是很精干的。特别是外白渡桥，显得更为重要，必须选择胆大心细、既稳重又敏捷且枪法极好的人安置于此。在42个小组中，有一个小组是由东北吉林人王晓峰和山东莱阳人王铭三（又称“王明山”）组成，他们俩很符合上述条件。并自告奋勇，要求在该点狙击郑汝成，其余的人也很赞成。陈其美看了看二王，很满意，就同意了。接着，陈其美要求次日凌晨7点前各小组进入各狙击地点，进一步观察周围环境，守候举事。然后，陈和大家一一握手，并祝顺利成功。

行刺队伍由百人组成，而且都是精选的，行刺计划又布置得比较周密，这在古今几千年历史上，实属罕见。

陈其美深知外白渡桥这个点的重要，故又把王晓峰、王铭三请来，做了最后一次恳谈。陈说：“郑汝成是袁世凯手下的大将，他在江南的势力，全寄托在郑汝成的身上。”说到这里，他看了看两位年轻人：“刺郑就是倒袁，看起来这是一件事，其实是两件大事并在一起，袁世凯不垮台，中华民国建国的希望就没有。”二位年轻人都严肃地向陈表示，愿拼死也要完成这项任务。

王晓峰和王铭三住在上海宝昌路宝康里34号。这一天，王晓峰穿着非常精神，把100元钱几乎都用在穿上了，故显得气宇轩昂，神态飘逸。他俩回到住所后，其他几个狙击点的同事去看望他俩。他问周围的同事：“你们看我可像个烈士？”周围的同志回答：“像。”“如果不像，我就不去了。”他接着说：“我要把郑汝成打死的话，我是绝对不跑的，要跑了，将来知道是谁打的？我不走，做了烈士，将来中华民国革命史上总有我王晓峰三个字，我死了也是光荣的。”同志们都以为他是在开玩笑，因此便都一笑了之，没往心里去。

第二天早晨，陈其美特派周淡游去王晓峰、王铭三的住处引导他们。王晓峰穿了一件短棉袄，头戴一顶绒线帽，两支驳壳枪倒插在里面的腰带上，左右各一支，棉袄正好把枪掩盖住，整个打扮，很像工厂里的工人。王铭三穿着长布棉袍，又肥又大，怀中揣着炸弹，外面一点也看不出来，头上戴着呢帽，围巾围在脖子上，整个打扮，很像个小商人。

他们二人出来后，一前一后，保持了一段距离。最前面的是周淡游，后面的二王混杂在早上上班的匆匆忙忙的人群中，与一般行人一模一样。

到了外白渡桥桥边后，周淡游依照约定好的手势，示意他们二人暂停路旁等候。

郑汝成是很狡滑的，早就有了防备。当天早晨，郑汝成特意绕道从高昌庙的护军使署所在地乘小汽船到了虹口，郑的心腹、名叫舒锦绣的司务长乘坐郑的汽车到虹口码头接郑，然后乘车至礼查饭店。这样一来，设在各点的狙击人员，都未能在郑去礼查饭店的路上碰到他。郑在礼查饭店道贺完毕后，即乘原车返回。出饭店时，车速很快，在饭店门口担任狙击的同志未来得及掏枪，车就快速驶了过去。第二个狙击点是离礼查饭店不远的外白渡桥。

大约10点钟时，身着军服的一位中国军官所乘之车驶至该桥。王晓峰眼前一亮，手便握紧了两支枪。周淡游见状，急用臂肘碰了他一下，摇手示意他不要动。原来，这是打前站的警卫车，是在探访沿途情况。

11点钟左右，几部又黑又亮的小轿车驶了过来。其中第一辆车，车内右座是郑汝成，左座是舒锦绣。车在转弯上桥时，车速减慢，特别是到桥脊时，车速锐减，成了蹒跚行进。周淡游和二王几乎同时辨清了目标，随即由王铭三扔出了炸弹。尽管炸弹未炸着郑汝成，但车子的左侧后轮胎已被炸坏。司机加大油门，想赶紧把车开走，但车子不能动了。他们二人迅速从左右两侧向车冲去。

郑还想打开右侧车门逃跑，王晓峰早已冲到车旁，抓住车栏，右手提枪对准郑的头部一阵猛射，全打在了要害处。他充分发挥了他的神勇，又掏出第二支手枪，对准车内诸人，又是一阵猛射，郑汝成浑身上下被打成了马蜂窝，那位司务长和司机自然也当场毙命。接着，他又用力将手枪向郑的头部砸去，郑的头颅当即被砸碎。由于此处是交通要道，来往的人很多。枪声一响，周围的秩序立即大乱，行人纷纷四散奔逃，王晓峰、王铭三如果乘乱混入奔逃的人群中，是可以走脱的。谁知他们二人真的想当烈士。他们把郑的头颅砸碎后，周围的枪声没有了。他们两人见周围也没有什么抵抗的了，却站在“血车”旁边不走了。因为顺利地完成了任务，王铭三的脸上露出了自豪的、胜利的微笑，他哪里像刚扔完炸弹的刺客！似乎周围刚发生的一切与他无关似的。

方才向四处奔逃、生怕沾上什么麻烦的行人，听到枪声没了，似乎恢复了神志，渐渐地聚拢过来，想看一看热闹。租界上的外国巡捕、郑的其他警卫人员以及袁世凯派在上海的暗探，也包围了此处。他们感到奇怪，刺客本来可以跑，可他们为什么不混迹于杂乱的人群中逃跑呢？这真是天大的奇闻！

人人都有好奇心，眼前这怪现象迅速吸引了愈来愈多的人，霎时间，围拢了有 100 多人。以一个“工人”和一个“小商人”为中心，形成了一个大圆圈。

这时，身穿短棉袍的那位“工人”，看了看血球一般的郑汝成的尸体和从车门旁不断滴落到地上的血迹，又看了看周围那些不敢上前的巡捕和侍卫人员，把手中的短枪高高举起，大声喊道：“我要做的事已经办完了，要跑早就跑了。就是等着你们来抓，你们为什么不敢过来？怕什么？”说完话，他就把两只手枪扔到了地上，并且举了举手，表示他已赤手空拳。

那些巡捕、侍卫及特务们，直到这时，才恢复了那如狼似虎的狂劲儿，举着枪，争先恐后地拥上来，把两位狙击手抓了去。

当时，虹口一带属于公共租界，处于日本人的控制之下。因此，二人被捕后，在当天就被引渡给了上海护军使署。“肇和起义”失败后，他俩惨遭杀害，壮烈成仁！

外白渡桥的枪声，打破了全国范围的向袁世凯忍让的沉闷空气。不久，陈其美在上海、蔡锷在云南公开举起了讨袁的义旗。广东、山东、四川等省也纷起响应。

“沙漠之狐”隆美尔自杀之谜

佚　名

1944年10月14日清晨，正在家中等待希特勒命令的德国元帅隆美尔接到了噩耗：他已被指控谋害元首。鉴于隆美尔的战功，希特勒给他两个选择：一是接受法庭审判，二是服毒自杀。如果隆美尔接受自杀，死后实行国葬，家属享受元帅抚恤金。隆美尔毫不迟疑地选择了后者。他向妻子和儿子说明之后，最后一次拥抱了妻子，钻进前来接他的汽车。15分钟后，隆美尔在车中服毒自杀，时年55岁。在临死之际他实现了自己对妻子的承诺：像爱自己生命一样爱妻子。

战地鸿雁传递相思情

1911年5月，在但泽一次军官舞会上。隆美尔见到一位风姿绰约、苗条漂亮的金发少女，这个美丽的女子令隆美尔怦然心动，她就是露西·玛利亚·莫林。露西起初并不喜欢表情严肃的隆美尔。但是过了不久，她便被隆美尔逗得哈哈大笑，俩人很快便坠入爱河。

经过5年的浪漫史，两人于1916年11月27日结婚。1928年圣诞夜，露西生下隆美尔唯一的儿子曼弗雷德。

隆美尔先后参加过两次世界大战，他一生大部分时间都与心爱的人分居两地，这更加深了隆美尔对妻子的爱。隆美尔爱战争，但更爱妻子。无论他走到哪里，无论在什么地方作战，他怀里始终揣着妻子的照片，不时拿出来看一下。

不管战事多么繁忙，隆美尔总是不断给妻子写信，以表达自己的爱情。他共写了上千封信，每天至少写一封，有时是两封，信纸是从办公室或指挥所里随手拈来的纸张。露西的信则写得很细致，她经常打字打到深夜两三点钟。

到隆美尔去世时，家里已有十几箱他跟妻子的来往信件。隆美尔可能是二战中给妻子写信最多的一位高级将领。

与其他女性保持距离

自从爱上露西之后，隆美尔对其他女性一般都保持一定距离，既不给其他女性机会，也不给自己留下犯错误的机会。

他成名之后，很多德国女孩子给他写信。他曾经跟自己的妻子开玩笑说："如果当年我还是一个中尉的时候，有这么多的信该多好。"

1944年，隆美尔在视察西线阵地时，常常在德国娘子军开办的旅店吃饭喝茶。当时，他是德军最年轻的元帅。一些漂亮的姑娘和护士经常围住他要求签名留念。有些少女被这位大名鼎鼎的偶像迷得神魂颠倒。她们一看到隆美尔就围上来送礼品，并含情脉脉地看着他，有些胆大的姑娘干脆把自己的照片送给隆美尔。

一天，隆美尔被一群姑娘围在屋子里签名，被姑娘们的热情和她们身上散发出的浓烈法国香水味熏得有点不能自制，他赶紧逃出来，对其下属狡黠地笑着说："有些姑娘真迷人，我差不多要为之倾倒了。"然而，隆美尔曾说过："露西已经成为我生命的一部分了，背叛露西就是背叛我自己的生命。"

为妻子付出惨痛代价

1944年6月6日，盟军开始在诺曼底登陆。但此时身为德军西线B集团军司令官的隆美尔并没有在前线，而是在家中喜气洋洋地为妻子举行50岁生日宴会。

在此之前，西线军事形势万分紧张，但隆美尔还是从诺曼底前线驱车赶回德国老家，带来他在巴黎为妻子购买的一双新鞋。

当隆美尔接到前线电话后，连夜赶回前线指挥部。自此以后，隆美尔厄运不断。

同年 7 月 17 日，隆美尔从诺曼底前线返回总部途中，被两架盟军飞机袭击，急驶中的汽车撞上路旁的一棵大树，把他抛出汽车，经急救发现他头部有 4 块碎骨。在隆美尔挨炸受伤两天之后，发生了谋刺希特勒未遂的“七二〇”事变，隆美尔涉嫌其中。实际上，这件事也与露西有着一定的关系。原来，隆美尔的参谋长是高斯中将，曾住在隆美尔的家中。露西与高斯将军的夫人不合，经常吵架。露西心烦意乱，要求丈夫撤销高斯职务。隆美尔还真照办了，他挑选了同乡斯派达尔中将做参谋长，而斯派达尔正是参与推翻希特勒密谋活动的重要人物。

政变失败后，斯派达尔等人在供词中把隆美尔牵涉进去，加上在希特勒大本营会议室放置定时炸弹的施道芬堡上校原先是隆美尔的老部下，这些都使隆美尔有口难辩，不得不选择服毒自杀的道路。从这个意义来说，隆美尔为妻子付出了生命的代价。

是谁行刺了希特勒

王 宏 刘 伟 姚菊霞 译

上帝派来的刺客

刺杀希特勒，机会还是很多的。出席各种公开场合的活动是过一刺杀对象的例行公事，而在这些场合有大量的群众足以制造混乱局面，他可以乘机逃走。

刺客之一，莫里斯·巴瓦德，1916年出生于瑞士。他的家庭是虔诚的中产阶级天主教徒家庭，他是家里7个孩子中的长子，接受的是正统学校教育。1935年春天，他在圣伊兰法国神学院进行了为期4年的学习。据当时的同学回忆，巴瓦德冷静、敏感、智力平平、倾向于神秘主义，有一个人对他产生了重大的影响，那就是马塞尔·格博海。格博海是个智力超群、极具性格魅力的人，同时是个幻想家。他们曾组建过一个名为“求知会”的学生组织，并在组织中激烈地讨论世界大事，包括共产主义和纳粹主义的问题。讨论的结果是阿道夫·希特勒是危害人类的最大祸害。两人在一个问题上意见是统一的，那就是除掉希特勒。

1938年夏天，巴瓦德阅读了希特勒的《我的奋斗》，开始学习德语。他的计划是通过伪装成一个充满激情的纳粹党员来接近希特勒。就在那年下半年，他把这一计划变成了现实。

他先搭火车去了瑞士的巴塞尔，在那里买了一把6.35毫米口径的手枪和一些子弹，然后到达柏林，勘查政府所在区域，并在树丛中练习枪法。偶然间，他遇见一位老警察，得到这样的提醒（完全是无意的）：虽然根本不可能和希特勒面对面接触，但能靠近希特勒的最好机会是11月8日和9日在慕尼黑举行的一年一度的啤酒馆政变纪念活动。

巴瓦德的计划正在一步步进行着。10 月 30 日，他来到了慕尼黑，到能俯看队伍行进的一个临时看台上找了个合适的座位。他几经周折，假装成一名瑞士记者最终获得了一张免费入场券。庆典开始前最后几天，他按照队伍行进的路线往复来回，反复思量每一步计划。他准备选择一个有利位置，可以直接冲上街去近距离击毙希特勒，然后乘乱回到看台。

11 月 9 日上午，他早早来到看台，在前排找了一个座位。即便他穿着外套，他还是感受到那装满子弹的手枪传递过来的阵阵寒意。几个小时后，游行就要开始了。

游行是为了纪念 1923 年的啤酒馆政变。希特勒前一晚在贝格布劳凯勒啤酒馆对老兵的演讲正式拉开了庆祝活动的序幕。啤酒馆政变正是发生在此地。第二天中午刚过，队伍就沿着原来的行进路线开始游行。沾着 1923 年政变中牺牲者鲜血、象征“血的代价”的纳粹卐字旗后紧跟着两排纳粹党元老级领袖，其中包括希特勒本人，他们 10 个人一排，并肩行走。他们后面是不计其数穿着制服的游行者沿着预定路线缓慢前行，从贝格布劳凯勒啤酒馆一直到陆军元帅府，当年啤酒馆政变被血腥镇压的地方。

基于以前的经验，聚集在这儿看热闹的人们十分清楚队伍行进的路线和祭拜过程。所以沿线几个重要位置上聚集的人特别多。巴瓦德选择的位置相当好。他站在圣灵教堂不远处，这是行进路线的一个关键位置。他看到前排队伍正慢慢靠近，看到了希特勒，他开始从口袋里掏出武器，准备开枪。但是周围的群众越来越兴奋，他们都举起了右臂，一时间挡住了目标。他试着寻找时机，但保镖紧紧围在希特勒的两边，因此巴瓦德不能近距离开枪。四周的人群，纳粹冲锋队护卫，还有不断移动的行进队伍，使他找不到机会开枪。他曾一度想要冲进游行队伍，但他害怕还没离开看台之前就被中途拦截。他无能为力，只能眼睁睁地看着队伍继续穿过讲坛转弯走到玛丽恩广场。机会就这样稍纵即逝了。如同历史一样，希特勒背对着巴瓦德慢慢转过身去了。

虽然此次行动失败了，但巴瓦德还在继续寻找机会。当天下午，他回到了饭店，亲手伪造了一封法国前总理写给希特勒的介绍信。第二天早上，他带着这封信，揣着一把上膛的手枪，又一次出发前往贝希特斯加登。他于黄昏时分到达，在萨尔茨堡山的山脚下被最外面的哨兵拦下盘问。他不慌不忙地拿出信，声称要亲自交给元首。门卫告诉他，他是不准入内的，希特勒也不在住所。巴瓦德当天晚上又回到了慕尼黑。

第二天，他又尝试了一次，这次他用打字机伪造了一封法国民族领袖皮埃尔·泰坦热的信。11 月 12 日的早晨，他带着信来到纳粹党在慕尼黑的总部，并再次要求与希特勒见面。楼里的一位纳粹官员告诉他。想要谒见希特勒根本不可能，他建议将信交由他转交给希特勒或是通过邮局寄出。

这时，巴瓦德逐渐绝望了。他的钱快要花光了，然而却一直未能接触到希特勒。就在当天下午，他登上了去比绍夫斯维森的火车。比绍夫斯维森靠近贝希特斯加登，他准备到达比绍夫斯维森后步行十几公里去希特勒的住所。然而，等他到达的时候天已经黑了，他知道当晚他肯定去不了。巴瓦德觉得，种种境遇都逼迫他放弃这一“神圣”使命。回家途中，因为没钱买票，他被移交给铁路警察，然后又被交给了当地的盖世太保。他的枪引起了怀疑，于是警察对巴瓦德进行了深入盘问，很快发现了他的真实意图。1939 年 2 月，他被送往柏林，正式以蓄意刺杀国家元首罪被起诉。

孤独的投弹手

埃尔塞尔在思想上并不是一个共产主义者，但是他坚决拒绝与纳粹政权进行任何形式的合作。每当广播中传来希特勒的演讲时，埃尔塞尔就会静静地离开那里。

很难断定埃尔塞尔是如何从一个不起眼的叛逆者变为一个刺客的。他对希特勒深恶痛绝，怀有仇恨。后来他声称自己在 1938 年的秋天就做出决定，要刺杀希特勒。当时，德国与捷克斯洛伐克的战争即将爆发，但是因为慕尼黑会议，战争暂时避免了。埃尔塞尔与其他许多人一样，深信慕尼黑会议不能结束德国的侵略意图。他相信战争以及战争带来的苦难即将到来。

1938 年秋天，埃尔塞尔开始策划刺杀计划。那年 11 月，他决定要在贝格布劳凯勒啤酒馆里安放一枚足以炸死希特勒和纳粹核心成员的炸弹，他计划用 12 个月收集所必需的材料，然后自己设计制造一枚炸弹。

埃尔塞尔首先从他老板的一个军械制造商那里偷来了一根引信和一些炸药。然后他又在附近采石场里另找到了一份工作，在那儿，他能相对容易弄到炸药和雷管。他测量了贝格布劳凯勒啤酒馆，画了啤酒馆大厅的详细草图，还为自己的炸弹物色了一个理想安放地点：讲台和讲桌后面的一根粗大石柱。

1939年8月初，埃尔塞尔来到了幕尼黑。他的行动方式简单得令人吃惊。他每晚9点左右来到贝格布劳凯勒啤酒馆用餐。大约一小时之后，悄悄溜到试图引爆炸弹的那个楼台上，躲到一个贮藏室里，直到啤酒馆关门，大门上锁为止。此后他便借助手电筒微弱的光亮安心地开始工作，直到第二天早上7时半左右。此时，啤酒馆的工作人员就来上班了，他便悄悄从后门溜出去。

为了放置炸弹，他用将近一个月的时间，用各种工具弄松砂土，撬开砖块。当然，还有将现场清理干净。整个工程进行得异常艰苦，非常缓慢。在如同山洞的大厅里，锤子敲击出的每一声声响都如同枪声发出回音。以防发现，他必须让每次敲击声与外部的响声同时发出，比如和路过的电车，卫生间里的自动冲水声等声音同步。埃尔塞尔晚上在啤酒馆进行准备工作，白天则继续在炸弹上、在精确的定时装置上做着最后阶段的实验。

按照埃尔塞尔的计划，当炸弹爆炸的时刻，他会安然无恙地身处瑞士。因此，他制作了一个能提前设定好几天的自动计时器连接在导线上。11月2日晚上，经过两个月认真艰苦的工作，埃尔塞尔终于将炸弹安放进了石柱。又过了3个晚上，计时器也准备完毕，他把爆炸时间设定在11月8日晚上的9：20——刚好是希特勒演讲进行到一半的时间。

由于要进攻法国，希特勒原本想要取消8日晚上在贝格布劳凯勒啤酒馆的演说。然而这不太现实，因为啤酒馆政变纪念活动是纳粹活动日程中的高潮之一。希特勒坚持一定要在当晚赶回柏林参与战事。可他专机的飞行员担心大雾会影响回程的飞行，于是希特勒决定改乘火车返回，因此只得缩短这一传统活动中的各项议程。所以将该演讲提前到晚上8时开始。

在贝格布劳凯勒啤酒馆的大厅内，军乐高奏，气氛热烈。希特勒登上石柱前的讲台，石柱里埃尔塞尔制作的炸弹计时器正悄无声息地走着。希特勒停顿了一会，环视了屋子一圈，低头看了一眼笔记，深吸了一口气。他开场语调柔和，表达时断时续，当他谈到自己的使命时，突然激动起来，用恶毒的、极其挖苦的言语攻击他的新敌人——英国人。希特勒的演说持续了大约一个小时，快要结束时，希特勒充分发挥了他的表演天赋，眼睛向上仰视，作出夸张的手势，一会儿拳头紧握，一会儿猛抓胸膛。在一片喧闹的掌声与欢呼声中，希特勒结束了当晚的活动，在纳粹高层的陪同下迅速赶往火车站。时间是晚上 9：07。

几分钟后，人们开始收拾东西，相互告别准备离开。原先有 3000 多人的大厅，现在只剩下大约 100 来号人，这些人大多是演奏音乐的人和清理杯子的酒吧服务生。9：20，埃尔塞尔的炸弹爆炸了。

爆炸达到了预期效果，把大厅中央放置炸弹的石柱炸得粉碎，炸塌了楼台和大厅的屋顶，石柱附近的桌椅成了木头碎片，演讲台和演讲桌成为一堆粉末。

炸弹爆炸的同时，希特勒已踏上了返回柏林的火车。当火车停靠在纽伦堡时，他才得知爆炸的消息。起初希特勒以为这只是个玩笑。但当他看到所有人都表情严肃时，他脸色变得苍白。

与炸弹真正想要袭击的对象一样，炸弹爆炸时埃尔塞尔也远在爆炸现场之外，可不久后，他还是被逮捕了。

1948年李济深返回大陆内幕

李沛金

1947年2月8日，父亲与蒋介石在南京共进一席友好的告别午宴之后，去了香港。当时在香港的民主党派领导人中，父亲是最有影响力的。

当时，中共中央正在邀请各民主党派领导及民主人士去北平参加政治协商会议。1948年8月，民革的蔡廷锴、谭平山和民盟的沈钧儒、章伯钧都离开香港前往共产党解放区，受到极大的欢迎。然而对父亲来说，考虑离开香港去北平并不是一件简单的事，有各个方面的情况。

多方角力，去留香港成难题

当时英国政府与蒋介石政府还有外交联系。英国和美国当局都不希望父亲去共产党解放地区，父亲的行动受到香港当局的严密监视。政治部的首脑、同时也是香港特务机构头子的王翠微，被派遣日复一日地拜访父亲，表面上是为了表示尊重，事实上是监视父亲的行动。

国民党特务机构也对父亲保持严密监视，如果有机会的话，他们也许会诉诸暴力。如同我们以后所见，民革重要的领导人之一杨杰在香港被暗杀。香港当局认为父亲是与国民党政府对抗的领导人，因此提供了保护。

1947年10月初，时任广东省省长的宋子文在香港拜访父亲。他告诉父亲他担任广东省省长不是蒋介石的主意，而是美国政府的授意。美国政府对蒋很不满意，想让宋子文、孙科、张群等取代蒋介石，领导政府与共产党进行和谈。

他希望父亲能够说服以前的部下陈诚、张发奎、余汉谋、薛岳、蔡廷锴、蒋光鼐、黄琪翔和桂系共同参与。父亲反对这个计划，他认为这将会延长冲突，造成更大的伤亡。

1948 年秋天，美国政府感到蒋介石当局的失败是不可避免了，于是就发出试探，试图利用父亲取代蒋介石，组织一个新政府，与共产党进行和谈，保住华南。他们派蔡增基对父亲讲述了美国的计划，父亲认为这个计划将造成中国的分裂并将卷入无休止的军事冲突，因此拒绝了。

1948 年岁末时分，当时负责华中军事行动的白崇禧想说服父亲参与他们与共产党进行和谈。在此之前，白崇禧曾 5 次逼迫蒋介石从领导岗位上下台。白崇禧当时控制着 40 多万人的军队。他请人带了大笔钱款和一封私人信件乘专机到香港联络父亲。但当来人到达香港时，父亲已经离开了。这个与美国相似的计划落空了。

1949 年年初，李宗仁担任国民党政府代总统后，他致电父亲、宋庆龄、民主同盟的领导人张澜、张东荪和另外一些人士，想获得他们的支持。然而，这种希望，不久被证明只是一厢情愿的幻想。由于共产党的胜利几乎已成定局，民主党派已与共产党合作。李宗仁致电父亲时，父亲早已离开香港到达了解放区。

周恩来巧妙安排

因为父亲的地位特殊，如果父亲到北平，这将大大提高共产党政府的形象。许多国民党政府高级官员可能会由于父亲的缘故而遗弃国民党政府。

周恩来通过何香凝（廖仲恺夫人）给父亲送来消息，力促父亲为了人身安全尽快离开香港。他亲自为父亲离开香港制定了一个计划。他们租了一艘从香港直航大连港卸货的苏联货轮，船一抵达，父亲为了安全必须待在最好的宾馆里。他们将组织一个盛大的宴会，周恩来甚至制定好了菜谱。由于当时大连气候恶劣，冬装如皮大衣、皮帽子、靴子等都准备好了。为了不引起注意，将在年末假日期间登船。

由于已有两批民主党派名人离开香港奔赴共产党解放区，引起很大骚动，并且父亲的行动受到香港当局的严密监视。为了将注意力降至最低，父亲一行被安排在圣诞节后一天半夜上船，由于这天是假期，旅行会较少引人注意。

父亲对蒋介石十分了解，觉得只要蒋介石掌权，这个政府就没有希望。他试图用各种可能的方式与蒋介石斗争。由于父亲在福建组织一个新政府的努力失败了，他同意与共产党合作，只是想斗垮蒋介石。

当时，对国民党政府的所有看法都是消极的，大家普遍看好共产党，这一点可以从许多备受尊敬的名人的著作和论述中看到。这些名人如耶鲁大学校长惠特尼·克里斯沃德、韩素音、埃德加·斯诺（后两人都是著名作家）、约瑟夫·史蒂威将军（中国问题专家）、备受敬重的记者怀特及其他一些人。

来货轮秘密离港

父亲想去北平，但由于父亲的行动受到香港和国民党特务的严密监视，而香港政府又不希望父亲去解放区，怎样离开香港成了一大难题。

为了转移香港当局的注意力，父亲邀请香港特务机关的首脑王翠微及其妻子到其寓所吃饭。由于宴会订在12月27日，他们没有怀疑父亲将在26日离港。另外，由于那天是假日，监视父亲的特务也松懈了。27日傍晚，王翠微携夫人带了一些罐头食品作为礼物来赴宴。父亲的5个密友舒宗鎏、叶少华、吕方子等受邀出席宴会，表面上是陪同赴宴的客人。然而，父亲早已不在家，他已于前一天晚上午夜时分登上了苏联货轮。在父亲的寓所里，王翠微被告知父亲去看牙医了。到晚上6点钟，父亲还没有出现。到晚上7点钟，当然，父亲还是没有出现。叶少华和舒宗鎏说父亲可能还有别的事要做，他们最好还是开始就餐吧。到晚上8点钟，王翠微满怀疑惑焦虑地离开了。

26日晚上，父亲秘密登上了货轮后马上躲进船长的舱室里，潘汉年、钱彰风和夏衍则在宾馆里等候消息。在船上的还有彭泽民、柳亚子、茅盾和马寅初，他们都化装成商人，或穿西服或穿长袍，带着装有提货单的公事包，准备好了万一被海关盘问时的回答。由于计划周密，一切顺利。27日，消息传来："船已启航，货在船长房间，英小姐没来送别。"

由于父亲从王翠微的手掌里溜了出来，据报道，王翠微因此被解职了。

在父亲离开香港前，国民党特务机关想暗杀父亲，但一直找不到机会。最后，特务机关头目毛人凤找到了一位合适的杀手张序（化名何友芳）。张序是民革的一名成员，因此能够接近父亲。然而，在他们实施计划之前，父亲已离开香港。

1949年，他们又想派遣张序去北平实施这一计划。张序开价50000美元，毛人凤认为张序的要价太高，另外，一旦张序到了北平，他就跑出了毛人凤的手掌不再受控制。如果暗杀失败，将很难向蒋介石解释，所以，这个计划被放弃。

经过十几天的航行，货轮抵达大连。途中有几次遇上风浪，大多数人都晕船。船上环境非常简陋，整个旅途中父亲没能洗上一次澡。然而，大家情绪都非常高昂。他们拿出各自准备好的食品或罐头让大家分享，并包好饺子邀请船长及船员参加新年聚会。元旦这一天，父亲和其他几人应邀讲述了各自的成长经历，他们中许多人都是众所周知的名人。

货轮于1949年1月7日抵达大连。中共当局已派遣李富春按照周恩来的计划带着冬装在大连迎接。10日，父亲及其随行人员到达沈阳，董必武、彭真、叶剑英、林彪等许多共产党高级领导都去车站迎接。1949年2月25日，父亲到达北平，参加新政协会议，并当选为中央人民政府副主席。

中国军队屠杀美国战俘？

——朝战“死亡行军”揭秘

边震遐

1951年11月14日，正当开城停战谈判陷入僵局时，侵朝美军第八集团军军法处处长詹姆斯·汉莱上校在釜山召集新闻记者，发布了一个耸人听闻的声明，称据可靠情报，共军在朝鲜杀死了5500名美国战俘和290名其他盟国的战俘。

西方媒体一拥而上

第二天下午，美国军事电台就开始连篇累牍地播送所谓“暴力事件真相”。美国总统杜鲁门也就此事件发表谈话说：“共产党屠杀美国战俘的事件，是本世纪所发生的最野蛮的事件。”

美总统的谈话，产生了巨大煽动力，西方世界的大批报刊电台一拥而上，推波助澜，顿时把东方共产党人虐俘的“野蛮暴力事件”渲染得有声有色。他们说，中共军队对付美国战俘最残忍的一招，莫过于重演日本军国主义者的故伎——强迫战俘进行“死亡行军”。霎时间，大量传播媒介都争先恐后地描绘起“死亡行军”的故事来，让读者和听众怵目惊心，毛骨悚然。

二战中的“死亡行军”

所谓“死亡行军”，典出第二次世界大战太平洋战场的菲律宾群岛。1942

年夏季，日军相继猛攻巴丹半岛和哥黎希律岛，美菲联军大败。日军下令美菲所有被俘人员做长距离徒步行军，从巴丹半岛的马利维尔斯奔向位于圣费南多的俘虏营，行程长达1000多公里。此时正值炎夏，病疫流行，粮食又缺乏，日军对战俘更是恣意虐杀，等到达目的地时，死伤人数竟达25000千余人。而美方所说的“死亡行军”，指的是中国人民志愿军在第一、第二次战役中转运美军战俘的事。

艰难的战俘转运

1950年10月25日至12月24日，入朝参战的志愿军相继发动了两次战役，歼灭“联合国军”及南朝鲜军51800万人，彻底粉碎了麦克阿瑟发动的“圣诞节结束朝鲜战争的总攻势”，初步扭转了朝鲜战局。这两次战役中一共俘虏敌人14211名，其中有美军3781名，英法军147名。

当时，美军从空中封锁着志愿军的交通运输线，每天要投下数以万吨的炸弹，任何军事目标与非军事目标都不放过。这种焦土政策，才是造成“联合国军?被俘人员无法安全及时地转运后方的根本原因。

志愿军九兵团某团政治处朝语翻译李炳云，讲述了他参加初期转运美俘的艰难经历——

第二次战役结束，他所在的团在东线咸兴一带，抓了114名美国俘虏，必须及时转运到位于鸭绿江边的碧潼战俘营。部队特地组织了1支精干的小分队，指派1名团政治处的司务长任队长，1名懂英语的文化教员任英语翻译，一名卫生员照顾伤病战俘，让李炳云担任朝语翻译，另外还配了6名警卫战士，负责转运途中的安全保卫工作。队伍出发前，团政委召集小分队10名干部战士开会，说明这次俘虏转运工作的重要性，一定要不折不扣地执行好各项政策，不惜牺牲生命，也要完成任务。

为避轰炸，转运队从傍晚5点钟出发，13个小时走走停停，只向北移动了24公里，可付出的代价却是惊人的：1名警卫战士为了寻找两名掉队的美俘坠崖身亡；3名重伤战俘因防空时受颠簸伤势恶化死去；还有6名战俘失踪，属于蓄意逃跑。他们又改为白天行进，速度有所提高，可在一次空袭中，4架野马式战斗机飞掠过来，当场炸死了7名战俘，重伤4名，小分队成员中，卫生员中弹身亡，司务长和一位警卫战士负轻伤。

无数的困难中，最熬煎人的困难是缺粮。所带的上百斤炒面，当作上等口粮，只够调成糊糊给病伤战俘做“营养餐”，且所剩无几。每到一处宿营地，村民们可以把活命的粮食匀给志愿军，却坚持不肯分给美国俘虏兵。

面对严酷的现实，许多战俘越来越感到绝望。一天晚上，在一个小山村，夜间空袭的飞机刚刚飞走，突然，一个平时沉默寡言的美军上士突然扑向左臂负伤的警卫战士，夺下连发卡宾枪，奇怪的是，他不朝志愿军开枪，却对着俘虏群哒哒地扫射起来。他一边扫射，一边狂喊：“我以上帝的名义，拯救你们，解脱你们……”这一下，打死了美俘5人，伤17人；我一名警卫战士重伤，半小时后死去。司务长额角负伤，鲜血直流。

司务长迅速安排了几个人为伤俘包扎，一边命令全体战俘就地坐下，一边安排人手掩埋死者。另外，派人火速找上级报告情况，请求支援。

取得战俘的信任

第二天上午，全体战俘集中到村后的密林中，一边防空，一边开大会。

额头包着绷带的司务长脸容瘦削，身上的棉军衣又脏又破。他将近40岁年纪，为人敦厚，平时不爱多说话，不料这一回对美国战俘说起话来却滔滔不绝：“这一路来，大家都很苦，这我懂……”他的眼圈忽然红了，“两年多以前，我是国民党军队的一个上士班长，在战场上给共产党军队解放了，也就是当了俘虏。开头我怕得要命，可是很快就相信了事实——共产党军队是尊重俘虏宽待俘虏的，把俘虏看成人，看成解放了的兄弟……”

文化教员的英语水平不高，越翻译越吃力。就在这时，战俘群里有一个上尉战俘站了起来，严肃地向司务长敬了一个军礼：“我懂汉语，请允许我替你们翻译。”上尉转过身，面向战俘们，流利地将司务长的话译成了英语。

一片静寂，战俘们听得专注极了。

有几名战俘大声提了几个问题：“听说把我们送到后方，是要慢慢杀死我们，或者是去当劳工，是这样吗？”

“唉，哪有的事啊！”司务长叹息道，“跟我一起当俘虏的，有成千上万的人，开头谣言也很多，大家也很担心，后来不少人领到路费回家了，我自愿留下，还当上了干部。这段经历我平常不爱跟别人说，可是跟你们说了，这是因为我把你们也看成‘解放兄弟’，我请你们一定要相信志愿军的俘虏政策。眼前的困难，都是美军的空中封锁造成的。只要大家好好合作，我相信一定可以克服这些困难。”

上尉译完司务长的话，又告诉俘虏们，说他二次大战时期在中国待过很长的时间，相信中国人的道德标准，希望大家鼓起信心，遵守纪律，千万不要再做蠢事。文化教员也作了翻译。

会后，战俘们一致推选上尉当战俘联络代表，配合小分队一起工作。上尉还找司务长单独谈话，转达许多战俘伙伴的共同心情，对连续发生的不幸事件，都愿意进行深深的反省……

天无绝人之路。第二天晚上，后方领导接到报告，派一辆卡车开到了山村，带来两袋大米、一包咸鱼和许多食品罐头。后半夜，卡车接走了20多名病伤严重的战俘，直奔战俘收容站。一周后，其余的战俘也比较顺利地到了目的地。

这次战俘转运行军，也许并不是最典型的一次。听说有一支战俘转运队伍遇上B-29重型轰炸机的“大把抓”轰炸，同时投下十几吨的炸弹，构成“地毯式”爆炸效果，使得一支数十人的战俘队伍连同志愿军押运人员，霎时化为乌有。

正直的西方记者

西方正直的新闻工作者用良知揭开了“朝鲜半岛‘死亡行军’”的谜底。

美国自由派报纸《华盛顿邮报》、保守派刊物《夜星》发表社论或署名文章，对汉莱上校提供的数字表示了怀疑。《时代先驱报》在头板刊登了一篇来自东京的快讯，还附加编者按语称：“五角大楼的一位权威人士断言说，陆军司令部没有确切证据可以证明，中国共产党在朝鲜战争中干下了屠杀战俘或其他野蛮行为。”

被新闻界逼得走投无路，“联合国军”总司令李奇微将军窘态百出，先是发表声明，表示对汉莱讲话“毫无所知”，说要“派人对此事进行调查”，又对汉莱“遽尔发表”谈话表示“非常遗憾”，后又说“目前仅仅可以证明有365人被杀”。可这个数字本身也还是虚假的。

李奇微将军如此出尔反尔，自然贻笑大方。从此，再也无人理睬“朝鲜半岛的‘死亡行军’”之说了。

50年前美国中情局密谋暗杀金日成事件揭秘

曼 朵

50年前，朝鲜战争爆发；50年后，当年被视为绝密的文件档案和历史秘闻终于可以公开言说。

美国中央情报局前高级朝语翻译詹姆斯·金在朝鲜战争50周年纪念日到来之际，打破了半个世纪的缄默，首次向世人披露了美国间谍和特种部队在朝鲜秘密战场上的所见所闻，第一次曝光美国中央情报局在朝鲜战争期间从事的一些肮脏勾当。其中最为惊人的内幕是：美国冷酷地抛弃了其派往朝鲜半岛北方的“反共”游击队；空投大批特务到中国东北和苏联的海参崴；招募印第安特工打算暗杀朝鲜最高领袖金日成！

詹姆斯·金如是说：打了叉的间谍档案附着尸体的照片，X司令像块“破抹布”一样被抛弃

1955年5月的某一天，美国中央情报局兰利总部。我的顶头上司将我召到大楼深处一个秘密办公室里，以不容置疑的口气命令说：“今天下午立即飞赴朝鲜半岛，不准告诉任何人，包括你的家人！任务是彻底清理绝密的6006计划，就这样吧，我们立即派车送你到机场！专机马上就要起飞了。”

不容我考虑，也不容我问任何问题，一架专机把我和另外几名高级情报官送到了韩国。在汉城一幢神秘的大楼里，我们终于明白了此行的目的：查核美国中央情报局在朝鲜战争爆发前后派往朝鲜和东北亚地区所有间谍活动的情况。

我们面前摆着厚厚一大摞中央情报局的绝密档案。这是被派到朝鲜北方、中国东北和前苏联海参崴地区活动的所有间谍的详细资料：有照片、名字、年龄、家庭住址、任务和执行任务的日期。多数的档案封面上都打着一个大大的触目惊心的叉叉。凡是打了叉的档案说明这些间谍要么已经失去了联络，要么身份已经暴露,被朝鲜人民军逮捕。更惊心的是有些打了叉的档案里附着的尸体照片！那是被朝鲜人民军审讯后处决的。这档案表格多是间谍当年被派出前亲手用朝语填写的，我的任务之一就是把它们译成英文。

1955 年 6 月 3 日，有人通知我速到会议室参加一个特别绝密的情报碰头会。当我跨进房间时，我惊讶地看到了 1950 年我读大学时接受"学生自愿军"训练时的教官。

我的教官、美国中央情报局老牌间谍、现在的代号是"X 司令"（直到今天我仍怀疑他在当我们教官时用的到底是不是真名，因为现在推断起来他那时就已经是美国中情局高级间谍了）。根据中情局 6006 计划（向朝鲜北部、东北亚地区派间谍，组织反共游击队，侦察军事目标，进行破坏活动，阴谋推翻共产党政权的计划），"X 司令"早在朝鲜战争爆发前就在朝鲜的咸丰道附近组织了一支力量颇为可观的"反共游击队"。据我后来了解，这是美国人在朝鲜境内唯一一支"常驻"的武装力量。

这么说，早在朝鲜战争爆发前，美国中央情报局就开始在朝鲜境内组织所谓的"游击战",最后只有"X 司令"指挥的这支游击军,一直存在到战争结束后。

这支游击队约有 50 名中情局亲自训练的游击战专家、爆破特工或者暗杀队员,男有人数不详的外围人员。这些外围人员主要由憎恨共产党的当地人组成。"X 司令"主要的活动地区是在咸丰道海边的一些小岛上。

"X 司令"是在我抵达韩国前 6 个月时，悄悄地离开了咸丰道的游击基地，翻山越岭昼夜兼程好几个星期，总算安全地溜过了"三八线"。然而，他却被韩国士兵逮了个正着，并且把他交给韩国警察。韩国警察根本不相信他是"游击司令"、美国中情局的高级间谍，认为他所说的一切都是胡说八道，其结果当然是一顿暴打。还算他走运，一名潜伏在韩国警方内部的美国中情局"线人"向其上司报告了这一情况，中情局这才派人把他从韩国警察的行刑室里救了出去。

"X 司令"见了中情局的官员就跟见了亲人一样，他向中情局官员哭诉说，自从签署了停战协议后，他的手下就再也没有接到过一次指示，所以他希望中情局或者美国军方要么派人救出他手下的游击专家，要么就恢复空投，否则他只能解散那支间谍游击队。

然而，让“X司令”做梦也没有想到的是，此时中情局驻韩国的头头已经不是当年派他潜入朝鲜的那一位了。新头头听了“X司令”声泪俱下的哭诉后冷冷地问了一句：“你有文件证明你那支游击队存在吗？”“X司令”愤怒了：“难道你还要我带着游击队的名单或者说到朝鲜人民军那里开证明证实我那支部队的存在么？”他情绪激动地回忆了当年中情局派他前的种种许诺，讲述了他的手下如何一个一个地被朝鲜人民军安全部门发现后处决，又讲了美国人如何不遵守当年的诺言。

“X司令”的话激怒了头头。两人开始相互敌视起来，话也变得越来越不好听。弄得作现场翻译的我也不得不提高了音量。作为一名情报高级翻译，我不但要把双方的话翻出来，还得翻出他们的语调。头头终于受够了这一切，他让“X司令”滚蛋！说已经没有什么好讨论的了。“X司令”听了这话后看上去非常震惊，着来他是做梦也没有想到自己会被美国中情局像“破抹布”一样抛弃了。

“X司令”木木地站了起来，敬了一个漂亮的军礼，然后向门外走去。他神情木然地看着我，嘴里嘟喃着：“我被这些骗子欺骗了。我会找这些狗娘养的算账的！”这是我最后一次见到“X司令”。我的头儿问我他最后说些什么，我编了几句无伤大雅的话搪塞了之。我猜想“X”最后只能向韩国警方自首，提供一些所谓的“共产党情报”，而他领导的那支游击队从此就没了音讯，美国中情局也从来不关心他们的下落，因为战争结束了，他们已经没有任何作用了！

空投的间谍有去无回

1951年，眼看在朝鲜后方活动的游击队所起作用甚微；美国中情局心急火燎地推出了6006计划的另一项绝密的行动。

这项行动的代号是“空投射击”——把一支支由美国特种部队队员和韩国特工（多是从难民或者战俘中选训的）混编成的阴谋小组空投到朝鲜战线的大后方，具体的任务是：暗杀共产党干部，破坏公路铁路桥梁、通讯线路和弹药库等！对于这种行动，就连美国中情局内部也颇有争议，许多中情局情报专家认为，与其把这种行动冠以“游击队”，不如说他们是阴谋破坏者更坦白点，而且这些阴谋小组多半不会成功。但中情局上层狂热的官员却根本听不进情报专家的话，继续强行实施这一计划，并且让美国海空军配合特务空投行动。

实际情况证实了这些情报专家的判断：多数美韩特务小组刚刚空降到地面，就被早就埋伏在附近的朝鲜人民军逮个正着（中情局直到现在都不明白，为什么朝鲜的情报会那么准，因为绝大多数的特务小组都被发觉了）。这些特务小组被逮捕后，美国人被当场处决，朝鲜难民或者韩国人则被带走审讯。最倒霉的要数那些负责空降特务小组的美国海空军间谍飞机。由于是秘密行动，所以出动的多是自卫能力较差的运输机，并且没有战斗机护航，所以当特务小组被逮的同时，飞机往往没飞多远就被地面炮火击中。有一段时间，美国海空军飞行部队一听到要执行“秘密空投任务”就莫名地恐惧，飞行员甚至表示“宁愿参加空战也不想白白送命”！

除了向朝鲜北方空投间谍和特务外，美国中情局还不断地向苏联的西伯利亚、蒙古共和国、中国东北和库页岛空投间谍。当然，这些派出的特务同样有去无回。我整理这些间谍档案，看到的全是触目惊心的大黑叉——被处决或者失踪！

除此之外，6006计划还借用渔船、快艇和军舰进行海上间谍活动。装成是朝鲜渔船的间谍船都配备有无线电台，他们潜入朝鲜搜集情报后就向军舰发电或者把情报投在指定地点。有时候，冒充成渔民的间谍就是通过这种方式潜入朝鲜或者从朝鲜回来。

印第安职业杀手永远失踪　暗杀金日成计划流产

日本人在对朝鲜半岛进行殖民统治期间，在几乎所有的公共场所——学校、政府办公楼、商业区都修建了所谓的“靖国神社”。

这种神社大小如同电话亭，其墙壁是水泥浇筑成的，门足以防重磅炸弹，里头摆着日本天皇的“训示”和日本的“民族英雄”。

美国人一下子就相中了这个玩意，决定把它改成一个绝密的收发间谍通讯的电报室。汉城每天收发来自朝鲜北部潜伏间谍或者东京美国间谍总部的加密电报。这个密室里还保存着成功打入朝鲜人民军或者政府内部的间谍档案。房间如此绝密，就连我也不允许跨进电报室半步，只有两三个美国人可以进出。朝鲜人民军的通讯由另一个情报单位接收破译翻译。我们也有一部自己的无线电室，在那里负责监视朝鲜的电台。

就是在这个充满绝密的情报大楼里，我偶然了解到了中情局曾经实施过的最绝密也最奇怪的一次未遂行动：负责秘密行动的中情局官员汉斯·托夫特上校天方夜谭般的建议说：可以派出一名顶尖级杀手刺杀朝鲜最高领袖金日成！更令人震惊的是，中情局居然认可了这一阴谋，允许托夫特上校开始行动。

托夫特上校在东京很快就物色到了一名美籍印第安职业杀手。此人长相极"鲜族化"，有狂热的冒险思想，愿意为"消灭共产党"出力，有"百步穿杨"的能耐，擅长爆破，曾有过从军经历，当然更需要一大笔钱。托夫特上校对此人非常满意，将其上报到中情局后，中情局大感振奋，指示托夫特可以招募此人，并且立即准备刺杀行动。

然而，当托夫特上校按事先约定的时间在东京某个街头等了整整一天后，那名印第安职业杀手连影子也没见着，显然他要么是放弃了，要么就是朝鲜人抢先一步逮着他了。若干年后，托夫特上校偶然查到这名印第安人的档案时发现：此人在东京永远失踪了！中情局从这以后再也没有重提暗杀金日成的馊主意。

台湾两蒋陵寝揭秘

方 正

蒋家父子安葬的“大麻烦”

两蒋陵寝，分别位于台北桃园的“慈湖”和“头寮”。

1975年4月5日，蒋介石死在台湾。老蒋生前留下遗言，“日后光复大陆，中正生于斯长于斯，要将遗体移返南京，葬于中山先生之侧。”可惜，无论是当时的两岸关系还是今日的雨岸现状，蒋介石移灵、安葬于南京紫金山孙中山先生陵墓之侧的想法，都是很难实现的，因此，直到今天，蒋介石仍暂厝（读音：“cuo”，中国古代对于封建帝王遗体的暂时停放，称之为“厝”）于桃园慈湖。

1988年1月13日，蒋经国也以“总统”身份在台北去世。去世之前，亦留下遗言：表示自己日后愿意归葬浙江奉化溪口——葬在母亲毛福梅的坟前——以便“死后尽孝”。不过，既然老蒋不能移灵大陆，小蒋也只好暂“厝”台湾，陪伴在父亲“身边”。

根据台湾媒体的最新报道，老蒋遗体的善后处置，与海峡此岸毛泽东主席遗体的处置方式并不相同。1976年之后的毛主席，安卧在水晶棺材之中，主席遗体经过特别防腐处理，恒温恒湿，因此迄今保存完好。

但老蒋1975年逝世之后，据说家属坚持不赞成掏空其内脏，因此就算台湾当局也对老蒋遗体倍加“爱护”，予以防腐处理，楠木棺外，再加厚椁，但蒋介石贴身卫士仍然认为——“蒋总统”的遗体，应该早已腐烂了。

遗体腐烂或许难免，但蒋介石、蒋经国不能“入土”，却与蒋家后代特别是蒋家男丁尽皆短寿的“事实”，联系在了一起。台湾的风水大师曾有预言：若两蒋不能入土，则蒋家后代的生活还会有120年的“困扰”。

如此迷信说法，固不足信，但站在蒋家后人的立场考虑，老蒋一“厝”、再“厝”，延宕30余年而不能入土，实在也是中国历史上闻所未闻之事。唯其如此，两岸学者才会异口同声说：蒋家父子归葬何处，确实是个政治上的“大麻烦”。

众所周知，蒋介石系浙江奉化溪口人，蒋家父子深受儒家观念影响，向来恪守“树高千丈，叶落归根”，因此，蒋介石从中年起，就开始考虑自己灵魂的归宿，根据国民党的史料记载，1949年之前，蒋介石曾在大陆选定过三处墓地，南京中山陵始终为其“首选”。

但是，孙中山虽被国共两党尊为“国父”，蒋介石却只是1949年之前的中华民国大总统，1949年1月之后，老蒋就变为中共“一号战犯”。让蒋介石归葬南京中山陵，享受“元首”待遇，恐怕不现实。

遥想“文革”期间，蒋介石的结发之妻毛福梅（蒋经国之母）和母亲王采玉的奉化之墓，均曾被无法无天的红卫兵捣毁。据亲历者忏悔称，当年的红卫兵、红小兵甚至把两口棺材从坟墓中挖出，然后浇上汽油焚毁……

如此惨剧，直至“文革”结束，始由北京高层出面纠正，下令将蒋家之墓按原样修葺一新。

或许正因为看到了蒋家祖坟被大陆政府修葺一新的照片，蒋经国才会留下遗言：死后愿归葬浙江奉化溪口镇，长伴慈母。

蒋家父子“奉安故乡”好

令人欣慰的是，随着蒋经国辞世，两岸关系改善，蒋家后人也开始变得“务实”了。1996年7月，蒋介石次子、蒋经国的弟弟蒋纬国提出一项议案，建议国民党成立“已故两‘总统’移灵大陆筹备委员会”，以便择机“奉安故土，以安民心，促进和平统一”。

坦率讲，如果蒋介石不葬南京，而是与蒋经国一起归葬浙江奉化，问题就会简化许多。奉化乃两蒋出生之地，大陆自然不会拒绝两蒋“回家”。随着蒋纬国提出的议案在台湾得到通过，蒋经国之子蒋孝勇更于1996年前往浙江奉化，实地“考察”。

从大陆返回台湾后，蒋孝勇曾表示：“祖父（蒋介石）和父亲（蒋经国）当时暂厝，就是希望统一之后再迁葬大陆。我从大陆回来后，曾和叔叔（蒋纬国）谈到过处理移灵问题应该有三原则：第一，不要凡事比照孙中山先生；第二，不要强调‘国葬’（移灵浙江奉化或在台湾暂时下葬，均不强调‘国葬仪式’）；第三，大陆对这个问题有他们自己的利益和立场，所以短期之内不会接受（我方提议）……至于就地‘国葬’（在台湾按照国葬的规格让蒋介石入土），也没有必要。”

2007年12月23日，蒋介石三孙媳、蒋经国三儿媳、蒋孝勇的遗孀蒋方智怡，在前往慈湖陵寝谒灵时再次表示：蒋家绝对不会把两蒋遗体移到台湾“国军军人墓地”，蒋家后代会遵照蒋经国遗愿，选择适当时机，把两蒋遗体直接移至浙江奉化安葬。

陵寝内还有“地下指挥所”

大陆能够接纳“两蒋回家”的另一个重要政治背景是，民进党、陈水扁始终把“去蒋化”和“去中国化”联系在一起，站在统一中国的立场看，蒋介石、蒋经国能否魂归大陆，或许也是两岸关系冷热的一个重要指标。

2007年，即将卸任的陈水扁，曾经疯狂地推出了一系列“去蒋”政策，宣布台北“中正纪念堂”为民主广场，拆除高雄蒋介石铜像，撤销两蒋陵寝的宪兵守卫，甚至关闭了两蒋陵寝并且纵容绿色民众烧毁了蒋介石的草山行馆……与此同时，陈水扁还下令，要求台湾“中华邮政”等机构立即更名。

所幸者，马英九上台执政后，情况发生逆转。今年5月31日，台湾桃园县长朱立伦，早早站在两蒋陵寝门口，恭候台湾乃至世界各地的游客。这一天，距离两蒋陵寝关闭，已近半年之久。重新开放的第一天，天空下着小雨，台湾各地民众仍有超过10000人冒雨前往拜谒。

至6月16日，台湾“国防部”批准，重新允许三军仪仗队进驻两蒋陵寝守护。至6月21日，仪仗队宪兵更恢复了在两蒋陵寝之前的花式操枪交接表演。

稍早前，桃园县报经台湾“国防部”批准，已经对蒋介石陵寝的后半部分，也就是“后慈湖”首次对外开放。至6月，桃园县长朱立伦更对外宣布：蒋介石“慈湖”陵寝之内，另有“秘密军事通道”，该通道在地下开挖，连接着50年前蒋介石指挥“金门炮战”的“前进指挥所”。而整个后慈湖的山下，还同时开挖有台湾“立法院”、“行政院”、“监察院”、“考试院”等五大系统的单独地下办公机构。

据台湾媒体预测，两蒋陵寝（慈湖、头寮）的重新开放，经济“钱景可期”。盖因蒋介石、蒋经国的名字在大陆民众之中，同样如雷贯耳，去台湾看看曾经的“人民公敌蒋介石”和“台湾改革之父蒋经国”，应该是许多大陆游客的“最爱”。

中印之战内幕

刘　可

中印边界问题最远可以追溯到1914年英国殖民代表与西藏地方政府划定的"麦克马洪线"，它把东段原本属于中国的90000平方公里的领土划归英属印度，当时的中华民国政府一直未予承认。1950年朝鲜战争爆发之后，印度乘机取得了对"麦克马洪线"以南中国领土事实上的占领。1962年10月，印方挑起中印边界战争，印度军队在"麦克马洪线"以南的地区溃逃，中国军队本来已经接管了原本属于中国的领土，但为了表示和平的诚意，退回到"麦克马洪线"以北。印度此后又逐渐将军事力量推进到"麦克马洪线"附近。现今，"麦克马洪线"问题一直是困扰中印边界谈判的关键性症结所在。中印几次边界谈判都因此无功而返。

近日，外交部档案馆开放了1961年至1965年的外交档案。档案公布后，这场战争背后不为人知的内幕显露出来。

战争胜利后为何主动撤军

46年前，中国和印度之间爆发战争。在从10月20日至11月21日的这场持续了1个月左右的战争中，中国军队取得了绝对的胜利。可是，此后中国军队主动停火并后撤。至今，仍有一些人表示不理解，认为中国外交过于软弱，当时应当将本属于中国的领土夺回，那样就不会留有后遗症。但是，本次解密的外交档案中，却向我们表明了中国外交的宽宏大量。

1963年1月的一份解密档案，提到中国的主动停火并主动后撤。这份档案里写道：为了争取和平解决中印边界问题，中国边防部队不仅主动停火、主动后撤，而且还把战斗中缴获的军用物资主动交还给印度方面。1962年12月14日和16日，中国政府曾两次照会通知印度政府，中国方面表示，中印边界问题应当通过和平方式而不应当通过武力解决，希望中印边境冲突不要再起……向印方移交军用物资，就是中国政府为了争取和平解决中印边界问题所采取的许多友好步骤中的一个步骤。

可是，“中国方面采取的每一个善意行动，至今都没有从印度方面得到积极的响应。相反，却往往遭到印政府的歪曲和污蔑，称中国的自卫反击战是一场‘侵略战争’”。但是，中国政府也对未来寄予希望：“中印边界问题总是要和平解决的，希望印政府改变蓄意敌视中国的态度。”

中印战争发生后，与两国都很友好的一些亚非国家采取了积极的斡旋。越南劳动党中央委员会主席胡志明就曾分别公开致书刘少奇和印度总统及总理。在致刘少奇的信中，他表示欢迎和赞扬我国政府11月21日的声明；在致印方的信中称，为了中印的友好、亚非各国团结和反对殖民主义与帝国主义的阴谋，希望印度接受中国和平解决争端的建议。

马里总统凯塔也表示出了同样的愿望。1962年10月24日，他称中印之战为：“亚洲两个兄弟国家之间的敌对行动。”凯塔愿意从中斡旋，以挽救这一不幸的局势。

为何公布交还印武器清单

中印之战后，中国政府并未立即对外公布交还印度武器的清单，而是在战争结束了几个月后才予以正式公布。在此次解密的外交档案中，一份档案中记载，印度外交部发言人在1963年1月8日发表谈话称，印度方面从中国方面接收了一批中国边防部队缴获的印军装备，这些装备都已“损坏不堪”，中国方面交还这些装备是为了“宣传的目的”。

据档案显示，关于中国边防部队把缴获的武器、弹药和其他军用物资交还印度方面一事，中国政府之前并未予以公布，而且中国报纸也没有做过任何透露。

中国政府只是两次照会印度政府通知了有关情况，这无论如何不能叫做“宣传”。“实际上，第一次公布这件事并且就此掀起一场恶意污蔑中国的宣传运动的，正是印度自己”。中国政府现在是“不得不公布有关事实真相”。

在这份档案的后面，列出了所有交还印度的军用物资清单，包括了足有四页纸的内容。“任何没有成见的人都可以看到，中国政府这一行动是一种史无前例的友好的、慷慨的行动。正如清单所表明的，中国交还的物资，绝大部分是完好的，清单中所列的一部分损坏了的武器和装备，也都是印军在撤退时自行破坏了的和在战斗中损坏了的”。

战争中印军遗体的处理

一份名为《中国和印度红十字会就收集印军遗体的来往文件》的解密档案记录：1963 年 4 月初，印度红十字会致电中国红十字会，要求到中国境内的奇普恰普河等 6 个地区收集在战斗中死亡的印军遗体。随后，中国红十字会复电称，印军遗体已妥为埋葬。可对方仍要求来中国境内按习俗处理遗体。

对于印方的再次要求，中国红十字会表示，为了照顾印度习惯，与有关当局联系后，将派出工作人员于 1963 年 8 月 15 日分批前往上述 6 个地区。1963 年 8 月 30 日左右，结束清理和焚化遗体，在这项工作完成后，将把骨灰和遗体送给印度红十字会。中国如此周到的安排，印方红十字会却不领情，声称将直接派出几个小组乘直升机飞入中国境内。中国红十字会最终致电对方称，中国政府已要求印政府停止印度红十字会的上述行动。后来，印方再未就此事致电中国红十字会。

阿尔巴尼亚政府总理谢胡自杀之谜

王洪起

谢胡自杀事件

1981年12月18日晚8时，阿通社向全世界发出了一条爆炸性的新闻：阿尔巴尼亚政府总理谢胡自杀。实际上，谢胡是18日凌晨自杀的，但对外公布的时间向后推迟了。

第二天，地拉那的所有日报仅在头版下方1／4处，在“讣告”的标题下，刊登了劳动党中央、人民议会和部长会议的联合公告：“12月18日，阿尔巴尼亚劳动党中央政治局委员、阿尔巴尼亚社会主义人民共和国部长会议主席穆罕默德·谢胡同志在神经错乱情况下自杀。”

当时担任劳动党中央委员和“列宁”高级党校校长的谢胡遗孀费切列特·谢胡不再公开露面。他们全家离开了高干区仅与霍查家相隔不到50米的第15号别墅。霍查亲自下令立即对谢胡全家采取“革命行动”：逮捕谢胡遗孀及3个儿子，逮捕谢胡在党内、政府内的同伙，将他们扫地出门，绳之以法。

1982年1月14日，任命副总理查尔查尼为政府总理，接替谢胡，同时初步改组政府。内务部长哈兹比乌改任国防部长，费乔尔·谢胡升任内务部长。2月26日，劳动党书记处召开整顿军队会议，霍查命令全军听从总司令（霍查）的直接指挥。

1982年9月28日，阿政府内务部宣布了又一则耸人听闻的消息：当月25日一批武装逃犯在前国王莱卡一世策划下，在美国中央情报局和南斯拉夫安全局的支持下企图泅渡登岸，“反攻大陆”未遂，被“全部歼灭”（实际上就3个人，其中2人被击毙，1人受伤后被俘）。10月8日，霍查在政治局会议上做“哈兹比乌的严重罪行”的报告，把9月份“反攻大陆”事件与担任国防部长的哈兹比乌联系起来，称海外罪犯的“内应”是暗藏在阿国国内的哈兹比乌和费乔尔·谢胡。23日，霍查当场以“内外勾结，企图推翻阿政权”的罪名将哈兹比乌逮捕送交司法机关法办。而哈兹比乌曾被认为是最忠于霍查、负责国家安全事务的官员，霍查在他被捕前还曾亲自授予他勋章。

根据霍查的命令，阿内务部人员将谢胡的遗体先是埋在地拉那西郊的沙拉公墓，几天后的一个夜间又把遗体装在尼龙袋里，用吉普车拉到一个秘密地方埋掉。此后，谢胡遗体的所在便成了“国家机密”。

1982年9月15日，哈兹比乌等人都被黑麻袋捂住头，双手双腿被绳子捆住，用军车秘密送往达依蒂山山脚下的林兹村，在一个洞穴中秘密枪毙。

寻找谢胡的遗骨

谢胡是阿尔巴尼亚政坛上叱咤风云的人物。他从1953年至1981年一直担任部长会议主席，达28年之久，被人民议会主席团授予“人民英雄”、“社会主义劳动英雄”称号，被视为阿尔巴尼亚最高领导人霍查的“亲密战友”和内定接班人。在谢胡死前，霍查对他赞誉有加，“天才的军事家”、“卓越的国家领导人”都出自霍查之口。1981年5月，劳动党中央还决定出版谢胡著作选集。谢胡善写文章，语句干练，不像霍查那样啰唆，深受人们欢迎。

1991年，阿尔巴尼亚剧变。谢胡的两个儿子开始多处打听父母遗体的下落，并开始了一场寻找谢胡遗骨的运动。他们发动自己的亲友和谢胡的一些老部下，在许多城市寻找挖掘。

1996年，兄弟俩找到了当时的国家情报局局长加兹代代，请求他协助提供线索。加兹代代亲自到公安部查找历史档案。几天以后，局长电话通知他们，谢胡“坟墓”的位置已经在唯一的一份档案中找到，谢胡的遗体埋在距地拉那以西15公里处德洛奇村边的埃尔赞河畔，附近有一块悬崖。

2001年7月20日，分别从瑞典和西班牙回国的兄弟俩，再次相约来到德洛奇村。他们租了一台挖土机，挖掘父亲的遗骸。年轻的挖土机手按照斯坎德尔手中的示意图，从上午9时便开始在悬石下河床附近一带挖掘。到下午16时1 5分，一个沾满泥沙的头颅终于被挖了出来。他们发现，头颅上面竟还有头发，额骨上贴着两块镜片，镜框已经脱落，牙床上的一只金牙还显有光泽。兄弟们立刻认出是亲人，顿时痛哭流涕。密埋荒野20载后，谢胡遗骸终于重见天日。

兄弟们把父辈的遗骨轻轻放入棺柩，委托“阿尔巴”殡仪馆操持了遗骨重新安葬仪式。

霍查版本的“谢胡间谍史”

穆罕默德·谢胡是自杀还是他杀，20多年来始终是阿尔巴尼亚当代历史中最大的谜。

1982年底，即谢胡死后的第二年，霍查的《铁托分子》一书在地拉那出版发行了。出版者是由霍查夫人任所长的劳动党中央马列主义研究所。首批外国读者当然是驻阿外交使团。该书的外文版一出版，阿政府外交部就把散着油墨香味的书送到了地拉那的十几个外交使团的外交官手里。书中对南斯拉夫、中国、苏联及西方国家无不进行了点名攻击。中国使馆同其他有关国家的使馆随即将书退了回去。

我在书店里买了一本该书，阅读后发现全书活像一部侦探小说，对谢胡之死作了离奇的描绘，并罗列了谢胡的罪状，从而得出谢胡“自杀”的结论。

概括起来，霍查给谢胡罗织了“八大罪状”：1. 允许其子斯坎德尔同有历史问题的家庭的女儿订婚；2. 在1944年阿尔巴尼亚反法西斯战争期间企图取消军队总司令部，3. 阿尔巴尼亚解放后40年期间与许多敌对集团有联系；4. 与南斯拉夫领导人铁托和英国首相丘吉尔同乘“伊丽莎白女王”号轮船旅行；5. 作为间谍在西班牙内战期间潜入国际纵队，之后又潜入阿尔巴尼亚；6. 准备于1982年毒死霍查；7. 当总理后企图动用坦克消灭地拉那的吉普赛人；8. 是美国中央情报局、前苏联克格勃、英国情报局和南斯拉夫安全局的“多国超级间谍”。谢胡“罪大恶极”，“走投无路”，只好“自杀”。后来，霍查在搞掉哈兹比乌后，又改变了说法，称哈兹比乌遵照美国中央情报局之命，逼迫谢胡自杀。

阿利雅相信谢胡是自杀的

霍查的接班人、阿尔巴尼亚剧变后首任总统阿利雅曾同我进行多次接触。每当谈起谢胡之死时，他都坚持谢胡自杀的说法。他说："有人说他是由霍查杀死的，也有的说是在政治局会议上被霍查的卫兵打死的，甚至还有的说是由哈兹比乌杀死的，不一而足。但是，所有这些无非都是想象。"他是这样描述谢胡自杀的：

谢胡与霍查之间曾发生过争论，但没有发生过导致冲突的矛盾。导致谢胡悲剧的事件确实与他儿子订婚有关。1981 年 9 月，谢胡的儿子斯坎德尔打算与一个阶级出身不好的家庭的女排运动员订婚。这个家庭中的一个成员在阿尔巴尼亚民族解放战争期间是"阿奸"，之后出逃国外。根据当时党的阶级斗争政策，如果某人有这种亲戚关系，特别是领导人家庭有这种亲戚关系的，那是要受谴责的。谢胡本人对这样的问题就一直很严厉，但这次发生在自己家庭，却表现得"很软"，竟然同意了这门亲事，从而践踏了党的准则。这使党的领导很为难：如果对这事不管吧，就会降低党的威信，人们会说党对领导人和普通干部采取双重标准。当时正在筹备召开党的"八大"，所以决定等"八大"之后再讨论谢胡的问题。尽管谢胡的问题已经出来了，但"八大"还是选举他为政治局委员，并保留他的总理职位。这清楚地表明，谢胡儿子的问题并没有给他带来负面影响。事实上，政治局起先也没有讨论这个问题，只是找谢胡谈了一次话，要他做一下自我批评。谢胡也曾表示要解除这门亲事，并向政治局交了检讨书，但霍查退还给他。在代表大会后，于 12 月 16 日召开的政治局会议上，谢胡做了书面检讨。会开得很长，因为政治局委员在发言时对他的自我批评不满意，同志们不仅批评了他儿子订婚问题，而且还批评了谢胡的思想品质问题。人们在谢胡对待同志和同事的态度方面反映不好，认为他趾高气扬、专横跋扈。尽管如此，同志们还是建议只给他党内"记过"处分。

会议很晚才结束。霍查本来没有话要讲，后来决定第二天上午 9 时继续开会时再说。我和霍查一起离开，并送霍查到他家门口。路上，霍查对我说："明天我们听谢胡说些什么，然后我再发言，这事就算了结了。我也同意大家的意见，给他党内记过处分。"

第二天早晨 8 时左右，我在家里接到谢胡的卫士长打来的电话："谢胡总理在自己的卧室自杀了。"

我丝毫不怀疑谢胡是自杀的，并立即离开家门，到霍查家。霍查正在吃早饭。我没有马上把这一消息告诉他，以便等霍查把饭吃完。而霍查却催问我有什么事，并漫不经心地对我说："我觉得今天的会不会很长，只有我和穆罕默德发言。这个问题也就算完了。"我接着他的话音说，看来事情还没完。昨晚谢胡自杀了。听到这一消息，霍查皱了一下眉头，表现得很惊愕。他对我说，怎么会呢？他为什么要这么做？是什么动机促使他这么做？

这一天，政治局会议还是召开了。同志们对谢胡自杀感到无比愤恨，并谴责这是"敌对"行为。

当被问及谢胡生前在政治路线上与霍查是否有分歧时，阿利雅说：

"谢胡人很聪明，有时显得很乐观，但野心勃勃，好走极端，待人苛刻。他与霍查可能在权力问题上有摩擦。因为霍查知道谢胡能力强、有气魄。但这不能说他们之间存在着两条不同的路线。谢胡对霍查是言听计从。霍查也不反对谢胡提出的主张。两人很合拍，但谢胡的极端主义对霍查影响颇大。"

谢胡是间谍吗

到了 2005 年，不知是哪里吹来的风，阿媒体就"谢胡死之谜"大肆炒作起来，称谢胡死之谜是阿建国近百年历史上"最大的谜"。在这一背景下，刚过了 80 岁生日（10 月 18 日）的阿利雅，不断接受新闻媒体的采访。阿利雅在同我的一次谈话中，首次改变初衷。他除了重申原来坚持的谢胡自杀的观点之外，对霍查的"谢胡 50 年间谍史"开始提出了疑义，也不同意霍查"肉体消灭"党内的战友。他说：

"从今天的观点看，当时的党内清洗及把一些人指责为间谍，并处以死刑是没有道理的。说心里话，谢胡从 1942—1943 年到 1981 年自杀，整整 40 年。这

40年，谢胡在干什么？在阿尔巴尼亚的领导岗位上。如果他是间谍的话，他早该行动了，说谢胡是间谍是没有事实根据的。至于我亲眼看到的那些文件确实存在。但是，迄今为止，并没有事实证明这些文件的可靠性。”

他说：“谢胡的确是自杀，因为他不能忍受那样的批判，他感到在那样的批评的重压下简直活不下去了。”

历史的真相

徐福东渡究竟去了何方?

何 忆

徐福东渡一事,最早出现于司马迁的《史记》。据《史记．秦始皇本纪》记载:秦始皇二十八年(前219年),“齐人徐福等上书,言海中有三神山,名曰蓬莱、方丈、瀛洲,仙人居之。请得斋戒,与童男女求之,于是遣徐福发童男女数千人,入海求仙人。”秦始皇三十七年(前210年),徐福再次求见秦始皇。因为9年前第一次入海求仙药,花费了巨额钱财未果,这时徐福谎称由于大鱼阻拦所以未能成功,于是请求配备强弩射手再次出海。秦始皇便相信了徐福的谎言,第二次派徐福出海。徐福于是率“童男童女三千人”和“百工”,携带“五谷子种”,乘船泛海东渡,成为迄今有史记载的东渡第一人。对于徐福东渡,《史记·淮南衡山列传》也有记载:“(秦始皇)遣振男女三千人,资之五谷种种百工而行。徐福得平原广泽,止王不来。”

疑团之一:徐福东渡是否到达日本?

关于徐福的目的地的问题,学术界大多数学者认为,徐福东渡确实到了日本,甚至有人提出,徐福到日本后建立了日本王朝,徐福就是神武天皇;也有学者对此一说法提出质疑。认为到了海南岛或者是朝鲜,甚至还有人提出到了美洲。

据《史记·淮南衡山列传》中的记载:“徐福得平原广泽,止王不来。”可以推测徐福登陆地是一平原。日本是一个由3000多个岛屿组成的岛国。本州、九州、四国与北海道是其中4个大岛,总面积达到37.67万平方公里。全国有

24%的面积为平原。较大的平原有关东平原、浓尾平原、畿内平原等。除日本列岛外，其他岛屿没有“平原广泽”的地理特征。

另外，徐福东渡日本，在后世的史书资料中也有记载。《三国志·吴书·吴主传》记载：“长老传言秦始皇遣方士徐福将童男女数千人入海，求蓬莱神山及仙药，止此洲不还。”《后汉书》中，把徐福入海求仙事件附在倭国之后。五代时期义楚和尚所写《义楚六贴》中提到：“日本亦名倭国，在东海中，秦时，徐福将五百童男，五百童女止此国。”在日本学术界，也有不少史料记述徐福到日本的情况，有《神皇正统记》、《林罗山文集》、《异称日本传》、《同文通考》等文献。林下见林在《异称日本传》中说：“夷洲、澶州皆日本。相传纪伊国熊野之山下有徐福墓。熊野新宫东南有蓬莱山，山前有徐福祠。”新井君美在《同文通考》中说，“今熊野附近有地曰秦住，土人相传为徐福居住之旧地。由此七八里有徐福祠。其间古坟参差，相传为其家臣之冢。如斯旧迹今犹相传，且又有秦姓诸氏，则秦人之来往乃必然之事”。和歌山新宫町《秦徐福碑文》这样描述：“今东海可当蓬莱者，无可舍皇国他求，则谓日本国，得其实也必矣。”

在日本民间，徐福被尊称为农神、蚕桑神、医药神。还有一些日本人认为自己是徐福的后裔，他们的根据是：在日语中，秦与羽田的发音相同。日本前首相羽田孜就称自己是徐福的后裔。他说：“我是秦人的后裔，我的姓在很早以前写作‘秦’，我当首相时，考古学家和历史学家对我的家族进行了调查，并在祖墓碑上发现了‘秦’字。”

然而，有些学者认为，徐福东渡日本只是传说。日本古文献中载有徐福传说者以《神皇正统记》（1339年）为最早，其他大约是十七八世纪的记载，因此他们推断是受了宋元以来中国文献的影响。在隋唐时期，日本与中国交往极为频繁，但在文献之中却罕见“徐福”二字。又有学者认为，徐福东渡是历史事实，但不是去了日本，而是美洲，因为徐福东渡的时间与美洲玛雅文明的兴起相吻合。台湾前上海暨南大学教授、南京古物保存所所长卫聚贤在《中国人发现美洲》考试，美洲特产40多种动植物矿产为先秦人民所知。如《春秋》记载“六鹢退飞过宋都”，“鹢”即美洲特有的“蜂鸟”。是殷朝被灭国后，部分殷人逃到北美后，回国观光带回6只蜂鸟，齐桓公为纪念此次远征，特在旗上绘制“蜂鸟图”。卫聚贤认为哥伦布在发现美洲之前，已有多位中国人到过美洲，故徐福后来东渡美洲很有可能。吴人《外国图》指出“亶洲去琅琊万里”，根据距离分析根本不是日本，而是美洲。最早记述倭国的《后汉书》是把亶洲与日本区别开来的。“亶”字有大岛的涵义，美洲大陆像“亶”字。故以字形命名。现在檀香山还遗有带有中国篆书刻字的方形岩石，旧金山附近也有刻有中国篆文的古箭等文物出土，所有这些都是徐福东渡美洲的明证。

疑团之二：徐福为何东渡？

关于徐福东渡的原因，据《史记》所言，秦始皇不惜以巨资支持徐福东渡，是为了寻神山仙药，求长生不死药。《十洲记》也这样记载：“秦始皇时，大宛中多枉死者横道，数有鸟衔草，覆死人面皆登时活，有司奏闻始皇。始皇使使者赍此草，以问鬼谷先生，云是东海中祖洲上不死之草，生琼田中，一名养神芝。其叶似菰，生不丛，一株可活千人。始皇于是谓可索得，因遣徐福及童男童女各三千人，乘楼船入海，寻祖洲不返。”

并非所有的言论都支持这种说法，还有不少史书提出了避祸说，《汉书》及《后汉书》中都有相应的记载。《汉书·郊祀志下》这样说：“徐福、韩终之属多赍童男女入海，求神采药，因逃不还，天下怨恨。”《后汉书·东夷传》说：“又有夷洲及澶洲，传言秦始皇遣方士徐福将童男女数千人入海，求蓬莱神仙不得，徐福畏诛不敢还，遂止此洲。”唐代诗人汪遵在《东海》诗也写道：“漾舟雪浪映花颜，徐福携将竟不还。同舟危时避秦客，此行何似武陵滩。”作者把徐福入海不归比作陶渊明《桃花源记》所写的武陵郡渔人避秦乱而移居桃花源之事。南宋祖元和尚为了逃避元代的统治，也东渡到了日本。他有一首祭徐福的诗：“先生采药未曾回，故国山河几度埃。今日一香聊远寄，老僧亦为避秦来。”祖元把自己去日比作徐福避秦。日本新宫市徐福墓碑文也写道：“盖徐生之避秦……”

还有一些人持“海外开发”的观点。他们认为，以秦始皇的雄才大略，绝不会轻信长生仙药之说，他派徐福出海，可能跟海外开发有关。《吕氏春秋·为欲篇》指出了秦国统治者的理想：“北至大夏，南至北户，西至三危，东至扶木，不敢乱矣。”“扶木”就是“扶桑”，即后来所说的日本。秦始皇一再派徐福等入海寻找三神山，绝不是单纯为了采神药，而是为了把东方疆土开拓至日本。

秦始皇统一天下只有 12 年的时间，但是 4 次到东方沿海巡视，这说明他对东方诸岛的极大关注。有的学者说："始皇东巡的根本目的在于实现东至扶木的理想，而徐福探海东渡正是实现始皇理想宏愿的具体行动。"秦始皇曾在琅琊刻石中说："普天之下，抟心揖志。器械一量，同书文字。日月所照，舟舆所载。皆终其命，莫不得意。"又说："西涉流沙，南尽北户。东有东海，北过大夏，人迹所至，无不臣者。"从中可以看出，秦始皇早有吞并日本之意，徐福东渡，或许正与此有关。

疑团之三：徐福的船队从哪里启航？

关于这一点的主要说法有：河北省的秦皇岛和黄骅说，浙江省慈溪和舟山说，江苏省海州（现在的连云港赣榆县）说，山东省登州湾（龙口市黄县）及胶州湾徐山（青岛）琅琊、成山头说。

对于河北盐山县出海说的说法，持这一观点的人认为徐福入海确有其事，无棣沟入海处即徐福入海处，至今犹存的古秦台旧址就是见证。公元前219年（秦始皇二十八年），秦始皇东巡至琅琊，徐福第一次请求入海。因入海地点选择不当，中途受阻而归。公元前 210 年（秦始皇三十七年），秦始皇再次来到琅琊，徐福请求再次入海。他根据秦始皇的旨意，更换了出海地点，在原齐国旧地饶安（今盐山县旧县镇），经无棣沟入海。这次东渡一直未归。

然而，最有可能的一种是琅琊出海说。徐福的渡海求仙，与琅琊的关系最为密切。秦始皇巡视天下曾三临琅琊，其间两次召见徐福。由于他上书地点在琅琊，其出海准备工作和入海地点自然就是琅琊。《史记》这样记载，"（秦始皇巡幸江南），还过吴，从江乘渡，并海上，北至琅琊。方士徐福等入海求神药，数岁不得，费多，恐谴，乃诈曰：'蓬莱药可得，然常为大鲛鱼所苦，故不得至，愿请善射与俱，见则以连弩射之'。始皇梦与海神战，如人状。问占梦，博士曰：'水神不可见，以大鱼蛟龙为候。今上祷祠备谨，而有此恶神，当除去，而善神可致'。乃令入海者赍捕巨鱼具，而自以连弩候大鱼出射之。自琅琊北至荣成山，弗见，至之罘，见巨鱼，射杀一鱼，遂并海西。至平原津而病。"司马迁明确地指出，秦始皇与徐福自琅琊启航北上，绕成山至之罘，射杀一巨鱼后，秦始皇返回至平原津而病，不日逝世。而徐福则自之罘射巨鱼后即远航异域，从中可以看到，徐福船队的启航港应是琅琊港。

迄今为止,仍有众多有关徐福的疑谜无法做出肯定或否定的结论。大海茫茫，徐福东渡之迷，遂成千古悬案。

女皇武则天“神龙政变”始末

清　秋

705年，武则天改年号为“神龙”，这一年就被称为神龙元年。也就在这一年，暮年武则天以非常方式被迫离开了权力竞技场，后人称其中的变故为“神龙政变”。

继承人风波

698年，武则天的身体状况越来越差，群臣奏请武则天召庐陵王李显回京。武则天是女皇，百年之后皇位是传给自己的儿子——李姓的李显或李旦，还是传给同姓的侄子武三思等人呢？在西欧政治上，这可能不是什么大问题，但在封建礼法观念根深蒂固的中国，这是有关国体国运的根本问题。皇帝姓氏的变更意味着王朝的更替：武则天姓武，由武三思等人继承权力意味着武周王朝的延续；如果由李显继承皇位，则意味着武周王朝的结束，李唐王朝的复辟。

现在大臣们集体亮出观点群起请求召回贬放庐陵的李显，这无疑是对武氏政权无声而釜底抽薪的反抗。

武则天花费了比其他帝王要重得多的代价才攀登上权力的顶峰，所以她异常珍惜手中的权力。自从登上帝位之后，她就一直思考着继承人的问题，到了晚年更是时刻没有忘记。在她内心深处，李家和武家难以取舍——跃跃欲试的武三思等人是自己的同姓后代；李显、李旦两个儿子憨厚老实、为人谨慎，而且都做过皇帝，大臣们心中对李唐王朝的感情难以磨灭，依然希望在自己身后天下能够恢复李姓。

随着武则天的病重，皇位继承人问题成为朝野关注的焦点。

当时，武则天有意立武三思为太子，于是询问朝臣是否可行。大臣们面面相觑，不敢回答。狄仁杰却说："天下百姓依然思念唐朝。之前北方出现边警，陛下派遣梁王武三思去民间招募勇士，一个多月时间召集了不到 1000 人。后来又让庐陵王李显去招募士兵，没几天就招募到了 50000 人。如果要选择继承人，非庐陵王莫属。"武则天听罢大怒，拂袖而去。

后来，武则天又向大臣提问："朕常常梦见双陆不胜，做何解释？"在场的狄仁杰和王方庆同时回答说："双陆不胜是无子的意思。这是天意在警告陛下！太子是天下的根本，根本动摇天下就危险了。陛下君临四海已经有十多年了，现在想立武三思为太子。姑侄与母子关系，哪个更亲？陛下立庐陵王为太子，则千秋万岁之后常享宗庙，立武三思为太子，宗庙中就没有陛下这位姑母了。"武则天终于有所感悟。

长安元年（701 年）九月，武则天终于派遣徐彦伯迎庐陵王回长安。李显到长安后，武则天将他藏匿在帐中，再次召见狄仁杰，故意商量立太子的事情。狄仁杰敷请切至，涕泪俱下，请求迎立李显。武则天这才将李显召唤出来，说："还给你太子！"狄仁杰下拜顿首，转悲为喜说："太子虽然回来了，可大家还不知道，人言纷纷，怎么取信他人呢？"于是武则天又安排李显公开出现，大礼迎还，朝野大悦。

担忧武家后事

被流放多年的李显突然间又成了太子，回归了政治舞台的中心。

回到长安后，李显除了继续夹着尾巴做人外，变得聪明了许多，他决心将自己"改造"成武家人，向武家靠拢。他将一个女儿（永泰郡主）嫁给了武则天的侄孙武延基，成了魏王武承嗣的儿媳，又将另一个女儿（安乐郡主）嫁给了武则天的另一个侄孙武崇训，成了梁王武三思的儿媳。李显与武家联姻是想通过子女关系稳固自己的地位。武则天内心中最留意武家和李家两家人在自己死后的关系，现在有意扶为继承人的李显主动与武家搞好关系，让她十分满意。

武则天已经提前为身后事做准备了。她环顾四周，最放心不下的还是武家的子孙。她已明确了李显的继承人地位，但怎么安抚武家人的情绪，怎么确保武家人日后的安全和权威呢?

之前北方边界的契丹部落起兵反叛，部落首领自号可汗，这只能算是一场小叛乱而已，然而，武则天却任命多个武家子弟为将，采取了大张旗鼓的方式平定叛乱。虽然许多大臣对此事颇有微词，但武则天还是迅速调集大军托付武家子弟出发征讨。平叛事小，借平叛为武家子弟聚拢实力，树立军功事大，此时的武则天隐约为身后武家子弟的命运担心了，她希望李家和武家能够和睦相处，同保富贵。

晚年的武则天在潜意识中有两个隐约的判断是正确的：第一，她准确认识到自己死后武周王朝将被颠覆，李氏皇族将复辟唐朝。第二，她意识到了武家子弟的权力基础完全建立在自己身上。自己死后，在群臣中名声不佳的武家子弟失去了权力保障，命运堪忧，最坏的结果是：武周王朝被颠覆，武家子弟也落得个身死族灭的下场。

为了避免这样的结果出现，最起码要保证武家子弟的安全，武则天要抓住任何机会来确保这样的目标，要抓紧有限的时间进行政治布局。但是，武则天的布局被两个男宠张易之、张昌宗严重破坏了。

张易之与张昌宗二人倚仗女皇的宠信，专权跋扈，朝廷百官都畏之如虎，甚至连武则天的子侄们都争相给张易之执鞭辔，叫他五郎而不敢直呼其名。同样的，他们的行为也引起了许多人的不满。

李显的儿子李重润、永泰郡主兄妹俩暗地里讨论二张专政，不想被张易之的耳目侦知，张易之添油加醋向武则天进谗言。武则天不仅责骂太子李显，还严令李显鞫问子女，万般无奈的李显只得逼令儿子、女儿自缢。接下来，张氏兄弟又将永泰郡主的丈夫、魏王武延基下狱逼死。这样一来，张氏兄弟将李家和武家子弟都给得罪了，李显、李旦、太平公主和武家各子弟在反对张易之兄弟一事上很快达成了共识，他们开始串联往来，暗中进行秘密磋商。

张易之兄弟并非政治白痴，为什么会下出这样的臭棋呢？其实，既然权力能够扭曲人性，自然也能让人丧失理智和判断力。张氏兄弟就属于这样的情况。他们将自己放在了李、武两家的对立面，丝毫不考虑张家在武则天死后的命运。

政变集团形成

武则天对张易之兄弟的身后事并不关心，他们对她来说只是男宠，不需要被安排什么出路。武则天在忙什么呢？她要为自己身后挑选合格的丞相。

武则天挑中的人是因功进封为汉阳郡王的张柬之。《张柬之传》中载：“及诛张易之兄弟，柬之首谋其事。”武则天精挑细选的辅政丞相竟然成了神龙政变的主谋，不知道是武则天看走了眼，还是历史的必然性使然？

张柬之能够成为丞相，在很多人看来是个奇迹。张柬之虽然能力出众、资历老，但在神龙元年的时候已经80岁了。80岁的老人在现在也算是高寿，在唐朝的时候简直就是“人瑞”了。选择张柬之处理后事，武则天看重的可能是他的政治经验和政治抱负——张柬之任职官场多年，人脉广、经验足、懂技巧、具备应对乱政的能力。

张柬之虽老，却一直感叹年华易逝，渴望着建功立业的机会。所以，刚一担任主政大臣，他就急不可待地要有所作为了，而且一出手就是大手笔。

张柬之心怀李唐王朝，希望通过复辟李唐王朝来扭转武周的乱象，救世济民，也使自己垂名青史。他已经80岁了，必须抓紧时间行动，所以他很快就联系了若干正直的大臣和部分羽林军将领，出面组织、策划了铲除二张、复辟唐朝的计划。在所有的计划方案中，李唐遗脉、太子李显的配合是至关重要的，李显出面不仅可以成为政变的号召人，同时他也是日后最理想的皇帝人选。

于是，张柬之暗中找到李显商议。李显经过片刻的犹豫，同意参与政变。一向懦弱怕事的李显为什么同意参与政变呢？因为在诛杀张易之兄弟的问题上，他和大臣们的利益是一致的，而大臣们拥立他复辟唐朝的远景也唤醒了埋藏在他心中的荣誉感和责任感。

至此，一个以李显为名义首领、张柬之为主谋的政变集团迅速形成了。

女皇无奈归政

长安四年（704年）十二月，80岁的武则天因病避居迎仙宫。

武则天的病情很严重，迎仙宫中只有张易之、张昌宗侍奉左右，外人不得进入，甚至连宰相也难见她。张柬之和桓彦范、敬晖等大臣决定乘机诛杀张易之，逼病重的武则天让位，复辟唐朝。张柬之利用职权迅速安排桓、敬二人担任羽林将军，掌握禁兵，为政变提供保障。当时皇太子李显在北门起居，桓彦范和敬晖利用禁军将军身份拜谒李显，密陈政变计划，得到太子的赞同。

神龙元年（705 年）正月，武则天在迎仙宫的消息越来越少，政变集团决定就此发难。张柬之、桓彦范、敬晖联合左羽林将军李湛、李多祚，右羽林将军杨元琰、左威卫将军薛思行等人率左右羽林官兵 500 余人向宫中进发，其中李湛、李多祚二人前往东宫迎接皇太子李显。李显毅然出宫，走到了羽林军的前头。一行人走到玄武门时，官兵们看到太子出面，山呼万岁，张柬之、桓彦范等人就簇拥着李显冲向迎仙宫。在宫门口，守卫与之发生了小规模冲突，但众人簇拥着李显轻易斩关而入。

当时，武则天正在迎仙宫的集仙殿养病。张易之、张昌宗二人在集仙殿内听到外面喧嚣，拿着兵器出来观看时，被汹涌而来的羽林军将当场杀死，其同族兄弟也分别被杀。

却说殿内的武则天听到外面人声嘈杂，心知有变，于是撑起病体出来察看。看到张氏兄弟横尸廊下，张柬之等人持剑而来，她大致知道了情况。武则天毕竟是一个政治老手，只见她缓缓地坐回到病床上，聚敛精力厉声问道："何人作乱？"张柬之推拥着李显，并示意武士们拥到武则天病床前，说："张易之、张昌宗谋反，臣等奉太子令入诛二逆，怕计划漏泄，所以事先没有禀报皇上……"

武则天强硬地打断张柬之的话，怒目瞪着李显，喝问："这是你的主意吗？你怎么敢这么做？现在张家两兄弟已经伏诛了，你还不快回到东宫去！"

张柬之同样强硬地回答："太子不能再返东宫了。以前高宗皇帝将太子殿下托付给陛下，现在太子年纪已长，天意人心都归顺太子。臣等不忘太宗、高宗皇帝的厚恩，所以奉太子诛贼，请陛下立即传位太子，上顺天心，下孚民望。"

武则天这才明白张柬之此行不单是为了诛杀张易之兄弟这么简单，而是冲着自己的皇位而来。突然间，她感觉到一阵晕眩，没有精力再跟儿子和大臣们理论了，只能默默地低下头。

见此情形，张柬之俯身跪下，朗声说道："谢皇上恩准！"

神龙政变的血腥气只停留在当天的张氏兄弟之死上，张柬之和李显并没有大开杀戒。病中的武则天得到了妥善安置，她被迫将国政交给李显监国，并在不久之后禅位给李显，成了“大圣皇帝”。

一年后，武则天逝世前，朝廷适时公布了武则天的遗制。武则天在遗制中说要“祔庙”、“归陵”，也就是主动要求归附到李唐的宗庙，与丈夫高宗的陵墓合葬；她还主动要求去掉帝号，改称“则天大圣皇后”。

太平公主差点当了“武则天第二”

晓 波

太平公主在中国历史上的声名，不仅仅因为是中国历史上第一个女皇武则天的女儿，而且几乎真的成了“武则天第二”。其实，太平公主一生很不太平，她的血管里流动着的是她那极不安分的母亲的血液。她虽不乏心机和才干，也曾纵横捭阖得意于一时，但终未能承传母志，位列九五，只是在史书上留下许多五颜六色的斑痕而已。可以说，她的命运，在成为武则天女儿的那一天起，就注定了。

下嫁薛绍

唐高宗开耀元年（681 年），高宗李治和武则天最小的女儿太平公主下嫁薛绍。这时太平公主大约十七八岁。薛绍的父亲薛瓘也是驸马，母亲是唐太宗的女儿城阳公主，因此，薛绍其实是唐高宗的外甥。婚礼是长安城里自古以来最为煊赫的婚礼，以至于这场婚礼过后，诞生了一个著名的典故——“燎炬枯槐”，火炬把路边的槐树都给熏死了。

这桩婚事唯一的反对者竟然是太平公主的母亲武则天。武则天嫌弃薛绍的长兄薛顗的妻子和二哥薛绪的妻子都不是贵族出身，抱怨说：“我的女儿怎么能够和田舍女成为妯娌呢！”在别人的劝说下，武则天才勉强同意，但是也为薛家兄弟日后的命运埋下了伏笔。

太平公主虽然贵为帝女，但童年时遭到的一次强奸事件却给她的一生留下了阴影。武则天的外甥贺兰敏之是一个混蛋，仗着自己貌美，竟然和武则天的母亲杨氏通奸，还曾逼奸过太子妃。太平公主常常去姥姥家玩，不仅随从的宫人悉数被贺兰敏之奸污，甚至连表妹太平公主都遭到欺凌。后来东窗事发，武则天得知后大怒，贺兰敏之被发配到雷州（今海南岛），半路贺兰敏之用一根马缰绳自缢而死。这件事给太平公主造成的影响很大。

初涉“政坛”

太平公主和薛绍婚后生有二男二女，生活平静，没有卷入大事变之中。直到 688 年，武则天策划以周代唐，开始兴起大狱，欲尽除李姓宗室。

豫州刺史越王李贞和博州刺史琅邪王李冲不甘束手就缚，起兵讨伐武则天，但准备不足，兵力不够，很轻易地就被剿灭了。济州刺史薛顗在李冲起兵后，为他制造兵器并招募兵员，事败后被武则天下狱。太平公主和薛绍的婚事武则天本来就不满意，此时趁机罗织薛绍、薛绪的罪名，指控薛家三兄弟参与了李冲的密谋，薛顗、薛绪立即诛杀，薛绍因为是驸马的缘故，杖打一百，关进大狱中饿死了事。

太平公主成了寡妇公主。对于自己这个心爱的小女儿的归宿，武则天煞费苦心。先是想把她再嫁给武承嗣，但武承嗣体弱多病，加上名声不好，太平公主不愿意。

武则天不放心把天下归为李姓，虽然把中宗李显重新召回来做皇太子，但让他改为武姓，然后让李姓和武姓两家联姻：侄孙武崇训娶李显的女儿安乐公主为妻，侄孙武延基娶李显的女儿永泰公主为妻，侄孙武延晖娶李显的女儿新都公主为妻。最重要的是让太平公主下嫁给侄子武攸暨。

天授元年（690 年），时任右卫中郎将，“沉谨和厚，于时无忤”的武攸暨被武则天看中，要从侄子晋升为驸马。可是武攸暨乃是有妇之夫，武则天遂派刺客刺杀了武攸暨的妻子，令他娶太平公主为妻。不仅如此，武则天还让太平公主“预谋议”，参与朝政大事的决策，以至于“二十余年，天下独有太平一公主，父为帝，母为后，夫为亲王，子为郡王，贵盛无比”。

这一年七月太平公主和武攸暨成亲，九月，武则天就改唐为周，自己正式做起了中国第一任女皇。从此后，太平公主开始卷入政治斗争。

诛杀奸逆

太平公主小试身手，是诛杀武则天的男宠薛怀义和张易之、张昌宗兄弟。

薛怀义本名冯小宝，身高力壮，有膂力，原是一个贩卖女人梳妆台上的脂粉等物的小商贩，偶然的机缘结识了高宗千金公主，共赴巫山云雨之后，千金公主为了取媚于武则天，遂将冯小宝进献，说："小宝有非常材用，可以近侍。""非常材"就是指男人的本钱很大的意思。侍寝后武则天非常满意，为了便于出入宫中，让冯小宝剃度为僧，将白马寺修葺一新，冯小宝任住持。因为冯小宝不是士族出身，又把冯改姓薛，与驸马薛绍合族，而且让薛绍以叔父称呼薛怀义。自此，薛怀义恃恩骄横，右台御史冯思勖弹劾薛怀义的手下犯法，薛怀义竟然在路上拦截冯思勖，派随从将他打个半死。武则天又把在宫中督造明堂和天堂的工程交给薛怀义，这可是一项肥差，薛怀义极尽奢侈之能事，将这两项形象工程建造得富丽堂皇。武则天大悦，居然派他率军去和犯边的突厥作战。

武则天后来有了新的男宠，薛怀义吃醋，派人焚毁了他亲自督造的明堂和天堂。直到薛怀义在白马寺选取有膂力的白丁剃度为僧，达千人之多，朝中大臣纷纷弹劾的情势下，武则天也怀疑薛怀义怀的不是"义"，于是授意太平公主招募身强力壮的健硕妇人数十人，日夜守护在身边。一天有人告密说薛怀义即将谋反，武则天遂将薛怀义招进宫，以太平公主的乳母张夫人为首的娘子军突然发难，捆缚薛怀义，随后吊死了他。这是太平公主立下的第一功。

张易之、张昌宗兄弟是武则天晚年最受宠的两个面首。705年正月，武则天病重，连宰相张柬之都累月不能见面，唯有张易之兄弟侍疾。张柬之联合朝中重臣、羽林军首领，并太子李显，相王李旦，预谋诛杀二张。太平公主因为张昌宗诬陷流放了她的情人高戬，也参与其事。

张柬之和右羽林卫大将军李多祚等人拥着太子，率领左右羽林军500余人，至玄武门，斩关而入，在武则天所居的迎仙宫外斩杀了二张，随即一拥而入长生殿中，逼武则天退位，武则天无奈，只得下令传位于太子李显。

李显登基后，太平公主因为参与诛杀二张的行动，进号为镇国太平公主，食邑增加到5000户，后来又增加到了10000户。

助李隆基

尽管大臣数次上谏，请求肃清武姓的残余势力，中宗李显却一概不听，反而提拔了他的“儿女亲家”武三思，又重用武则天的亲信上官婉儿。上官婉儿和武三思私通，又把武三思引入禁中，同样成为韦皇后宠幸之人。

因为太子李重俊不是韦皇后所生，因此韦皇后非常厌恶太子；上官婉儿和武三思为了推尊武姓，也常常诋毁太子；安乐公主和驸马武崇训更是恃宠而骄，欺凌侮辱太子，甚至呼太子为“奴”。太子忍无可忍，于景龙元年（707年）发动兵变，诛杀了武三思和武崇训，紧接着闯入宫中，捉拿上官婉儿，最终兵败，太子逃亡途中被左右所杀。

除掉了太子，韦皇后和安乐公主最大的政敌就是相王李旦和太平公主兄妹了。太平公主也积极结交大臣和豪杰之士。两大集团紧锣密鼓，做好了充足的准备。

710年，韦皇后和安乐公主派人在进献给中宗的饼中下了毒药，毒死了唐中宗，立16岁的李重茂为帝，是为唐殇帝。韦皇后模仿武则天，打算先是临朝摄政，继而密谋害死李重茂，自己母仪天下。最先要对付的人，当然是相王李旦和太平公主。

事态紧急，李旦的儿子李隆基和太平公主密议，太平公主令自己的儿子薛崇简跟随李隆基。李隆基联合兵部侍郎崔日用、宝昌寺僧普润、前朝邑尉刘幽求、果毅都尉陈玄礼等人，欲打着李旦的名义先发制人。共谋者劝李隆基先禀告相王李旦，李隆基的理由是：先禀告父亲，父亲如果答应，则父亲也将亲身参与这一密谋，政变不成功则要危及父亲的性命；如果父亲不答应，那么李隆基就无法发动政变。

其实，李隆基分明是得到了太平公主这个强援之后，决心放手一赌。政变胜利后，李重茂被立为皇帝。紧接着李隆基和太平公主胁迫李重茂将帝位禅让给相王李旦，是为唐睿宗。禅让那天，太平公主亲自出马，对李重茂说：“皇帝欲以此位让叔父，可乎？”李重茂怎敢不从？果然，太平公主上前对仍坐在御座上的李重茂斥道："天下之心已归相王，此非儿座！"这已经不是你的座位了！丰硕的太平公主提起李重茂的脖领子将他揪下了御座。

李隆基掌有兵权，李成器主动推辞太子之位，李隆基如愿以偿坐上了太子的宝座。

富可敌国，赐死府第

童年的阴影早就在太平公主身上产生了影响，武攸暨活着时，太平公主就有几个情人；武攸暨死后，太平公主更加肆无忌惮，不仅和中书侍郎崔湜私通，甚至和胡僧惠范鬼混，惠范仗着太平公主的势力，罗致了万贯家财。

太平公主权势煊赫，太子李隆基感受到了巨大的威胁。两个新的政敌集团形成了。

宰相宋璟和姚元之记着武则天和韦皇后的前车之鉴，深恐太平公主干涉朝政，向睿宗建议将太平公主迁居东都洛阳。太平公主听说后大怒，认为是李隆基的幕后主使，当面质问李隆基。李隆基不敢贸然发难，只好牺牲宋璟和姚元之，二人因此被贬为外官。

唐睿宗在位仅仅 3 年，于 712 年传位于太子李隆基。第二年，太平公主积极联络追随她的大臣和禁军将领，准备废掉李隆基。李隆基每天清晨服用一剂天麻磨成的粉滋补身体，太平公主遂买通宫人，预备在粉中下毒。

李隆基当年七月联络忠于自己的大臣（其中包括宦官高力士）先发制人，一举诛杀了禁军将领常元楷、李慈和参与密谋的大臣，太平公主逃入深山寺院，3 日后被抓捕，在公主府第被赐死，余党尽皆诛灭。太平公主的儿子中，只有薛崇简曾经劝说过母亲，得以免死，3 年前刚刚病死的驸马武攸暨的墓也被平毁。抄家时，发现太平公主富可敌国。

以政变始，以政变终，历史循环论的老套路一次一次上演，无始无终。

梁山好汉的历史真相

忆江南

经典名著《水浒传》为我们描绘了一幅一百零八位好汉啸聚梁山水泊，对抗昏庸朝廷，大碗喝酒，大块吃肉，风风火火闯九州的壮阔画面，令人热血沸腾，心潮澎湃。可惜的是，后来梁山好汉在宋江的带领下接受了皇帝的招安，他们北破辽国，却因谗言而徒劳无功，南征方腊结果是同类相煎损兵折将，十停只剩三停，而宋江等更是被毒身亡，冤死异乡。

《水浒传》家喻户晓，影响深远，以至于不少人将其误作历史来看，实际上，其中的绝大多数内容是作者虚构的。那么，历史的真相又是怎样的呢？

历史上的梁山好汉并没有《水浒传》中那么多，只有36位，大体与一百单八将中的36颗天罡星相当，这36人逼上梁山的情形恰恰是一百单八将群雄聚义归水浒的缩写本或袖珍版。

故事的发生是这样的。

话说大宋宣和初年，道君皇帝徽宗赵佶在赏遍了书画珍宝，盖尽了殿宇楼台，玩腻了变法游戏之后，忽然对江南的奇石异草产生了莫大的兴趣，一道圣旨下去，贪官污吏们就没头苍蝇似的忙活起来了，于是，一个历史名词应运而生——花石纲。

所谓花石纲就是当时专门运送奇花异石以满足徽宗皇帝喜好的大型船队，一般是10艘船称为一“纲”。当时指挥花石纲运输的是在杭州特设的“造作局”和在苏州特设的“应奉局”等，这些局的官员奉皇上之命对东南地区的珍奇文物进行搜刮。花石纲所过之处，当地的百姓必须供应钱谷和民役，有的地方为了让船队通过甚至要拆毁桥梁，凿坏城郭，因此徽宗的这一爱好让江南百姓苦不堪言，据《宋史》记载，花石纲之役，“流毒州县者达二十年”。花石纲最终成了激起方腊起义的重要原因之一，同时，也是梁山好汉聚义造反的一个起因。

当时，负责花石纲的最高一级官员是一个叫朱勔的家伙。此人原本是个二流子，因为臭味相投成了蔡京童贯的狐朋狗友，就一路扶摇直上，当上了苏州“应奉局”的一把手，开始了欺压安善良民，搜刮民脂民膏的贪官生涯。

又一批花石纲筹备完与毕了，朱勔差遣杨志、卢进义（卢俊义原型）、林冲、王雄（杨雄原型）、花荣、柴进、张青（张清原型）、徐宁、李应、穆横（穆弘原型）、关胜、孙立 12 人为指使，率人前往太湖等处搬运。这 12 人意气相投，惺惺相惜，就对天盟誓结成了异性兄弟，不能同年同日生，但愿同年同日死。当杨志等 11 人押送花石纲到达颍州（今安徽阜阳市）时，孙立却因故落在了后面，作为带头大哥的杨志就让卢进义等人先行进京，自己留下来等待孙立。

日子一天天过去，孙立却一直不见踪影，而杨志的盘缠已经用完了。无奈之下，杨志给祖传宝刀插上草标，抱到街市上去卖，以便换些钱填饱肚子，付清店钱，充作路费。

俗话说，人倒霉了喝凉水都塞牙，这事就让杨志给碰上了！颍州城里的有名恶霸看上了杨志的宝刀，就想夺走，杨志大怒，手起刀落，恶霸的脑袋瓜子就咕噜噜在地上滚起来了。

颍州知州大笔一挥，被迫杀人的杨志脸上刺字发配卫州（今河南卫辉市）。孙立赶到颍州时，杨志刚刚动身去了发配之地，他快马加鞭直奔京城汴梁，和卢进义等人商议如何拯救杨大哥。当杨志在解差的押送下到达黄河岸边时，卢进义带领 11 个弟兄从天而降，杀掉解差，救下了杨志，而后，12 位好汉打马上山落草为寇去了，不过，他们去的不是梁山，而是太行山。

宣和二年五月，北京大名府留守梁师宝（梁中书的原型）派县尉马安国一行人押送 10 万贯金珠、珍宝、奇巧缎物赶在六月初一之前到京城给太师蔡京上寿。消息很快传到了晁盖等人的耳中，他们就想劫下这笔不义之财，于是，晁盖、吴加亮（就是吴用）、刘唐、秦明、阮进（就是阮小二）、阮通（就是阮小五）、阮小七、燕青来了个八星聚义，确定了智取生辰纲的时间地点和行动计划。

当马安国一行走到五花营堤上田地里时，早已埋伏在此地的 8 位好汉，智力暴力并用劫走了价值连城的蔡太师的生日礼物。郓城知县尹大谅闻听此事，吓得出了一身白毛汗，连忙换了便服带着几个便衣警察到五花营附近微服私访，寻找线索，最终，他们在前村的“酒海花家”查到了生辰纲的蛛丝马迹。尹知县回到县衙后立刻命令董平带领30名兵士前往石碣村追捕晁盖等人。

但董平还没出发，县衙里的另一个人已经翻身上马奔石碣村而去，这个人就是宋江，他是晁盖的好友。有了宋江的报信，晁盖等人得以顺利逃脱，等董平带人赶到时，已是人去屋空。

宋江正暗暗欣喜自己神不知鬼不觉地做了一件滔天大事时，没想到后院却起了大火，他的女人阎婆惜给他戴上了一顶绿帽子，姘夫名叫吴伟。一天，正当阎婆惜与吴伟在床上卿卿我我，缠缠绵绵时，碰巧宋江回来了，这个怒发冲冠的矮个子男人，二话不说，拿起一把刀冲了上去，“咔嚓”两声砍下了那对奸夫淫妇的脑袋。

杀了人的宋江不得不走上了逃亡之路，他也来到了晁盖等人占据的水泊梁山。

逼上梁山之后，宋江凭着自己的恩德、人品和能力，很快成了梁山泊义军的领导人。他率领梁山泊义军转战南北，攻城夺县，力量日益增强，义军所到之处，杀贪官，除恶霸，打土豪，分田地，深受贫苦人民的拥护和爱戴。梁山泊义军的影响越来越大，并与太行山义军遥相呼应，附近的官兵闻风丧胆，就连当初缉捕晁盖等人的武警队长董平也反水上了梁山。

既然梁山泊周围的官兵已是惊弓之鸟，北宋政府只得从京城派来精兵良将征讨梁山泊义军。将门之后呼延绰（就是呼延灼）是这次围剿的主将，副手是刚刚改邪归正的海盗船长张横。

可惜这两个外来的和尚也念不好经，屡战屡败，但他们的确够坚强，屡败屡战，最后，道君皇帝的忍耐突破了极限，发出了最后通牒，然而结果却并不是皇帝老倌期望的破釜沉舟背水一战，而是呼延绰和张横反叛朝廷了，宋徽宗气得直骂。

很快,水泊梁山又添了不少新头领,领军人物达到了36名,这36人横行齐魏，官军数万无敢抗者，于是民间有了这样的说法：来时三十六，去后十八双。若要少一个，定是不还乡。

后来，梁山泊义军不幸在海州（今江苏连云港市）陷入了北宋名将张叔夜大军的包围圈，在突围失利和张叔夜循循善诱的情况下，宋江带领义军归顺了朝廷。北宋政府虽然没有背信弃义地杀死义军将领，但对他们并不放心，为了防止义军死灰复燃，朝廷把 36 人分派到各地做官，轰轰烈烈的梁山泊起义就这样失败了。

梁山泊起义几十年后被写入了《大宋宣和遗事》，而这本书中的梁山泊故事就是长篇白话小说《水浒传》的雏形。

李自成进京究竟做了哪些“错事”

梅 毅

刘宗敏不买哥们“皇上”的账，毒刑“追赃”明臣

李自成的农民军势如破竹，攻入北京后，他命人遍索皇宫，发现大内府库中只有黄金 17 万两，白银 13 万两，骇异之下，失望至极。本来，他“建国”之后，依理应该大赏将士，如今金银缺少，如何是好！

在刘宗敏等人撺掇下，李自成下令“追赃”。最早向大顺军“献财”的，乃大太监曹化淳，他一出手就是 5 万两白银，让李自成高兴了一把。

三月二十日，新朝“宰相”牛金星发布文告：“各官俱有次日朝见。朝见后，愿去者，听之。敢有抗违逆令者，斩！”

转天，李自成等人坐于朝堂，牛金星手执花名册，一一点名。李自成坐一会儿就不耐烦，与刘宗敏起身离去。忽然间，农民军中有传令：“前朝犯官俱送刘宗敏将军处听候发落。”于是，这大批人被驱赶至刘宗敏处。

结果，刘宗敏根本不审，也不问，只让人传令：“以官第献银，一品必须献银累万，以下必须累千。痛快献银者，立刻放人；匿银不献者，大刑伺候。”

一时之间，棍杖狂飞，炮烙挑筋，挖眼割肠，北京城内四处响起明朝官员的惨嚎之声。同时，城中富民不少人也被加以拷掠，平民的薪米尽被农民军抢掠以供军用。城内饿尸遍地。

李自成也觉有些过分，对刘宗敏等人讲：“你们为何不帮助孤王做个好皇帝？”

刘宗敏马上顶他一句：“皇帝之权归你，拷掠之威归我，你别废话！”

李自成默然。甭看刘宗敏的官衔只是“制将军”，不是“太尉”、“大司马”什么的，其实他几乎与李自成平起平坐，根本不买这位哥们“皇帝”的账。

初入京城纪律严明，但随后军纪日益败坏

官员中首遭掠死的，竟然是率三大营兵士在京城外最早投降的明朝国戚、襄城伯李国桢。

这个贼臣，是崇祯帝末期最受宠信的臣子。李自成在北京城外初见李国桢，就没一丝好印象，呵斥他说：“汝受天子重任，信宠逾于百官，依理应该死国，厚脸来降，汝欲何为？”马上就令人把他绑个严实，根本不理他的痛哭哀求。

刘宗敏首先刑拷于他，小火燎烧，大板痛砸，折磨一夜，终于让这位李爷极痛而死。

大学士魏藻德，明朝状元出身。单独囚于一黑屋中。这魏大人隔门缝乞求：“新朝如欲用我为官，就把我放出来吧，别把我锁在这里。”这一来，反而提醒了刘宗敏。

刘宗敏把魏藻德提入厅堂亲自审问，首用夹刑，边夹边问：“汝居首辅，何以乱国如此？”

魏藻德边嚎边答：“我是书生，不谙政事，先帝无道，遂至于此。”

刘宗敏大怒：“汝以书生擢状元，为官二年即升首辅。崇祯何处对不起你，竟敢诬他为无道昏君！”

于是，刘将军扇了他数十大嘴巴。士兵见状，夹棍猛扯，老魏十指皆断，疼痛之下大呼：“我有一女，愿献给将军为妾！”刘宗敏唤人立取其女，奸污后送入军营，听凭军士享用。

但是，对于献女的老魏，刘宗敏更加不屑，严命兵士加紧拷掠。一共“伺候”了6天6夜，最后魏藻德脑袋被刑板夹裂，脑浆流出而死。

明朝的翰林、科臣这些清贫官员最倒霉，他们家中油水实在拿不出，多被刑掠而死。

经过数天拷掠，李自成军共得银7000多万两，均让工人重新熔铸成巨大的中间有孔窍的方板状银板，以便于运输。7000万两真不是小数。崇祯帝10多年

加饷摊派，从民间得银不过2000万两，结果导致民心涣散而亡国。李自成在京城榨银7000万，酷烈可知。

大顺军初入城的前10天左右纪律严明，士兵犯抢劫及强奸罪的被钉死剐杀了数百人。只是随着时日推移，农民军军纪日益败坏。

得知父亲被夹拷，吴三桂大怒，向清军"借兵复仇"

四月中旬，听闻山海关吴三桂"造反"，李自成坐不住。他想让刘宗敏、李锦率军出征，但二将耽于京城内的淫乐享受，摇头不应。无奈，李自成只得"亲征"。

四月十九日，李自成早晨发兵。随行人中，除七八万精兵外（号称20万），还有吴三桂父亲吴襄以及崇祯帝3个儿子。

1644年初，皇太极已死。主持清廷政局的多尔衮听说李自成在西安建"大顺"，立刻派人前去联络，提出要"并取中原，同享富贵"。李自成没有做出反应。

松山败后，明廷并未严处败逃的吴三桂，仅名义上降其三级，仍然派他固守宁远。崇祯十六年（1643年），他还率兵多次击败清军的进攻，并多次拒绝其舅父祖大寿替清军对他的"招降"。

农民军兵临北京城下，明廷下诏吴三桂弃宁远回援京师，他于三月十六日抵达山海关。三月二十日到抵丰润，却听说农民军已经在前一天攻破北京城。

李自成派人持檄招抚，表示吴三桂归大顺后"不失封侯之位"。北京城内的吴三桂父亲吴襄为全家性命打算，也"语重心长"亲笔写信来劝（也可能被农民军所逼）。

犹豫间，吴三桂得知了大顺军在北京拷打明朝官员追赃之事，大失所望。不久，当他得知自己父亲也被夹拷，愤怒至极，决定不再入京，怕自入罗网后父子遭杀戮。后人总是渲染吴三桂爱妾陈圆圆被刘宗敏抢掠奸污之事是他"冲冠一怒为红颜"、叛李自成的主要原因，其实这只是次要原因。

吴三桂与李自成撕破脸，不是即刻降清，而是以大明孤臣的身份，向清廷"借兵复仇"。

多尔衮接到吴三桂密信，大喜过望，立刻直奔山海关而来。同时，他写信给吴三桂，许以"裂土封王"，要对方投降，而不是"借兵"。

李自成听说吴三桂与清军搭上线，不敢怠慢，派出降将唐通与白广恩先率骑兵赶至抚宁县东南的一片石，而他自己则率主力布阵干石河（今秦皇岛燕塞湖水库）。

吴三桂苦战不支，优势清兵杀出，农民军大败

此时，多尔衮及部下均心有疑惑，一怕吴三桂骗人，二是清军从未与李自成交过手，心中没谱。于是，清军先拿唐通一军开练，首先在一片石打败了这批为数不多的前“官军”与农民军混合的部队。

惶急之下，四月二十二日清晨，吴三桂本人亲自出关，驰奔欢喜岭上，拜见多尔衮。

多尔衮拉着吴三桂的手说：“君为故主复仇，大义可嘉。我今次领兵入关，严令大军遵纪。望君告知关内士民，万勿惊慌。”

吴三桂“感动”之余，忙与多尔衮盟誓，宰马杀牛祭天地，表示谁违约谁就不得好死。

多尔衮仍不放心，又让吴三桂剃发。吴三桂只得和手下几个高级军官立刻剃发、称臣。明军四五万人来不及一时全剃发，多尔衮就让他们先在身上缠白布条作记号。白布不够，明兵们用裹脚布扯下当记号。由此，混战之中，清军见身上裹白布的汉人就知为“盟军”不杀。

于是，吴三桂下令开山海关门。清军不费一兵一卒，由明兵自己打开了百万雄兵难以攻克的险关。

吴三桂哀兵，自为前锋。农民军有“主上”亲征，个个当先。斗至中午，毕竟农民军实力占上风，吴三桂已呈败相，明军被杀过半，勉强支撑。

关键时刻，清军号角声响起，两三万戴斗笠拖大辫的清军劲骑忽然呐喊着杀奔而来。

李自成吓得差点从马上掉下来，他低喊了一声“鞑子来啦”，掉转马头就跑。“主上”跑了，大家皆失主心骨，立刻掉头也跑。兵败如山倒。明军与清军合击，一路追杀，二三十里间，很快堆满了数万被杀的农民军尸体，据说暴骨3年后都收拾不净。

李自成仅剩数千残卒，败退永平，为泄愤，他下令剐杀吴三桂他爸吴襄，把首级悬于高杆之上。小喘片刻，他急忙遁回北京。

九宫山下，李自成被山民砍死

四月二十六日这天，李自成率残兵遁回北京。

这些败兵入城后，皆知末日将至，完全丧失纪律，开始在北京城内烧杀奸掠，备极惨毒。

李自成入城后，第一件事就是派人把吴三桂全家 34 口尽数剐杀。

转天一早，李自成即在武英殿举行正式“登基礼”，头戴冠冕，受“百官”朝贺。第二天一大早就匆忙离京，向西奔逃。自入城到离京，“大顺”政权仅存在了 42 天。

五月二日，多尔衮率清军抵至北京。他吸收李自成的失败教训，四处张榜，表示说无论是谁，只要降顺大清，官复原职不说，还要加官晋爵，新有封赏。这一来前明官员大悦，个个弹冠相庆。

此时各地的李自成部队，仍旧有数十万之多。他本人率残兵一路经太原、平阳，返掠西安，把大部队留守于山西、河南一带抵御明清联军。

回到西安后，李自成精神萎靡，半年内基本没什么大动作。

1645 年正月十二日，守潼关的李自成部将马世耀投降。转天，他与 7000 名农民军均被屠杀。

困愁于西安的李自成闻讯灰心，西北看来是待不住了。临撤退时，他下令部将田见秀把西安城内所有建筑和仓库烧毁。幸亏这位田将军还算有人性，只点燃了东门楼和南月城楼，为西安百姓留下了御寒的房屋与粮食。

李自成打不过清军，却渡过长江，在荆河口大败左良玉部明军，武昌、襄阳均落入李自成之手。他准备攻取南京。但清军追至武昌，李自成只得弃城接着逃。

四月下旬，在江西九江附近的一次大战中，农民军大败，数万人被杀，李自成的两个堂叔以及大将刘宗敏皆被俘后剐杀。

李自成身边仅剩下万把人。五月初四这天，农民军大队人马行至湖北通山县境。李自成胡乱吃了几口，就率 28 名亲兵在附近九宫山一带转悠，一来消遣愁绪，二来察看地形。

附近的山民听说有“贼人”到,就纠集了数十人来杀。这些老实巴交的农民，多年遭“流贼”之害，最重要的是，他们根本不知道有数千农民军在附近，只以为是一股小部队，故而有胆上来厮杀。

李自成手下人马立刻惊散。仓猝之间，李自成拍马就跑。

逃到牛背岭，又遇山间滂沱大雨，李自成坐骑陷于泥中走不动，他只好下马牵坐骑深一脚浅一脚前行。农民程九伯见李自成一人独行,身边又有匹好马，立刻手持锄头窜了出来。李自成毕竟身经百战，程九伯不是对手，被对方骑在身下。李自成压住程九伯,回手抽刀,但刀鞘中因雨水沾泥,一时间拔不出来。

此刻，程九伯外甥金二狗赶到，他见舅舅被一个大汉骑在身下要挨宰，情急之下,抡起铁铲冲李自成砍去,嚓的一声，一下子削去“大顺皇帝”半个脑袋。

一下岗驿卒（李自成最早从事的职业）死于一农民之手，结局充满了隐喻般的黑色幽默。可叹这一切，杀人“真凶”程九伯根本不知，与外甥一起在山中小屋看着草地上的大马傻笑。

康熙大帝微服私访历史真相

佚 名

看过电视剧《康熙微服私访记》的观众，很可能会产生疑问：历史上的康熙皇帝（爱新觉罗·玄烨，1654—1722）果真如此吗？事实上，康熙皇帝作为专制君主，是不可能深入民间接近群众的，他的微服私访故事于史无证，不过属于后世的戏说而已。

虽然康熙皇帝未必有过微服私访，但他确实是中国历史上到地方上巡察社会与了解民情最多的皇帝之一。《圣祖仁皇帝圣训》设有“省方”类目，记载康熙皇帝有关巡幸的一些谕旨，表明康熙皇帝的行政特色。省方，就是视察四方。翻开《清圣祖实录》，有关康熙皇帝巡幸的记载连篇累牍。他东巡山东，西巡陕西，北巡塞外，南巡江浙，京畿之地更是频繁巡视。巍峨泰山、名胜孔府、壮丽五台、苍莽草原、清秀水乡都留下了康熙皇帝的足迹，不过他的巡视主要不是为了游玩，而是出于政务的考虑，从这个角度看，康熙巡幸是勤政的反映。

我们还是看看康熙皇帝巡视地方的一些具体情形，以了解康熙巡幸的历史面貌。康熙皇帝最有代表性的巡视是6次南巡。南巡的主要目的是为了解决“黄淮冲决为患”的问题，亲历河道，寻求治河方案，考察治河工程；同时周知吏治，观览民情。南巡主要走水路运河，御舟自京而下，途径直隶（今河北）、山东、江浙，最远到达苏杭。

康熙皇帝十分注意巡幸尽量避免骚扰百姓。他要求凡巡幸一切需用之物，皆从节俭，巡幸需用草豆木炭食物，概勿令地方官派取民间，扰害百姓，由衙门照时价采买供给。巡幸时常带负责监察的科道官，稽查强行买卖扰害百姓者。

要求地方文武大小官员不许与扈从官员以戚友送礼，对于馈送收受人员，“以军法从事”，其扈从大小官员及随往仆役，如有横行生事扰民者，一并从重治罪。还到处张贴安民告示，声明发现地方官私征，定行从重治罪。要求凡经过地方，百姓须各安生业，照常生活，不得迁移远避，反滋扰累。康熙皇帝巡视也注意减少随从人员，轻装南下，巡视堤堰，沿途皆设营幄，不御屋庐。康熙皇帝说自己“便道至浙江观风问俗，简约仪从，卤簿不设，扈从者仅三百余人”。据此可知简约情形下他的巡视队伍规模。巡幸驻跸之处，他说也未有超过三日的，担心扈从人众，恐多留一日即滋百姓一日之扰。可见他注意节制，尽量少给百姓找麻烦。

尽管如此，地方官害怕接驾不周，同时也想借机敛钱，还是有扰害百姓之事的。康熙皇帝就曾说：各省不肖官员借口修理行宫，供备器物，并建造御书碑亭等项名色，动用正项钱粮。说是捐俸偿还，并不偿补，及至亏空数多，复加倍私派科敛肥己，以致给百姓带来沉重负担。种种弊端，不可胜指。巡幸免不了加重百姓的经济负担。

康熙皇帝认为：“百姓足则国家充裕，若期比屋丰盈，必以蠲租减赋，除其杂派为先。”同时他为了减轻巡幸沿途百姓的负担，经常蠲免沿途地区的地丁钱粮。如第二次南巡，将江南全省积年民欠一应地丁钱粮、屯粱芦课、米麦豆杂税二百二十余万概与蠲除。康熙三十八年（1699 年）皇帝第三次南巡，看见淮扬一路既困潦灾，所过州县耕获、市场不及以前二十三年（1684 年）、二十八年（1689 年）第一、二次南巡时，认为：“此皆由地方有司奉行不善，不能使实惠及民”，因此“亟思拯恤，截留漕粮，宽免积欠”。采取切实措施减轻百姓负担。他也认识到，蠲免钱粮原为百姓小民，然而田亩多归缙绅豪富之家，小民所获甚微，无田穷民未必均沾实惠，约计人民有恒业者十之三四，余皆赁地出租，所余之粮仅能度日。于是要求地主也要给佃户适当免收地租，调整主佃及其与国家的关系。

由于康熙皇帝大量蠲免钱粮，民间有建立碑亭称颂的，康熙皇帝担心此举各地仿效，未免致损民力，下令停止建造。康熙四十四年（1705 年）南巡驻跸苏州府城内，正逢生日万寿节，官民奏进各种食物。康熙皇帝以“因阅视河工，巡访风俗而来，非为诞辰也”，谢绝礼物。

康熙皇帝还以江南浙江为人文萃集之地，入学名额应酌量加增，又于府学分大中小各增五名，以示奖励人才之意，也有同江南知识分子联络感情作用。

清朝常有百姓拦截官舆告状之事发生，皇帝的舆轿被拦阻，势必影响巡视进展，也不利于安全。于是还严禁军民怀奸挟诈，希逞私愤，善于驻跸处所告讦；倘有妄控，除所告事不与准理外，仍严加治罪。从这一点看，康熙皇帝是不会喜欢进行微服私访的。

但是，康熙皇帝巡幸也不是不见百姓。他到了扬州一带，因不严警跸，百姓男女老幼奔走杂沓，瞻望恐后，高岸水次，甚至有倾跌之虞。于是要求百姓："止于夹道跪迎，毋得紊乱追趋，致有诸患。"康熙皇帝巡视山东时，所经城邑百姓扶老携幼，夹道欢迎，康熙皇帝询问道路旁的百姓收成情况，得知"连岁顺成，民生稍得安业"。一般来说，南巡多由舟行，官民群集两岸迎驾，由陆路西巡，经过郡邑官民无不扶老携幼，欢腾道旁。康熙皇帝令在乘舆左右备咨地方利弊，据说大家都畅所欲言。康熙皇帝曾巡幸至德州，见有一二灾民流移道路，于是询问疾苦，表示关心。

康熙皇帝自称通过到处巡幸，因此风俗民情无不洞悉。巡视南方时注意米价的变动和市场供求关系，防止米价上涨；关心全国各地纳税交银而加征的钱粮火耗数量，反对官员加重火耗；了解到江浙人喜好争讼，告诫改变风尚；认为江南人习尚奢靡，家无储蓄，山西商人多在当地经商，勤俭生活，故多富饶，倡导移风易俗。康熙四十二年（1703年），康熙皇帝对大臣说："朕巡幸七省，畿辅秦晋民俗丰裕，江浙则较三十八年时更胜，山东近因水旱大异畴昔，河南百姓生计甚艰，此二省之民深历朕怀。"这是他巡视地方得到的民生印象，非端居宫中的帝王可比。康熙皇帝评价说：江浙山东等处地方官，因他不时巡幸，各加勉力，操守皆优，山陕官员则劣甚。并说他恨贪污之吏，更过于搞分裂反叛的噶尔丹，此后澄清吏治，如策划平息噶尔丹就好了。

巡视使康熙皇帝了解到一些民间具体情况，对于行政决策起到了好的作用。如他针对各省督抚上奏编审人丁数目，并未将增加之数全部上报。于是说他凡巡幸地方，所至询问一户或有五六丁止一人交纳钱粮，或有九丁十丁亦止二三人交纳钱粮，其他人并无差徭，共享安乐。西南平定以来，人民日增，土地开垦耕种，生齿实繁。为掌握人丁的实数，决定从康熙五十一年（1712年）起滋生人丁永不加赋。

康熙皇帝巡视地方也不耽误工作。如康熙二十三年首次南巡，规定奏章俱三日一送行在，有时内阁送来的时间晚了，他要批阅到深夜。

康熙皇帝以频繁的巡视地方，关心民生，处理政务，给人们留下了“勤政爱民”的良好形象，为以后的皇帝树立了榜样。人们打他的主意，编出微服私访的故事，也算是事出有因吧。

杀人灭口还是犯上谋反：雍正赐死年羹尧真相

金满楼

凡看过电视连续剧《雍正王朝》的朋友，都一定会对年羹尧留下深刻印象。这位显赫一时的年大将军曾经屡立战功、威镇西陲，满朝文武无不服其神勇，同时也得到雍正帝的特殊宠遇，可谓春风得意。但是不久，风云骤变，弹劾奏章连篇累牍，各种打击接踵而至，直至被雍正帝削官夺爵，列大罪92条，赐自尽。一个曾经叱咤风云的大将军最终落此下场，实在令人扼腕叹息。

两朝重臣，一家荣宠

年羹尧，字亮工，号双峰，汉军镶黄旗人，父亲年遐龄曾做过工部侍郎、湖北巡抚，哥哥年希尧也曾做过工部侍郎。这些还属平常，关键是年羹尧的妹妹是胤禛的侧福晋，雍正即位后被封为贵妃。如此说来，年羹尧还是雍正的大舅子。不过，年羹尧虽说是标准的皇亲国戚，但他本人还是有真本事的。他后来虽然以军功著称，但他年轻的时候却是中过进士（康熙三十九年），并且还做过翰林院的检讨，这是很不容易的。

因为妹妹的这层关系，年羹尧和雍正的关系自然大不一般，在官场上也是一帆风顺，先做四川巡抚，后升为四川总督，康熙六十年（1721年）又做上了川陕总督。康熙死后，雍正命他与接替抚远大将军胤禵的延信共同执掌西北军务。由此，年羹尧成为雍正即位后的左膀右臂，备受恩宠。

雍正元年（1723年）十月，青海和硕特蒙古部首领罗卜藏丹津趁抚远大将军胤禵回京之际发动叛乱，妄图控制青藏地区，使得本已经平静的西北局势再起波澜。罗卜藏丹津的叛乱，对于刚刚上位的雍正是个不小的考验。当然，雍正也可以像大多数建国者一样，利用这个机会把当时对他篡位的质疑给转移过去。于是雍正便命年羹尧接任抚远大将军坐镇西宁，指挥平叛，许胜不许败，以帮助他稳固皇位。

年羹尧也算争气。经过充分的作战准备，在雍正二年（1724年）初，年羹尧下令诸将“分道深入，捣其巢穴。”在短短的半个月内，各路大军跃进千里，将叛军打得落花流水。特别是四川提督岳钟琪（当时雍正封其为奋威将军）更是表现神勇，他率军一路狂追，直捣敌穴，匪首罗卜藏丹津仓皇之下，化装成女人才得以逃脱。最后，罗卜藏丹津领着两百多残兵败将投奔了准葛尔部的策妄阿拉布坦，从此一蹶不振。

由此，“年大将军”之威名，大江南北，人尽皆知。

对于年羹尧的功劳（不仅仅是战功，关键还是对雍正初期稳固其皇位的贡献），雍正是看在眼里的。他曾极为肉麻地对年羹尧说：“朕实不知如何疼你，方有颜对天地神明也。西宁危急之时，即一折一字恐朕心烦惊骇，委屈设法，间以闲字，尔此等用心爱我处，朕皆体得。总之你待朕之意，朕全晓得就是矣。所以你此一番心，感邀上苍，如是应朕，方知我君臣非泛泛无因而来者也，朕实庆幸之至。”

雍正对此时的年羹尧可谓是圣眷正浓，几乎有过火之嫌。譬如有一次赐给年羹尧荔枝，为了保证新鲜，雍正特令驿站必须在6日内快马送到（从京师到西安），这难免让人想起当年唐明皇“一骑红尘妃子笑”的典故。至于其他的赏赐，如奇宝珍玩、珍馐美味更是隔三岔五地就送到年羹尧的军中。除此之外，年羹尧的家人有什么事情，雍正也是关怀备至，嘘寒问暖，连年羹尧的妹妹年贵妃和外甥福惠（8岁夭折）的身体状况，雍正也常常在下发给年羹尧的手谕中特意告知。

雍正曾语重心长地跟年羹尧说：“朕要是不做一个出色的皇帝，就对不起你如此对朕；但你要是不做英武超群的大臣，那也不能回报朕对你的知遇之恩。但愿我们两个能给后人做千古榜样。”他还常念叨说，如果朝中多几个像年羹尧这样的大臣的话，那大清帝国还愁不强大？年羹尧听雍正这么推心置腹，那还不满心欢喜？

此时的年羹尧，志得意满，完全处于一种被奉承被恩宠的自我陶醉中，进而做出了许多超越本分的事情，最终招致雍正的警觉和忌恨，以致家破人亡。

盛极而衰，身败名裂

年羹尧的失宠和继而被整是以雍正二年十月第二次进京陛见为导火线的。在赴京途中，他令都统范时捷、直隶总督李维钧等跪道迎送。到京时，黄缰紫骝，郊迎的王公以下官员跪接，年羹尧安然坐在马上行过，看都不看一眼。王公大臣下马向他问候，他也只是点点头而已。更有甚者，他在雍正面前，态度竟也十分骄横，“无人臣礼”。年进京不久，雍正奖赏军功，京中传言这是接受了年羹尧的请求。又说整治阿灵阿（皇八子胤禩集团的成员）等人，也是听了年的话。这些话大大刺伤了雍正的自尊心。

年羹尧结束陛见回任后，接到了雍正的谕旨，上面有一段论述功臣保全名节的话：“凡人臣图功易，成功难；成功易，守功难；守功易，终功难……若倚功造过，必致反恩为仇，此从来人情常有者。”在这个朱谕中，雍正改变了过去嘉奖称赞的语调，警告年羹尧要慎重自持，此后年羹尧的处境便急转直下。

分析年羹尧失宠获罪的原因，大致有以下几点：

第一，擅作威福。年羹尧自恃功高，骄横跋扈之风日甚一日。他在官场往来中趾高气扬、气势凌人：赠送给属下官员物件，“令北向叩头谢恩”；发给总督、将军的文书，本属平行公文，却擅称“令谕”，把同官视为下属；甚至蒙古扎萨克郡王额附阿宝见他，也要行跪拜礼。

对于朝廷派来的御前侍卫，理应优待，但年羹尧把他们留在身边当作“前后导引，执鞭坠镫”的奴仆使用。按照清代的制度，凡上谕到达地方，地方大员必须迎诏，行三跪九叩大礼，跪请圣安，但雍正的恩诏两次到西宁，年羹尧竟“不行宣读晓谕”。

更有甚者，他曾向雍正进呈其出资刻印的《陆宣公奏议》，雍正打算亲自撰写序言，尚未写出，年羹尧自己竟拟出一篇，并要雍正帝认可。年羹尧在雍正面前也行止失仪，“御前箕坐，无人臣礼”，雍正心中颇为不快。

第二，结党营私。当时在文武官员的选任上，凡是年羹尧所保举之人，吏、兵二部一律优先录用，号称“年选”。他还排斥异己，任用私人，形成了一个以他为首，以陕甘四川官员为骨干，包括其他地区官员在内的小集团。小说《儿女英雄传》所写纪县唐实指年羹尧，说他是经略七省的大将军，“他那里雄兵十万，甲士千员，猛将如云，谋臣似雨”。这些都是艺术上的夸张，与实际情形有很大的出入，但也说明年羹尧的势力之大。

许多混迹官场的拍马钻营之辈眼见年羹尧势头正劲、权力日益膨胀，遂竞相奔走其门。而年羹尧也是个注重培植私人势力的人，每有肥缺美差必定安插其私人亲信，“异己者屏斥，趋赴者荐拔”。比如他弹劾直隶巡抚赵之垣“庸劣纨绔”、“断不可令为巡抚”，而举荐其私人李维钧。赵之垣因此而丢官，于是转而投靠年羹尧门下，先后送给他价值达20万两之巨的珠宝。年羹尧就借雍正二年进京之机，特地将赵带到北京，“再四恳求引见”，力保其人可用。遭年羹尧参劾降职的江苏按察使葛继孔也两次送上各种珍贵古玩，年羹尧于是答应日后对他“留心照看”。此外，年羹尧还借用兵之机，虚冒军功，使其未出籍的家奴桑成鼎、魏之耀分别当上了直隶道员和署理副将的官职。

第三，贪敛财富。年羹尧贪赃受贿、侵蚀钱粮，累计达数百万两之多。而在雍正朝初年，整顿吏治、惩治贪赃枉法是一项重要改革措施。在这种节骨眼上，雍正是不会轻易放过年羹尧的。

雍正对年羹尧的惩处是分步逐渐进行的。第一步是在雍正二年十一月年羹尧陛见离京前后，此时雍正已做出决定，要打击年羹尧。年羹尧离京后接到的那份朱谕就是对他的暗示。

第二步是给有关官员打招呼。一是雍正的亲信，要求他们要与年羹尧划清界限，揭发年的劣迹，以争取保全自身；一是年羹尧不喜欢的人，使他们知道皇帝要整治年了，让他们站稳立场；一是与年羹尧关系一般的人，让他们提高警惕，疏远和摆脱年羹尧，不要站错了队。这就为公开处治年羹尧做好了准备。

第三步把矛头直接指向年羹尧，将其调离西安老巢。

到了三年正月，雍正对年羹尧的不满开始公开化。年羹尧指使陕西巡抚胡期恒参奏陕西驿道金南瑛一事，雍正说这是年任用私人、乱结朋党的做法，不予准奏。

年羹尧曾经参劾四川巡抚蔡珽威逼所属知府蒋兴仁致死，蔡珽因此被罢官，经审讯后定为斩监候；而年羹尧的私人王景灏得以出任四川巡抚。这时雍正已经暗下决心要打击年羹尧，蔡珽被押到北京后，雍正不同意刑部把他监禁起来，反而特地召见他。蔡珽陈述了自己在任时因对抗年羹尧而遭诬陷的情况，又上奏了年羹尧“贪暴”的种种情形。雍正于是传谕说：“蔡珽是年羹尧参奏的，若把他绳之以法，人们一定会认为是朕听了年羹尧的话才杀他的。这样就让年羹尧操持了朝廷威福之柄。”因此，雍正不仅没有给蔡珽治罪，而且升任他做了左都御史，成为对付年羹尧的得力工具。

雍正三年三月，出现了“日月合璧，五星联珠”的所谓“祥瑞”，群臣称贺，年羹尧也上贺表称颂雍正夙兴夜寐，励精图治。但表中字迹潦草，又一时疏忽把“朝乾夕惕”误写为“夕惕朝乾”。雍正抓住这个把柄借题发挥，说年羹尧本来不是一个办事粗心的人，这次是故意不把“朝乾夕惕”4个字“归之于朕耳”。并认为这是他“自恃已功，显露不敬之意”，所以对他在青海立的战功，“亦在朕许与不许之间”。接着雍正更换了四川和陕西的官员，先将年羹尧的亲信甘肃巡抚胡期恒革职，署理四川提督纳泰调回京，使其不能在任所作乱。四月，解除年羹尧川陕总督职，命他交出抚远大将军印，调任杭州将军。

最后一步是勒令年羹尧自裁。年羹尧调职后，内外官员更加看清形势，纷纷揭发其罪状。雍正以服从群臣所请为名，尽削年羹尧官职，并于当年九月下令捕拿年羹尧押送北京会审。十二月，朝廷议政大臣向雍正提交审判结果，给年羹尧开列92款大罪，请求立正典刑。其罪状分别是：大逆罪5条，欺罔罪9条，僭越罪16条，狂悖罪13条，专擅罪6条，忌刻罪6条，残忍罪4条，贪婪罪18条，侵蚀罪15条。

雍正说，这92款中应服极刑及立斩的就有30多条，但念及年羹尧功勋卓著、名噪一时，“年大将军”的威名举国皆知，如果对其加以刑诛，恐怕天下人心不服，自己也难免要背上心狠手辣、杀戮功臣的恶名，于是表示开恩，赐其狱中自裁。年羹尧父兄族中任官者俱革职，嫡亲子孙发遣边地充军，家产抄没入官。叱咤一时的年大将军以身败名裂、家破人亡告终。

在电视剧《雍正王朝》中，年羹尧失势后，估计到雍正不会放过自己，可能最终难逃一死，所以给其贴身家人巨额银票，让他带着两个怀孕的蒙古小妾远走高飞、隐藏民间，以延续年家的香火。这个情节是不符合历史事实的，因为这时的年羹尧不仅不是没有子嗣，而且还不止一个儿子。《雍正王朝》还有一段剧情说，年羹尧是在雍正的另一宠臣李卫的监视之下于杭州的城门洞里自尽的，也不准确，实际上他是死于北京。

关于雍正为何杀年羹尧，史学界向来有争论。有人说是因为年想造反，又有人说年羹尧当年参与了雍正与诸兄弟的皇位之争，雍正这样做是杀人灭口。我们不妨分析一下这些说法。

犯上谋反，难成定谳

有一种观点认为年羹尧的死是因为他自立为皇帝。乾隆时学者萧奭在《永宪录》中提到：年羹尧与静一道人、占象人邹鲁都曾商谈过图谋不轨的事。有的学者也持此说,认为“羹尧妄想做皇帝,最难令人君忍受,所以难逃一死”。而《清代轶闻》一书则记载了年羹尧失宠被夺兵权后，“当时其幕客有劝其叛者，年默然久之，夜观天象，浩然长叹曰：不谐矣。始改就臣节”。说明年确有称帝之心，只因“事不谐”，方作罢“就臣节”。其实这种说法是没有充分依据的。

在封建时代最注重名分，君臣大义是不可违背的，做臣子的就要恪守为臣之道，不要做超越本分的事情。

年羹尧的所作所为的确引起了雍正的极度不满和某种猜疑。年羹尧本来就职高权重，又妄自尊大、违法乱纪、不守臣道，招来群臣的侧目和皇帝的不满与猜疑也是不可避免的。雍正是个自尊心很强的人，又喜欢表现自己，年羹尧的居功擅权将使皇帝落个受人支配的恶名，这是雍正所不能容忍的，也是雍正最痛恨的。雍正并没有惧怕年羹尧之意，他一步一步地整治年羹尧，而年也只能俯首就范，一点也没有反抗甚至防卫的能力，只有幻想雍正能看着旧日的情分而法外施恩。所以,他是反叛不了的。雍正曾说：“朕之不防年羹尧,非不为也,实有所不必也。”至于年羹尧图谋不轨之事，明显是给年罗织的罪名，既不能表示年要造反，也不能说明雍正真相信他要谋反。

从年羹尧来看，他一直也是忠于雍正的，甚至到了最后关头也一直对雍正抱有很大幻想。

在被革川陕总督赴杭州将军任的途中，年羹尧幻想雍正会改变决定，因而逗留在江苏仪征，观望不前。结果这反使雍正非常恼怒，他在年羹尧调任杭州将军所上的谢恩折上这样批道：“看此光景，你并不知改悔。上苍在上，朕若负你，天诛地灭；你若负朕，不知上苍如何发落你也！……你这光景，是顾你臣节、不管朕之君道行事，总是讥讽文章、口是心非口气，加朕以听谗言、怪功臣之名。朕亦只得顾朕君道，而管不得你臣节也。只得天下后世，朕先占一个是字了。”雍正的这段朱批实际上已经十分清楚地发出了一个信号：他决心已定，必将最终除掉年羹尧。

直至年羹尧接到自裁的谕令，他也一直迟迟不肯动手，还在幻想雍正会下旨赦免他。但雍正已经下定决心，认为使其免遭凌迟酷刑、自裁以全名节已属格外开恩，所以他应该“虽死亦当感涕”，因此年羹尧生路已绝。一个想要谋反的大臣怎么会对皇帝有这种不切实际的幻想呢？雍正在给年羹尧的最后谕令上说：“尔自尽后，稍有含冤之意，则佛书所谓永堕地狱者，虽万劫不能消汝罪孽也。”在永诀之时，雍正还用佛家说教，让年心悦诚服，死而不敢怨皇帝。

杀人灭口，事出有因

还有一种观点认为，年羹尧参与了雍正夺位的活动，雍正帝即位后反遭猜忌以至被杀。不只是稗官野史，一些学者也持这种看法。据说，康熙帝原已指定皇十四子继位，雍正帝矫诏夺位，年羹尧也曾参与其中。他受雍正帝指使，拥兵威慑在四川的皇十四子胤禵，使其无法兴兵争位。雍正帝登基之初，对年羹尧大加恩赏，实际上是欲擒故纵，待时机成熟，即罗织罪名，卸磨杀驴，处死年羹尧这个知情之人。有人不同意此说，主要理由是雍正帝继位时，年羹尧远在西北，并未参与矫诏夺位，亦未必知晓其中内情。但客观上讲，当时年羹尧在其任内确有阻断胤禵起兵东进的作用。

关于雍正帝篡改遗诏夺取皇位的情况，许多著述都进行了阐释，阎崇年先生的《正说清朝十二帝》也有系统归纳，此不赘言。各家说法，见仁见智，莫衷一是。雍正即位一事，确实疑点很多。而他即位后，又先后处置了原来最为得力的助手年羹尧和隆科多，让人更不禁要怀疑这是做贼心虚、杀人灭口。当然，这只能算是合理推定，尚无铁的资料作为支撑，所以，这种怀疑套句俗语说就是：“事出有因，查无实据。”

我们暂且抛开雍正决心除掉年羹尧的真正动因不说，从年羹尧自身而言，他的死确实有点咎由自取。他自恃功高，妄自尊大，擅作威福，丝毫不知谦逊自保，不守为臣之道，做出超越臣子本分的事情，已为舆论所不容；而且他植党营私，贪赃受贿，“公行不法，全无忌惮”，为国法所不容，也为雍正所忌恨。这就犯了功臣之大忌，势必难得善终。所以《清史稿》上说，隆、年二人凭借权势，无复顾忌，罔作威福，即于覆灭，古圣所诫。

发掘五四运动的真相

李公明

中国的5月应该是鲜花开放在原野上的日子，5月的鲜花开放在历史记忆的深处。每隔10年，是一轮新的花期，是以历史撞击现实的汛期。百年中国的历史深处，有多少壶仍未烧开的水；梦萦长夜，烧开水的人来了，汛期来了。

5月中的读书人不会不想到“五四”这个日子。似乎应了中国那句老话：哪壶不开提哪壶，只要“五四”这一壶水仍未烧开，总是不断有人要提一提；当然，提的方式、力度总会因时而别、因势而异，这也成了一种“五四”之后的小传统。作为政治运动史的五四遗产和作为文化思潮史的五四遗产实有差异，在大传统与小传统之间大有区别。难怪年年“五四”，旧曲新唱或新词旧曲，各人都有一本自己想念的经。

既然经书难念，我们不妨按余英时教授所说的，“我们只是如实地发掘五四运动的真相，便足够了”（余英时《重寻胡适历程》第257页，广西师大出版社，2004年9月）。当然，所谓“如实”、“真相”云云，也只能是尽量接近而已。不过，在中外历史学家的眼中，关于“五四”所发生的事实，并不存在太多被刻意遮蔽和扭曲的真相。

档案：沉默的证人

在事件发生3个月后，就有了关于五四运动的第一部正式出版的专门著述，杨亮功、蔡晓舟编著的《五四》。杨、蔡是“五四”事件亲历者，并且即刻搜集报刊、文电等资料，在8月份就出版了本书，实在是研究五四运动很珍贵的第一手资料。

我们现在有杨亮功《早期三十年的教学生活·五四》（黄山书社，2008年1月），其中的《五四》依据的原本是台湾传记文学出版社1993年版本，除了一段文字外，全书基本上未作改动。该段文字见第99页，黄山社编者注明“此文（似应为‘此处’——李公明按）删去53字”，这种尚可称道的诚实似是黄山社处理此类问题的传统做法。近日读到台湾版的《五四》（传记文学丛刊之一三六，传记文学出版社，民国八十二年六月），通红色的封面、封底颇有革命的气氛。黄山版所删去者，其实无非是对50年代中期大陆出版的《近代史资料》刊载此书前三章时所加按语的评论。杨亮功为1993年版写的重印序中说到五四运动与任何外在因素无关——学术上有不同意见当属正常，何必删去？

《五四》第二章“五四学生示威之始末”对于当日情形、经过有详细的记述，自去年黄山版出来后亦广被国内撰文者所引用。然而，就如任何事件的亲历者之所见所闻恰因其身陷其中而难窥全局一样，杨、蔡二位对于五四游行前后的记述亦多有未逮。

周策纵的《五四运动：现代中国的思想革命》（周子平等译，江苏人民出版社，1996年12月；原书于1960年5月4日由哈佛大学出版社出版，后有台北桂冠图书有限公司中译本，1989年5月4日版，书名为《五四运动史》）全面地搜罗了丰富的资料，论证严谨，对于游行起因、人数、经过等问题的多种不同说法进行了甄别，所论颇有公允、客观的效果。

但是，也正如作者本人所陈，原书实于1945年初写成，1959年定稿，其时海外相关资料甚为缺乏，故也必有错漏之处。别的不说，仅北京档案馆收藏的有关火烧赵家楼的卷宗中，有火烧曹宅后由警察厅派人绘制的赵家楼地形草图，有学生代表在京师地方检察厅侦查处的“供词”，有“五四”当日一直跟踪学生游行的北洋政府陆军部驻署宪兵排长白歧昌关于游行路线的记述，有五六月份京师地方审判庭刑事一庭对各方当事者的讯问、证言等等，所有这些当时的档案都是还原事件的真实史料。90年风云变幻，世事沧桑，但是这些档案却仍然是沉默的证人。

学生：一为国家争主权，一为平民争人格

要讲“五四”，首先要谈学生，尤其是北大学生。但是，学生当日如何、过后怎样,我们又了解多少？过去我们泛泛地谈“五四精神”的多,泛泛地讲“五四热血学生”的多，学生的多面体谈得少。比如，当时的青年对于德先生、赛先生抱什么态度呢？自然是有热烈赞成、为之奔走呼号者，但也有反对者，当然更有不关心者。就在陈独秀关于非难《新青年》的“答辩书”的开头，就指出非难“新青年”、把“新青年”看做是邪说、怪物的不仅有旧人物,也有青年学生。

几乎在同一时间,《新潮》杂志的发刊词也说道：“本志同人皆今日学生，或两年前曾为学生者，对于今日一般同学，当然怀极厚之同情，挟无限之希望。观察实情，乃觉今日最危险者，无过于青年学生。”（《新潮发刊旨趣书》，原载1919年1月1日《新潮》1卷1号，转引自《五四运动文选》第189页）这是学生对自己这一群体的反思。又是在同一时间，北大校长蔡元培在《“北京大学月刊”发刊词》中指出，中国的学生大多数仍然是“承举子、文人之旧习”，以学校为科举，蔑视科学，抱“专己守残之陋见”。（原载1919年1月“北京大学月刊”1卷1期,转引自《五四运动文选》第199页）至于“五四”当日的纵火、打人等暴力行为，则折射出学生身上的另一种极端情绪与心理倾向。当日两位纵火的学生是匡互生和周予同，日后却又成为教育家和学者。

学生中也有善于歪曲事实以逃避责任的“谋士”：据罗家伦的回忆，当日打人事件发生后，时有章宗祥死耗的传闻，学生担心法律的制裁，便把本有肺病，在“五四”当日因过于劳累而死的北大学生郭钦光说成是被曹家用人打死，还以此为由举办了各种烈士追悼活动。（罗家伦:《北京大学与五四运动》,见《五四运动亲历记》第69页，中国文史出版社1999年5月版）

但是，尽管学生中会有麻木者、过激者等等，其群体上的面貌仍是爱国而不失理性精神的，今有论者以某些过激行为而尽视其为暴徒，实有偏颇。当日吴佩孚致总统徐世昌的电文说：“大好河山，任人宰割，稍有人心，谁无义愤。彼莘莘学子，激于爱国热忱而奔走呼号，前仆后继，以草击钟，以卵投石……其心可悯，其情可嘉，其情更有可原。”（转见《五四爱国运动档案资料》，第351～352页，中国社会科学出版社，1980年2月）所言甚是，更值得今人思考。

另外，谈学生爱国的多，论学生追求民主的少，这可能也是另一种偏颇。“五四运动”与新文化运动的关系不断引起争议，从狭义的“五四运动”来讲，爱国是它的核心诉求。但吊诡的是，过去我们的教科书在言说“五四运动”的时候，从来都是将它与新文化运动合并起来看待的，如此，则有将狭隘的“五四运动”内涵泛化为“五四新文化运动”之嫌，遮蔽了新文化运动的不同价值取向。其实，不但5月4日游行事件不能与新文化运动混为一谈，而且前者本身虽然起因是外交事件中的爱国诉求，但也不能以爱国动因而遮盖了同时也存在的民主政治诉求。

最早提出“五四运动”这个概念的当日学生领袖罗家伦，在1919年5月26日以“毅”为笔名发表《五四运动的精神》一文中指出，“五四运动”表现出三种关系民族存亡的精神：学生牺牲的精神；社会制裁的精神；民族自决的精神。其中所谓“社会制裁的精神”就是民主政治的精神。其实，五四当日的游行事件不仅呼吁爱国精神，同时还具有呼吁民主政治的性质，在五四当日派发的游行传单中就呼吁“全国工商各界一律起来设法开国民大会”；5月26日，陈独秀在《山东问题与国民觉悟》一文中指出，我们外交的失败是因为政府的“秘密断送的黑暗外交”，救治的方法只能是“平民征服政府”——“由多数的平民——学界、商会、农民团体、劳工团体——用强力发挥民主政治的精神”（原载1919年5月26日《每周评论》第23号，转引自《五四运动文选》第302 ~ 304页）。当年7月份蔡晓舟在为即将印行的《五四》一书写的“序”中明确指出：“我北京学生，五四一役，涵有二义，一为国家争主权，一为平民争人格。前者所以使外人知吾民有血性，而杀其觊觎之心；后者所以使公仆知吾国有主人，而正其僭窃之罪。”（杨亮功、蔡晓舟同编《五四——第一本五四运动史料》，传记文学杂志社，民国八十二年六月版）另外，排在该书“序”之后的《五四编辑社启事》也指出：“此次风潮鼓荡，实含转移社会、再造国家之势力。”因此，具有民主政治运动的性质也是断无可疑的。

“五四”之后没多久，学生领袖与美国驻华公使的一次谈话也能说明一点问题。1919年9月，美国驻华公使芮恩施（Paul Samuel Reinsch）卸任回国，北京学生会代表张国焘、傅斯年等随蒋梦麟于9日下午至美使馆与芮恩施话别。11日的《晨报》以《美公使与学生代表之谈话》为题报道了傅与芮恩施的谈话大略，其中有关“五四”学生的评价和认识值得我们思考。芮恩施说：“我实佩敬中国当此时会，自必有此类之提醒作用。国家事项非学生所能一一处治者，但当为智识的传播，发布刊物，以国民智识之提高为谋。”傅的回答表示了完全赞同的意见：“数月来之学生运动，原为提醒国人之作用……唤起国人，使共负国民的责任心……”并表示“此后当发愤为学术上之研究，谋劳动者之生活，以知识喻之众人……”（转引自刘广定《大师遗珍》，第179～180页，文汇出版社，2008年7月）爱国与民主启蒙并存，这是很明确的事实。今天我们尤应强调的是，五四不仅是伟大的爱国运动，同时也是伟大的民主运动，二者不可偏废。

社会：多元力量的存在与言说空间

与学生相比，对“五四”中的政府也应该重新认识。过去我们对于北京政府的态度、立场和评价都受囿于一种简单化的学生—政府的二元对立思维，受囿于“卖国政府”的意识形态口径，未能彻底做出如实的分析。

研究政府的问题，5月4日当天及后来几天，北京政府致巴黎和会中国代表团的电文是一部分重要史料。5月4日国务院致巴黎和会中国代表团电文称：“此次山东问题，国人极为注意。近日山东各界及在京国会议员等奔走呼吁，群情激切。政府对此项问题，本主由德直接交还，最后让步，亦只能以五国暂收，限期交还中国为止。迭阅来电，尊处多方接洽，用意亦同。即希悉力进行，务祈达此目的，是为至要！”（美国哥伦比亚大学珍本和手稿图书馆藏顾维钧档案“5月4日国务院致代表团电”，转引自杨天石《北京政府致巴黎和会中国代表团电——读美国所藏顾维钧档案之一》，见杨天石《海外访史录》第127～128页，社会科学文献出版社，1998年9月）这是在五四游行前的电文，可见对民情的关注。游行事件发生后的当晚，北京政府外交次长陈箓致中国代表团团长、中国外交总长陆征祥的电文简要、客观地通报了当日情形，并无什么“诬蔑”学生之语。

5月5日国务院致陆征祥电文，先是对日本要求于和约内加入“将胶州问题由德交日自由处置”一条表示了坚决抵制的态度：“着着进逼，实堪痛愤。此事在我国只有坚持，断难承认。如果总约案内加入此条，我国当然不能签字。希照此办理。”然后是再次通报5月4日游行事件的经过，“恐传闻失实，用以附达，亦可见我国民激切也。”很明显，北京政府对于五四游行事件的态度还是客观、冷静和愿意接受其积极影响的。在府、院之间，当然有各种复杂的矛盾，但是在政治程序上仍有民主宪政的空间。

5月12日，政府内阁与参议院、众议院在中南海开会讨论，“佥以如条文不能添加交还中国一层，不能签字”；国务院并对代表团表示，要其将草约中关于中国的全文迅速电告，“再行由院正式递交两院公决”。

而作为政府内阁成员，对待因外交失败而引起国民骚动、政治动荡取什么态度？5月6日外交次长陈箓致总长陆征祥电文称：“本日阁议，佥以此次青岛问题，交涉失败，至起内讧。近日都中及各省情形，恐难免尚有暴动。如于必不能维持时，全体阁员一致辞职等语。届时钧座是否列名，请速电复。”（以上均转引同上书，分别见第129、129 ~ 130、134、130页）6日，全体内阁考虑集体辞职。到最后，徐世昌总统提出辞职。不管是真心还是假意，政府最高官员能表示辞职，最起码也是一种表示负责任的态度。

在对待学生游行的态度上，徐世昌政府不管如何逮捕学生、查禁刊物等等，但被捕学生几日内旋即释放，且实无太多施虐之举。凡此种种，过去盖以“慑于群众爱国运动的声势”论之，虽亦是一种实情，但是不可忘记了民国初年的宪政民主进程毕竟对舆论自由、结社自由和游行罢工的自由起了制度保障的作用，不然的话何来的“声势”？只有当时的这种宪政民主的氛围才是新文化运动和五四运动得以产生的条件之一。而当时民主启蒙的要义是“个人觉醒”，新文化运动的主流虽然是“德先生”与“赛先生”，但是其根本基础乃是个人从专制皇权下的臣民思想中解放出来——这就是思想的解放。宪政制度的确立也为思想解放提供了可能的空间与法治的保障。

实际上，五四前的中国社会已经具备了多元力量的合法性存在与言说及活动空间，各种团体、各阶层以及具有独立性的传媒已形成了与政府对话的社会力量，可以说近代政治意义上的公民社会已经初步形成。这一历史进程在清末开始出现，其动因有多种因素，如在20世纪的第一个10年的清末新政中，清政府允许成立商会，在1902—1912年间成立的大小商会已达998家，这些商会不但积极维护自己的商业权益，并且进而对各种社会问题发表意见。另外，公民社会的形成也与政府外交事件及其与民族利益的冲突紧密相关。1901 年到 1904 年的以反对签订“密约”、收复东北权益的拒俄运动在全国展开，其中，学生运动的雏形已经呈现。“五四”前夕，中国新式学堂的学生总数已达 570 万。从 1903 年拒俄运动开始，学界已出现独立的政治集会，成立了许多社团。1903 年 4 月 30 日，京师大学堂学生集会，向政府递交《请代奏拒俄书》，并向各省政府、学堂通电。不仅各地学生响应，而且各阶层也热烈响应，其中工人、商人的参加十分踊跃。所有这些社会公民运动的出现，无不与中国政府在向现代政治转型中的价值选择和实际统治行为有着相对的联系。

令人深有感慨的是，大半个世纪后，《读书》杂志于 1979 年创刊后的第二期在 5 月出版，该期刊登的汪士汉《科学与民主并重》是为《五四运动简史》作的序言，认为：“五四运动”前夕《新青年》提出的“科学与人权并重”的口号至今仍有重要意义，是必须继承和发扬的“革命传统”；人民的民主权力非来自“天赋”或“恩赐”，而要靠人民的觉悟和斗争去争取，云云。这篇很浅要的文章突出了“并重”与“人权”，在今天读来仍未过时，但又有点恍若隔世之感。

在中国现代史上，1919 年 5 月的真相不难探寻，其意义也容有多家争鸣，这些都是书生意气中可以收获的思想与学术之果。情难以堪的是，90 年的花开花落，“伤心不独为悲秋”；90 年的潮涨潮退，“潮打空城寂寞回”。周策纵先生在 1985 年 5 月初于美国康州学院作五四演讲时写下了这样的诗句：“哀时竟止钩沉史，浮海宁甘著禁书。纵使啼鹃随血尽，是非千载定愁予”，所表者何尝不是我们无日无之的心情？

1937，“纳粹间谍”拯救南京

追 忆

1882年出生于德国汉堡的拉贝，早年曾在非洲工作过。1908年，他来到了向往已久的中国，进入西门子公司，成为西门子公司驻北京办事处的雇员，并先后在北京、天津等地经商。

拉贝十分喜欢中国，可他在中国的生活并不平静。特别是到了1918年，德国在一战中战败，作为德国西门子公司商务代表的拉贝，在战胜国之一的中国境内的身份就显得异常尴尬，正因如此，他在1919年遭到中国政府的数次驱逐。无奈之下，只好回到德国。但此时的德国，到处是战争遗留下来的残垣断壁，拉贝只待了一年，旋即以某中国外资公司高级顾问的名义返回中国。然而，重返中国的拉贝仍然受到重点监视，因为中国政府怀疑他多次来访中国有其他的隐藏目的，直到国民政府在南京扎根并认可了西门子公司在华的权益之后，他才告别了“黑名单”，不再是“行迹特殊的人”。

在此期间，拉贝的主要工作仍是为西门子公司拓展在华业务，可由于受到德国民族社会主义（即纳粹主义）思想的影响，原本信仰基督教的拉贝转眼间变成了纳粹主义的一个忠诚信徒。而且在此后的岁月里，他作为德国纳粹党在南京的代理负责人，与国民政府中从事情报工作的机构以及要员们都有着极为特别的关系。除了军界人员之外，拉贝还经常接洽德国驻南京的军事顾问团要员，以及以纳粹党徒身份潜入日本军界的远东第一间谍佐尔格等。

也正是因为这些复杂的身份与经历，日本人后来在历史书上给他扣了个“纳粹间谍”的帽子，以至于拉贝的日记以及后来保护下来的大量南京大屠杀的资料被莫名质疑，很多文字资料都没有引起更高的重视。原因在于，日本人在国际法庭辩称：“一个纳粹党徒的话，毫无说服力，不该被公信……”

二

1937 年冬的南京，一寸山河一寸血，中国军人为了捍卫民族的尊严与日军进行了殊死的拼杀。但终因中国最高军事当局指挥不当，加之中日军队在兵力、武器装备上相差很大，导致南京很快沦陷。大批日本军队蜂拥而入，开始了疯狂的烧杀抢掠，顷刻间，南京城尸横遍野。

拉贝是在南京沦陷前匆匆从秦皇岛结束休假赶回南京的，很多人都劝他赶快离开这个是非之地，但拉贝认为，自己在中国生活了几十年，这个国家的命运已经与自己无法再分割，没理由在这种时候充当一个外籍身份的懦夫，所以，他坚持留下。在日军飞机整天不分青红皂白、残酷野蛮的轰炸下，南京城内一片狼藉，大量南京平民丧失了庇护之所。一天，拉贝偶然间发现，西门子公司因一直悬挂着纳粹党旗而没有受到日本人的轰炸，于是他立即打开了公司大门，众多南京百姓居然在纳粹旗下保全了性命。

受此启发，拉贝和十几位外国传教士、金陵大学与金陵女子文理学院教授、医生、商人等共同发起建立“南京安全区”，希望在南京沦陷的最危险时刻，为难民提供一个躲避的场所。可是，尽管安全区国际委员会的成员们希望安全区内杜绝所有军事行动，但日本军队拒绝承认安全区为中立地带，依旧轰炸不误。

在这种情况下，作为安全区主席的拉贝觉得有向更高当局请求帮助的必要。1937 年 11 月 25 日，他发电报给阿道夫·希特勒，请求元首“善意地从中调停，中立区是为那些没有参战的人们建立的，要求日本政府予以承认”。与此同时，拉贝也发电报给他的朋友、总参议克里贝尔先生：“请真诚地支持我对元首的请求……否则的话，将酿成一场不可避免的大屠杀。”

希特勒和克里贝尔都没有答复，不过拉贝很快注意到日军在南京的轰炸方式有所改变。他发电报之前，日机在南京城内狂轰滥炸，以后他们只进攻军事目标，像军事学校、临时机场、兵工厂和军火库等。

但是随着一个又一个危机的临近，拉贝的胜利只不过是昙花一现，可怕的形势很快到来。

12月12日下午6时30分，他写道："紫金山上的炮火不停地轰鸣着——山的四周都处在电闪雷鸣之中。骤然间，整座山置身火海……"当时拉贝想起了一句预示着南京噩运的中国古语："紫金焚则金陵灭。"

在1937年底至1938年初那段血腥恐怖的日子里，拉贝成了非常时期的南京"执行市长"，他利用自己的德国纳粹党员以及多重政治身份，与日军斗智斗勇，与日本领事馆反复交涉、抗议，阻止日军的恣意侵犯和屠杀，他把他租住的院子，设为"西门子"难民收容所，收留了附近600多个居民；他在这里写下了著名的《拉贝日记》，记录了日军暴行的500多个惨案，他带领他的委员们寻求国际援助，募集资金，购买粮食和药品，特别是历尽艰辛，从上海搞来了能预防脚气蔓延的蚕豆。难民们对他顶礼膜拜，称他为"活菩萨"。为表达对拉贝的敬意，麦卡勒姆牧师专门谱写了一首《南京难民合唱曲》，歌词幽默中隐匿着辛酸："我们要蚕豆做早饭，我们要蚕豆做午饭……"

在这漫长的4个月里，拉贝每天的睡眠不足4小时，糖尿病每天都发作，几乎打光了所有的胰岛素。他说，如果上帝非要结束他的生命的话，那务必先拯救下这难民营中仍在苦苦挣扎的20多万无辜百姓。

作为一个德国人，尽管事实上拉贝有着强烈的民族优越感，也不像后来的白求恩、柯棣华那样有着共产主义和国际主义精神，但在大屠杀面前，拉贝没有选择逃离，而是坚定地与中国人民站在一起。自始至终，他都勇敢地表达着对无辜民众的支持。他的行为是无私的，也是伟大的，他成了这个无比黑暗的城市里最后一盏仍旧燃亮着的明灯。

三

1938年2月，拉贝的糖尿病已经开始恶化。与此同时，由于拉贝对日军暴行的不断指责与控诉，激怒了日本军界的要员，他们要把他强行驱逐出南京。德国政府在接到日本方面的通报后，决定召回拉贝。

在回国之前，拉贝曾向南京的中国人保证，他要把日本人的暴行在德国公布于众，并试图会见希特勒。南京人民祈祷拉贝的报告能迫使纳粹领导人向日本政府施压，以阻止这场屠杀。1938年2月，挥泪告别聚会之后，拉贝带着约翰·马吉拍摄的日军在南京暴行的胶片拷贝返回德国。

拉贝信守了他对中国人民的承诺，他向德国当局通报了日本人在南京的暴行。随后，他通过不停的演说和反复播映约翰·马吉拍摄的胶片，将南京大屠杀的事实公布于世。但拉贝最终没能见到希特勒，却被盖世太保逮捕，并被限制了人身自由。

纳粹政府被推翻之后，拉贝又因纳粹党元老的身份，遭到了很多愤怒的指责，并先后被苏联人和英国人逮捕，被重新投入监狱。尽管后来借助中国政府的担保信以及大量的证据，拉贝被暂时释放，但仍被列为重点观察对象。为了证明自己的无辜，拉贝陷入了一场旷日持久的"去纳粹化"诉讼之中。然而在为自己辩护的过程中，拉贝失去了工作许可证，耗尽了积蓄和精力。他们全家挤在一间小屋里，忍受着饥饿和寒冷。为了维持生计，拉贝还不得不把他收集的心爱的中国工艺品一件件地卖给美军，以换取豆子、面包和肥皂。营养不良使他患上了皮肤病，而悲哀和压力更是摧垮了他的身体。

在南京，拉贝是一个传奇，而在德国，拉贝是一个垂死的人。《拉贝日记》中的这段摘录表明了他那时的精神状态："如果我在中国听说过任何纳粹的暴行，我不会加入国社党……在南京，对于数十万人来说，我是'菩萨'，可在这里，我是'贱民'，是无家可归的人。"

1946年6月3日，拉贝的纳粹罪名终于得到了免除，精神的折磨也总算到了尽头，可拉贝一家的生活却依然十分艰难。1948年，拉贝的遭遇传到了南京。当南京政府告知南京人民拉贝需要帮助的时候，几天之内，大屠杀的幸存者就为拉贝募集了1亿元中国币，大约相当于当时的2000美元——这在1948年可不是个小数字。国民政府还指出，如果拉贝愿意返回中国，将为他提供住房和终身养老金。拉贝对南京人民的支持十分感激，并说这一举动使他恢复了对生命的信心。

不幸的是，没过两年，拉贝就因中风不治告别了这个让他备受煎熬的世界，没有任何形式的悼念活动，他的墓碑上也仅只书写下一句话："一个好人，一个不屈的人。约翰·拉贝。”去世前，他留下了一份记录他在中国工作情况的文字遗产：2000多页关于南京暴行的材料，这些材料都由拉贝进行了打印、排序和装订，甚至还有图片说明。

1996年，在美籍华人张纯如女士及邵子平博士等人的寻访下，这本详细记载了日军大屠杀罪行及人性抗争的《拉贝日记》终于重见天日，热播电影《南京！南京！》也正以此为表现背景。

《拉贝日记》和《南京！南京！》突破了对以往“无能的中国人”的错误描述，还原了一个完全不同的南京，一个有着希望火种的南京。向我们展示了，在这死生之地，在国亡家破之中暗暗燃烧着的人性之火，以及那用生命、鲜血、意志维持着的永不屈服的信仰和抗争。

周作人恶语讽刺鲁迅的爱情

孙郁文

在鲁迅的个人生活中,有两件事对他的打击是沉重的。一个是他的婚姻生活，另一个就是与弟弟周作人的失和。鲁迅生前一直不愿意向别人谈及此事，他默默地承受着，长久地牺牲自我，这使鲁迅陷入了人生最大的哀痛中。对一个具有鲜明现代意识的人来说，这种家庭的不幸本身，使鲁迅有了更深的悲剧色彩。

这是一个很可怕的记忆，周氏兄弟后来对此都闭口不谈。鲁迅与周作人的分手，是 1923 年 7 月 19 日。那日，周作人给鲁迅递来一封断交信。信中说：

鲁迅先生：

我昨天才知道，——但过去的事不必再说了。我不是基督徒，却幸而尚能担受得起，也不想责谁，——大家都是可怜的人间。我以前的蔷薇的梦原来都是虚幻，现在所见的或者才是真的人生。我想订正我的思想，重新入新的生活。以后请不要再到后边院子里来，没有别的话。愿你安心，自重。

7 月 18 日作人那一日，鲁迅日记中写道：

上午启孟自持信来，后邀欲问之，不至。

此前 5 天的日记有过这样一段文字：

是夜始改在自室吃饭，自具一肴，此可记也。

可见问题已很严重了。事情发展得这样突然，是旁观者始料不及的。他们的好友张凤举和川岛对此事略知大概，但均语焉不详。许多年后，许寿裳著《亡友鲁迅印象记》，谈及兄弟两人的冲突，点明其中原委。文章写道：

鲁迅爱住北平，但是他的西三条胡同住屋，是出于不得已而经营的。他原来在1919年把绍兴东昌坊口的老屋和同住的本家共同售去以后，就在北平购得公用库八道湾大宅一所，特地回南去迎接母太夫人及家眷来住，这宅子不但房间多，而且空地极大。鲁迅对我说过："我取其空地很宽大，宜于儿童的游玩。"我答："诚然，简直可以开运动会。"鲁迅那时并无子息，而其两弟作人和建人都有子女，他钟爱侄儿们，视同自己的所出，处处实行他的儿童本位的教育。

…………

鲁迅对于两弟非常友爱，因为居长，所有家务统由他自己一人主持，不忍去麻烦两弟。他对于作人的事，比自己的还要重要，不惜牺牲自己的名利统统来让给他。作人的妻羽太信子是有歇斯底里症的。她对于鲁迅，外貌恭顺，内怀忮忌。作人则心地糊涂，轻听妇人之言，不加体察。我虽竭力解释开导，竟无效果。致鲁迅不得已移居外客厅而他总不觉悟；鲁迅遣工役传言来谈，他又不出来；于是鲁迅又搬出而至砖塔胡同了。从此两人不和，成为参商，一变从前"兄弟怡怡"的情态。这是作人一生的大损失，倘使无此错误，始终得到慈兄的指导，何至于后来陷入迷途，洗也洗不清呢？

鲁迅搬出以后，就借钱购得西三条的房子，是一所小小的三开间的四合式。北屋的东间是母太夫人的房，西间是朱夫人的房。

南屋是他的藏书室。说起他的藏书室，我还记得作人和信子抗拒的一幕。这所小屋既成以后，他就独自个回到八道湾大宅取书籍去了。据说作人和信子大起恐慌，信子急忙打电话，唤救兵，欲假借外力以抗拒；作人则用一本书远远地掷入，鲁迅置之不理，专心检书。一忽儿外宾来了，正欲开口说话，鲁迅从容辞却，说这是家里的事，无烦外宾费心。到者也无话可说，只好退了。这是在取回书籍的翌日，鲁迅说给我听的。我问他："你的书全部都已取出了吗？"他答道："未必。"我问他我所赠的《越缦堂日记》拿出了吗？他答道："不，被没收了。"

决裂直接导因是周作人的妻子

鲁迅毕竟是伟大的，他受了种种诬蔑委屈，搬出了八道湾，又生了一场病，而对于作人和信子的事，日记上却一字不提。这是笔者在他死后数个月，为的要赶撰年谱，翻阅他的日记才知道的。

周作人对许寿裳的解释，颇为不满。谈及与鲁迅的决裂，他说："这回讲到1923年与鲁迅失和的事件，因为要说明我不辩解的态度，便想到那篇东西可能表明我的理论，所以拿来利用一下，但那些陪衬的废话本来是多余的；我所要的其实只是最末后的一节罢了。关于那个事件，我一向没有公开说过，过去如此，将来也是如此，在我日记上7月17日项下，用剪刀剪去了原来所写的字，大概10个左右，8月2日记移住砖塔胡同，次年6月11日的冲突，也只简单地记着冲突，并说徐、张二君来，一总都不过10个字。这里我要说明，徐是徐耀辰，张是张凤举，都是那时北大教授，并不是什么'外宾'，如许季茀所说的，许君是与徐、张二君明白这件事的内容的人，虽然人是比较'老实'，但也何至于造作谣言，和正人君子一辙呢？"

不辩解，是高明人的做法，这里有人间最深切的无可奈何之感。周氏兄弟对此的感悟，是异常悲凉的，这对双方都是巨大的打击。先前的一切友爱、温暖、亲情，在瞬间变成了粉末。遥想当年，两人手足之爱，同游东瀛，共译洋文，后辗转京城，于"五四"风潮中并肩呐喊。而今却各自东西，目不相视，形同路人，确是人间的大悲苦。

鲁迅与周作人分手后，两人均给已去了上海的三弟周建人去信，但周建人的态度很明朗，站在了鲁迅一边。周建人理解鲁迅，恐怕也是对羽太信子有看法，或与大哥意见一致，这是肯定的。细说起来，周氏兄弟的分手，就经济上的角度看，也是必然的。本来，大家族亲人间的摩擦，是不可避免的。加之羽太信子那时不太节俭，花销颇高，搞得经济上颇为紧张。周建人后来回忆说：

鲁迅在教育部的薪金每月300元,还有稿费、讲课费等收入,周作人也差不多。这比当年一般职员的收入，已高出10多倍，然而月月亏空，嚷着钱不够用。在绍兴，是由我母亲当家，到北京后，就由周作人之妻当家。日本妇女素有温顺节俭的美称，却不料周作人碰到的却真是个例外。她并非出身富家，可是气派极阔，挥金如土。家中有管家齐坤，还有王鹤拓及烧饭司务、东洋车夫、打杂采购的男仆数人，还有李妈、小李妈等收拾房间、洗衣、看孩子等女仆二三人。更奇怪的是，她经常心血来潮，有时饭菜烧好，忽然想起要吃饺子，就把一桌饭菜退回厨房，厨房里赶紧另包饺子……这种种花样，层出不穷。鲁迅不仅把自己每月的全部收入交出，还把多年的积蓄赔了进去，有时还到处借贷，自己甚至弄得夜里写文章时没有钱买香烟和点心。

虽然周作人的生活是比较讲究一些，但还不至于这样。但周作人任他的妻子挥霍，不敢讲半句不是。早在辛亥革命前后，他携带家眷回国居住绍兴时，他们夫妇间有过一次争吵，结果女方歇斯底里症大发作，周作人发愣，而他的郎舅、小姨都指着他破口大骂，从此，他不敢再有丝毫的“得罪”，相反，他却受到百般的欺凌虐待，甚至被拉着要他到日本使馆去讲话。平日里，一讲起日本，她总是趾高气扬，盛气凌人；讲到支那，都是卑贱低劣。而周作人只求得有一席之地，可供他安稳地读书写字，对一切都抱着息事宁人的态度，逆来顺受。

与周作人的决裂，对鲁迅的打击是巨大的。他忍着屈辱，搬出了八道湾。婚恋的悲剧与兄弟的失和，在鲁迅身上投下了深深的阴影。他变得更加沉默寡言起来，家庭的概念已经彻底瓦解了。

沉默，长久的沉默缠着鲁迅。他的心在绞痛着，撕裂着，他几乎要窒息了。这位在新文化舞台驰骋的猛将，第一次感到生活的重负要把他拖垮了。在这一年的8月，鲁迅迁居到砖塔胡同六十一号暂住，不久，为了安慰母亲，他不得不向朋友借钱，在阜成门内西三条买下了一处房子。从此，他与多年相亲相爱的周作人，永远地分手了。

周作人恶语讽刺鲁迅的爱情

有人说，男人的拯救，有时是要依靠女人的。鲁迅与周作人分手的最大收获，是重新选择了生活。如果不是与二弟闹翻，他或许还在旧路中徘徊着。鲁迅后来所以有了振奋精神、勇敢生活的勇气，在于他选择了生活的新的伴侣，他终于在两性的爱情中得到了人性的升华。

1925年3月，鲁迅结识了自己的学生许广平，开始了通信的交往。这是他一生的重大转折。如果不是这位女性在他的生活中出现，他后半生的状况，或许更坏。一个多月后，鲁迅与许广平的情感由师生渐向情侣的方向发展，随后不久，双方都投入了热恋之中。这时鲁迅已是人过中年了。被强烈的传统所压榨的鲁迅，带着沉重的历史重负，果敢而艰难地迈出了爱的一步：

> 我先前偶一想到爱，总立刻自己惭愧，怕不配，因而也不敢爱某一个人，但看清了他们的言行思想的内幕，便使我自信我决不是必须自己贬抑到那么样的人了，我可以爱！

鲁迅的这一选择，透着苍凉的悲壮，也带着雄浑的生命内驱力。1926年，他的南下，实在是爱情的缘故。他们预计暂时分手一段时间，再投入新的生活。但这却在社会上引起不小的风波，文坛上围绕鲁迅的私生活，时有讽刺之语。但最为令人难解的，是周作人对鲁迅的婚姻选择，持一种蔑视的态度。在他看来，鲁迅与许广平的同居，乃色情心使然，系旧文人纳妾之举。一贯主张个性自由和健康性道德的周作人，此时竟不容忍自由恋爱的人生之旅，想起来，很是令人费解。

舒芜先生在《周作人对鲁迅的影射攻击》一文中，曾例数周作人在爱情婚姻上对鲁迅的诸多讽刺，颇为详备。周作人在《中年》、《志摩纪念》、《周作人书信·序言》、《论妒妇》、《责任》、《蒿庵闲话》等文章中，不指名地挖苦鲁迅多妻、纳妾、色情等，这样的恶语，在他一生中是少见的。晚年，周作人在致友人徐的信中，为自己当汉奸辩解时亦说，自己的两个兄弟，均抛下前妻不管，他要照料云云，把鲁迅、周建人的再婚看成“弃妻”。羽太信子也把鲁迅与许广平同居之事，看成多妻的行为。《两地书》中，鲁迅记有羽太信子在朱安和鲁瑞面前，讲鲁迅、许广平坏话的字样，想必周作人夫妇对鲁迅择偶的不满之情，甚为深切。

其实，周作人在男女爱情上，是很明义理的人，他深知自由恋爱乃人类的进化。但为什么偏偏对鲁迅如此苛刻呢？笔者觉得一是因羽太信子之故而结下的怨恨，二是从朱安的角度考虑问题，觉得朱安太可怜。后一种原因，笔者以为颇符合他的思路。他曾认为，爱是不能给他人带来痛苦的，否则，便是非道德之举。鲁迅的南下，周作人同情的是朱安，在他看来，鲁迅此举，多源于欲，而非爱。此事拯救的是鲁迅，牺牲了的是朱安。所以他在许多文章里，痛骂中国的多妻主义。

鲁迅的悲剧意识非周作人能领会

问题是，鲁迅与朱安的结合，在道义上是否合于人性？倘这个前提不弄明，结论便不好下。包办婚姻在晚清是一种风俗，谈不上什么爱情。一个人和自己不爱的人生活在一起是痛苦，从人性的理论看，亦无道德可言。对于像鲁迅这样一个有深切痛感的人而言，选择自己的爱，现代人恐怕是可以理解的。问题是，朱安没有这种选择的自由，她便成了真正的牺牲品。这确是一个残酷的选择。人要在自我超越中，达到“自他两利”，是多么的艰难！鲁迅内心深处，或许也有这种无奈吧？

鲁迅在选择对许广平的爱时，并非没有考虑到朱安的存在。在处理爱情问题上，他十分的自卑，也慎重万分。《两地书》中，鲁迅曾谈及自己性格中妥协的一面。读起来亦有伤感之叹。但这种伤感，正如王得后先生（鲁迅研究专家）所谈，并非什么“负罪”之感，而是充满了悲剧意识。许广平针对鲁迅的忧虑，曾这样说道：

> 你的苦痛，是在为旧社会而牺牲了自己。旧社会留给你痛苦的遗产（按：这里指朱安），你一面反对这遗产，一面又不敢舍弃这遗产，恐怕一旦摆脱，在旧社会里就难以存身，于是只好甘心做一世农奴，

> 死守这遗产。有时也想另谋生活，苦苦做工，但又怕这生活还要遭人打击，所以更无办法。……我们也是人，谁也没有逼我们独来吃苦的权利，我们也没有必须受苦的义务，得一日尽人事，求生活，即努力做去就是了。

迈出这一步，走向爱的王国，这在鲁迅那里，是极其艰难的。读《两地书》，可感受到两性间纯粹而博大的爱。鲁迅与许广平的通信，在中国现代史上，是难得的两性挚爱的文本，其中隐含的是深刻的文化寓意。那里留有现代先驱者，在传统的压迫中，怎样艰难地爬出人生的苦门，以人的声音，向世间发出的苦诉。周作人对这一世界的领会，其吞吐、敌意的口语，大概是不得其真义的。

也许，爱永远是一个谜。我们永远绕不过这一存在。但人们一代又一代地承受着、寻觅着、创造着。生命的价值，或许就存在于这种艰难的选择之中。

张幼仪与朱安被弃后的不同结局

叶细细

朱安与张幼仪的遭遇有些类似，都是包办婚姻，嫁给写字的人。一个嫁的是一代文豪鲁迅，另一个嫁给著名诗人徐志摩。他们对她们都不好，鲁迅一生都没有与朱安圆房，徐志摩与张幼仪的性生活是为传宗接代。

张幼仪给徐志摩生了孩子，被弃的遭遇依然没有改变，徐志摩就是不喜欢她，无论她怎么努力。于是，张幼仪放弃了这段不幸的婚姻。其实，她也可以不放弃的，比如她可以不在离婚协议书上签字，也可以在签字后，在徐志摩父母的撑腰下反悔。她却并没有如此。她是不愿做那把秋天的扇子，忍受不爱的凌迟。

放弃得有些艰难，在那样一个年代，顶着离婚被众人非议的压力，带着年幼的孩子重新开始。

按说，离婚了，张幼仪完全可以拍拍手，与徐家自此无关，她却没有。她心里还是有情有爱的，在公婆要求收她为寄女时，她答应了。想想徐志摩的父母也是够难为张幼仪了。张幼仪爱公婆，无非是因为他们是徐志摩的父母，现在连婚姻都没有了，还要扯上这层关系，让她在旧情旧景中暗自伤心。

好在张幼仪是个有文化的女子，自幼就受过良好的教育，又有不错的家庭背景，所以她明白该怎样调整自己。她继续读书，完善自己，在 1926 年返国后，去东吴大学教德文，后来又转战商界，成为上海女子商业储蓄银行副总裁、云裳服装公司总经理。

这期间，徐志摩没追上林徽因，却与陆小曼完了婚。张幼仪并没有在这些情爱伤悲中沉沦，她在用行动证明离婚并不可怕，比离婚更可怕的是做那把秋天的扇子，让别人当她不存在。

朱安呢，却当了一辈子秋天的扇子。看看鲁迅先生是如何待她的吧。朱安是小脚，知道鲁迅喜欢大脚，在新婚时，穿了一双大鞋，给鞋子里塞了棉花，谁知下轿时鞋子滑掉，让鲁迅很是讥讽。

鲁迅讥讽朱安的小脚，讥讽朱安不识字，讥讽朱安长得难看。朱安心里难过，却还是满怀希望地做着蜗牛，她吃力地往上爬，想着总有一天大先生能明白她的好，接纳她。

在朱安的思想意识里，嫁了鲁迅，这辈子就生是周家的人死是周家的鬼，鲁迅的立场就是她的立场。就连鲁迅与二弟周作人反目，朱安也记在心里，在鲁迅死后，她宁愿挨饿，也不受周作人的接济。她的这些想法与张幼仪是不同的，张幼仪爱徐志摩，却不想失去自己。

不同的思想，导致了她们相似的命运不同的结局。

朱安后来已不是爱鲁迅，而是讨好和巴结。在鲁迅的冷淡里，她依然展现着自己的韧劲儿，努力把大先生往自己身边拉。

1919 年，鲁迅在北京买下一处院子，接母亲同住，问朱安愿意不愿意过来。如果朱安想结束这种守活寡的生活，不再跟过来，鲁迅也是愿意的。然而，朱安非常乐意跟过来。

鲁迅对朱安采取的态度是当她不存在。他内心为这桩无爱的婚姻痛苦万分，却不说离婚。他明白，对于一个大字不识的女人来说，抛弃她就等于把她往死路上赶。

朱安要跟过来，鲁迅只能接纳她。最可怜的是朱安，还以为大先生有了与她在一起的意思，晚上铺好床被，等鲁迅同睡。哪想，鲁迅看到铺好的床被，心头的火一股脑涌出来，他掀掉被子，闹着要把床拆了。

朱安明白了，大先生并没有要与她同床的意思。她委屈着，依然讨好着他。那以后，鲁迅与她分床，不穿她补的衣服，却在她生病时带她去看病。

无疑，鲁迅这种做法是残忍的。如果对朱安坏到底，也许朱安会死了心，可是他心内偶尔的不忍，比如不休妻，让朱安搬来同住，她生病的时候带她看病，无疑让朱安觉得大先生对她还是仁慈的。

于是，在鲁迅说有一种糕点好吃时，朱安马上接口说她也吃过，是很好吃。

本来是想讨鲁迅高兴，却哪知这种糕点是鲁迅在日本吃的，朱安见都没见过。

朱安也亲眼见过鲁迅温情的一面。搬到新院时，他教邻家的一对姐妹做运动，两个姐妹生得好看，年轻，做起运动来很好看。朱安看着，羡慕万分，也跟着在一旁扭动身体，而她裹着一对小脚，扭动身体的样子很难看，鲁迅扭脸看到，更是嫌恶她了。

在鲁迅与许广平同居后，朱安非常难过，终于死了心。就这样，她依然没有想过离开鲁迅，这年她已 50 岁。一个年老的女人，长得不好看，也没文化，年轻时没有想过离开鲁迅，到年龄大时更不可能了。她没有张幼仪的智慧和勇气，也没有孩子寄托，此路不通，她只能在没有希望后，依然留在周家照顾婆婆。

朱安说的最伤心的一句话是，她是鲁迅的遗物。跟了鲁迅一辈子，没有享受过正常女人该有的生活，孩子也没有。她只有一个名分。她与鲁迅的书稿一样，毫无生命，只是鲁迅先生的遗物。

相比朱安，张幼仪是不幸里的幸运者，离开徐志摩后，她找回了自己，事业成功，在 54 岁时，再嫁给一个姓苏的医生。苏医生对她很好，给了她温暖的后半生。

看起来，无论哪个年代，女人都不能没有文化。高学历会让女人有更多的选择，努力去爱别人，不如提升自己，让自己变得更可爱。

日本妓女间谍祸害中国 50 年

玉俊彦

19 世纪末期，明治维新后的日本国力迅速上升，对亚洲大陆的野心也日益膨胀。为实现其侵略计划，日本人培训了大量间谍。这些日本间谍，尤其是女间谍纷纷潜入中俄朝等国刺探情报，成为日本侵略军的帮凶。鲜为人知的是，这些女间谍中有相当部分出自札幌妓女间谍学校。

“西伯利亚阿菊”色诱白匪头子

甲午战争后，日本与沙俄为侵略我国东北地区展开了激烈的竞争。为加强对俄情报工作，在日军高层的支持下，日本黑社会组织玄洋社于 1896 年在札幌开办了一所语言学校，名为“俄语学会”。根据日本情报机构的规定，该校学员中“将校军官”和“民间志士”各占一半，所有学生均经过严格挑选。该校主要讲授俄语和俄国的风俗人情，并进行各种间谍技能培训，学员毕业前还要潜入西伯利亚进行实习。此后，该校又增设了汉语课程，校名也改为“俄华语学校”，重点培训女间谍，训练她们运用美人计获取情报的本领。由于这些女间谍很多都以妓女身份作为掩护，人们便把她们统称为“阿菊”，这所学校也获得了“妓女间谍学校”的绰号。

在大量的“阿菊”当中，最出名的要数“西伯利亚阿菊”、“满洲阿菊”和“大陆阿菊”。“西伯利亚阿菊”原名山本菊子，她于 1886 年出生在日本九州，7 岁时因家贫被卖入妓院。一次偶然的机会，山本菊子遇到了日本特务头子内田良平，后者很看重菊子身上的间谍潜质，于是将她送入妓女间谍学校精心培养。很快，菊子就学会了一套运用姿色搞情报的绝技。1904年日俄战争爆发，18岁的菊子潜入西伯利亚充当妓女，获取了大量俄军重要情报，在日本情报界初露锋芒。

1918年，日本伙同一些帝国主义国家出兵西伯利亚，占领了俄远东地区的一些城市，对俄国革命实施武装干涉。为消灭苏俄红军，扶持傀儡政权，日军在远东广设特务机关，由于山本菊子精通汉语、俄语和朝鲜语三门语言，于是便被派往中俄边境一带活动。她几乎走遍西伯利亚和中国东北地区，与白俄匪军和中国东北的马贼相互勾结，搜集到苏俄红军的许多重要情报，“西伯利亚阿菊”的大名逐渐响亮起来。

后来，白俄匪军被红军击败，25万残匪退入中国东北地区。日本特务头子土肥原贤二看中了这股力量，于是他命令山本菊子设法拉拢白匪头子谢苗诺夫，拉几万白俄残匪到哈尔滨、大连一带，为日本侵略中国服务。然而，谢苗诺夫对日本人的建议并不感兴趣，因为大部分白俄残匪是俄中边境地区的地主和农民,他们只希望在家乡附近活动。遭到拒绝的山本菊子没有死心,她先是使出“美人计”，把谢苗诺夫迷得晕头转向，接着又向其提供“绝密情报”，称苏俄特工人员已潜入中国东北，伺机暗杀他，只有投靠土肥原贤二才有出路。在山本菊子的软硬兼施下，谢苗诺夫最终带着队伍投降了。

此后，山本菊子又装扮成中国人，收买了20多股马贼，在中国东北地区到处搜集情报，并疯狂袭击反日武装。1923年，37岁的山本菊子因病死在哈尔滨，结束了她短暂而罪恶的一生。

“满洲阿菊”将“皇姑屯事件”知情人送入虎口

“满洲阿菊”原名河村菊子，父母双亡的她自幼就被送进妓女间谍学校培养。15岁时,河村菊子已出落成非常漂亮的姑娘,日本情报机关便派她潜入中国活动,在此过程中，她与一名日本间谍勾搭成奸，但没过多久她的情人便被沙俄军队处死，从此她与俄国人结下了深仇大恨。

日俄战争爆发后，河村菊子奉命来到东北，化名“小金凤”，嫁给了中国马贼杨大新，在她的蒙骗下，杨大新屡屡攻击俄军补给线，并为日本人提供了大量情报。杨大新战死后，河村菊子掌握了这股土匪武装，她带领这股马贼在中俄边境地区流窜多年，后来还配合日军刺探苏联红军和抗日游击队的情报，获得了“满洲阿菊”的绰号。

1928年，河村菊子奉命参与“皇姑屯事件”的“善后工作”。当时，张学良正在东北地区严查此案，发誓要抓到杀害父亲张作霖的仇人，查明真相。由于日本人担心参与此事的汉奸刘载明泄密，决定把刘载明弄到大连后处理掉。为了防止刘载明在路上被东北军查获，日本情报机关决定派河村菊子出马，她与刘载明扮成一对中国富商夫妇，成功地混过了东北军的检查，乘火车连夜逃到了大连。火车刚一到站，河村菊子就把刘载明交给了大连的日本宪兵，刘载明此后下落不明，河村菊子因此立了大功。

“大陆阿菊”迷倒不少中国达官贵人

在派遣间谍进入中国东北的同时，日本情报机构又在关内的天津、上海、北京和汉口等地开办大量高级妓院，把一大批女间谍派往这些妓院充当妓女，她们被统称为“大陆阿菊”。这些“大陆阿菊”年轻貌美，引来许多中国的达官贵人、纨绔子弟、高级军官和秘密社团头目到妓院寻欢作乐，成为日本情报机构的“猎物”。“大陆阿菊”们充分施展在妓女间谍学校学到的“本领”，把“猎物”玩得神魂颠倒，并从他们口中套出了大量重要情报。哥老会的一次反清起义就是被“大陆阿菊”破坏的。当时，哥老会成员唐彩章从海外募集了一笔为起义军购买武器的经费。日本情报机构发现他的行踪后，将唐彩章骗进上海的日本妓院里，结果这笔经费很快就被“大陆阿菊”们榨干，哥老会起义因武器不足而被清政府血腥镇压。

在近50年的时间里，日本“阿菊”们成为了日本侵略计划的重要工具，她们的间谍活动虽然堪称成功，但却无法逃脱侵略者最终灭亡的命运。随着1945年日本的投降，“阿菊”们在亚洲大陆的猖獗活动最终画上了句号。

被人遗忘的远征

子 路

第二次世界大战期间，有一支名叫“中国远征军”的队伍去了缅甸。中国人安土重迁，但他们却义无反顾地踏上了远征之路；人皆畏死，但为了尽抗战守土的责任，除了远征，他们别无选择；几十万游魂在异域漂泊了60多年，至今仍无定所。时至今天，又有多少人记得他们？又有多少人知道他们曾进行的惊天动地的战争？

1937年7月7日，日寇终于暴露了侵占中国的野心与狰狞面目，他们撕下一切伪装，制造卢沟桥事变，公开武装侵略中国。与此同时，德国、意大利也频频在欧洲发动侵略战争，并与日本组成轴心国，建立法西斯阵营，妄图三足鼎立，共同霸占世界。

英美因忙于对付德国纳粹，对日本帝国主义采取的是“哄小孩”的办法，他们让日本得到东印度群岛，以此来限制其在太平洋的行动，但是结果恰恰相反，日本帝国主义不知满足，仍在秘密、积极地准备实现图谋世界的梦想。1941年12月7日，日本偷袭了珍珠港，随后又空袭马来西亚、香港、关岛、菲律宾群岛、威克岛及中途岛。日本的一系列行动，使得美英在太平洋区域的利益和安全受到了损害，他们随即宣布对日作战。

日本在太平洋区域发动突然进攻后，英国感到在这个地区的自身利益受到威胁，因此想借助中国的武装力量来支援他在远东殖民地的军事力量，甚至要用中国的力量来保护他在这一地区的利益。

而在此期间，日军迅速占领了中国北方的京津地区，南方的广东、汉口、上海、南京等华中、华东、华南地区和中国沿海几乎所有的港口，中国政府从美国或其他方面获得的数量有限的军械、弹药、汽油、载重汽车、铁路材料等物资，都需要由缅甸经滇缅公路运输到国内。从战略上看，这条运输通道至关重要，这也是打击日本侵略者的重要组成部分。

由于中英双方在这一地区各自的利益有相同之处，于是共同签订了《中英共同防御滇缅路协定》，中国组成远征军，与英国在缅部队共同抗击即将侵犯缅甸的日军。在《联合国家宣言》签署的同时，罗斯福建议成立中国战区，请蒋介石担任中国战区的司令，对中国、越南、泰国的对日军事行动统一指挥，美国史迪威将军做参谋长。

1942年2月，以国民党军第二〇〇师为先头部队的中国10万远征军浩浩荡荡地向缅甸进发。中国远征军由第5军、第6军和第66军组成，计10万人，罗卓英任总司令，杜聿明为副总司令。

中国远征军在缅甸与日军战斗约10次，规模较大和有影响的战斗是同古保卫战、仁安羌解围战和棠吉攻击战。同古保卫战和棠吉攻击战是中国远征军与日寇相持和对日寇攻击最为激烈的两次战斗，给日军以重创，但中国远征军二〇〇师也伤亡过半，元气大伤。同古失守后，中、英、美联军25万人原计划在曼德勒全歼日军4个师团10万人，但1942年4月20日中午，正面驻守曼德勒的英缅军在中美两方都不知情的情况下悄然撤军。蒋介石迫于无奈，只好改变作战计划，命令远征军撤往缅甸的腊戌进行防御作战。殊不知，4月28日，日军第56师团已抢先占领了腊戌，中国远征军的退路被切断。

29日，中、英、美三方指挥官举行了最后一次联席会议，英军总司令亚历山大首先宣布：英国准许中国远征军到印度避难，但入境前须申报难民身份，由英国军队予以收容。杜聿明对这一带有侮辱性的“邀请”极为愤慨，当即说：“我的部队不能接受亚历山大将军的‘好意’。既然我们从中国来，就该回中国去。我们有自己的国家，不必上印度去做难民。我相信日本人挡不住我们的道路！”说罢他戴上军帽，凛然退场。

缅甸北边有一片方圆几百里的原始森林，山高林密，传说中经常有野人出没，于是被当地人称为野人山。由于退路已被日军切断，1942年5月，杜聿明带领剩下的40000远征军残部撤进了险恶重重的野人山，历尽种种折磨，终于于1942年8月走出野人山，所部仅剩8000余人。

于此，历时半年多的缅甸作战，以中国远征军的艰难撤退而告终。中国远征军第一次入缅失败的原因可以归结为：

1. 中、美、英三国虽然结成了同盟，但由于各国政治考虑不同以及对日本的态度不同，因而在行动上的协调比较困难，行动很难统一。

2. 中、英两国在对日军采取什么样的对策，中英军事力量将如何部署等方面，没有一个明确的战略计划，指挥上极为混乱。

3. 中国远征军的给养、装备准备不周全，对缅甸的风土人情、政治状况、社会情况了解不够。

虽然失败了，但中国远征军视死如归、同仇敌忾的斗志却让日本军心有余悸，他们言称与中国的战斗是艰苦的。日方在战后防卫厅编纂的军事回忆录中记载："同古攻略战，历时十天结束，师团于30日占领了东瓜，正面守军为重庆二〇〇师。该部队自始至终战斗意志旺盛，特别是退却收容部队，固守阵地抵抗直至最终，虽是敌军但令人佩服！自司令长官饭田中将以下各将官无不赞叹其勇气。"美国国会1942年7月24日授权罗斯福总统，在10月29日颁授戴安澜将军懋绩勋章一枚的证书和荣誉状中，对第二〇〇师在缅甸的战斗，特别是同古、棠吉战斗给予了很高的评价：戴安澜少将作为中国陆军第二〇〇师师长，在缅甸战役中著有丰功伟绩，声誉卓著。戴将军出色地继承和发扬了军事行动之最佳传统，为他自己和中国陆军建树了卓越的声誉。1943年4月1日，毛泽东同志在全国公祭戴安澜将军的大会上，赠送挽诗："外侮需人御，将军赋采薇。师称机械化，勇夺虎罴威。浴血东瓜守，驱倭棠吉归。沙场竟殒命，壮志也无违。"对戴安澜将军不愿做亡国奴，坚决抗击日寇的精神给予了高度的赞誉和评价。

远征军的行动虽然失败了，但它却是世界反法西斯战史上一段十分重要的内容。一些研究第二次世界大战战争史的专家们曾说："谈论第二次世界大战时，一定要谈到中国战区；在谈到中国战区时，一定要谈到中国远征军；而在谈到中国远征军时，一定要谈到戴安澜将军和他指挥的同古保卫战和棠吉攻击战，以及孙立人将军的仁安羌解救英军之战。"在这里，"戴安澜"这个名字俨然成了在缅甸奋不顾身与日寇英勇拼搏，不惜为国捐躯、为中华民族大张国威的代名词，更是那段可歌可泣、壮烈辉煌历史的代名词。

时至今日，鲜有人知道远征军的称呼及这段荡气回肠的战斗，但无论如何，这一段用生命和鲜血谱写的历史，应是中华民族历史中不能绕去的记忆。

美国如何屠杀印第安人

刘 仰

白人对印第安人的屠杀早就开始了，在美国被称为建国基础的新教徒们，刚到北美不久，就忘了最初艰难时期印第安人给予他们的友好帮助，制定了对印第安人头皮的悬赏制度。英国殖民统治时期，悬赏印第安人头皮的制度一直存在，并以英国女王陛下的名义颁布。谁都知道，一块头皮根本没有任何实用价值，高额悬赏头皮的唯一目的就是屠杀印第安人。也许“美国人”会说，那是在美国建国之前的事情，其罪恶不该怪到美国头上。那么，看看美国的《独立宣言》吧，美国开国元勋杰弗逊在《独立宣言》中，毫不掩饰地责怪英国兄弟对印第安人太好了,比对同样是白人的美国兄弟要“好”。难道英国人割了“美国人”的头皮，甚至还有更严厉的酷刑？

美国是一个现代国家，现代国家的三个基本要素就是：国土、人民和主权。对于美国这个新国家来说，国土都是别人的，从最初独立的十三州，到现在的面积，美国的每一寸国土都是别人的。而这个新国家的“人民”却不包括曾经是这片土地的主人。后来包括了，但印第安人已经所剩无几。即便美国国民后来包括了印第安人，美国的主权也没有印第安人的份儿。

美国对印第安人的种族灭绝行为在开发西部时期达到高峰。开发西部本来就是扩张领土的行为，显然会遭到原先居住在西部的印第安人的反抗。在东部印第安人早已毫无反抗能力，甚至毫无生存空间的情况下，美国西部印第安人的反抗，便成为美国最头疼的麻烦。为了保证西部开发的顺利实施，减少美国白人与印第安人的敌对行为，1851 年 9 月，美国政府委派印第安事务官以及总统特派专员，与西部地区多个印第安人部落签订了一份条约，该条约以签订地点命名，被美国人称为《拉勒米堡条约》，印第安人称为“长草地条约”，这是美国历史上关于印第安人的最重要的条约之一。

《拉勒米堡条约》不长，一共只有8款，摘录几条。条款2：上述各部落特此承认美国政府有权利在部落各自的领土上修建道路，成立军队和修建岗哨。条款3：考虑到在先前条款中得到的权利和特殊待遇，美国政府同意在该条约批准后保护上述部落免遭美国人的破坏和袭击。这两个条款看起来像是平等的，但事实上却极为不平等，它等于在说：我可以从你家前门后门自由通行，但不会给你家造成破坏。注意“条款3”的一个用词，“免遭美国人的破坏和袭击”，也就是说，印第安人不是美国人，因此，这份条约更像是一份国与国之间的外交条约。那么，一个国家到另一个国家的领土上“成立军队”、“修建岗哨”的目的又是什么？

人们也许会说印第安人很傻，美国人在印第安人的领土上“成立军队”、“修建岗哨”除了针对印第安人之外，还能针对谁？印第安人就不该接受，不该签署这个条约。

一些人的确不愿接受，他们发表了很多看法，主要意思是说，美国人以前都说话不算话，这次也不可相信。后来有一位德高望重的老酋长说：我们显示一点诚意，给白人一个机会，看他们这次会不会履行承诺，印第安人需要和平。老酋长的这番话，还有一个原因是，《拉勒米堡条约》的第5款规定了各个印第安人部落的领土区域。虽然比起印第安人自由生活的年代，领土面积已经大大缩小，但是，印第安人面对现实，决定做出让步，接受美国的条件。这种行为颇为类似今天的巴勒斯坦人接受“以土地换和平”的无奈选择。但是，巴勒斯坦人让出了土地，没有换来和平，150年前，印第安人也遭遇了同样的命运。

当然，《拉勒米堡条约》还规定了美国政府已经或可能对印第安人部落造成的损失给予补偿，8个印第安人部落，每年共可获得50000美元的补偿，为期10年，共50万美元。但不是现金，如果是现金，印第安人可能会用它来买武器，美国政府规定不得将武器卖给印第安人，甚至连铁器都不行。虽然很多白人为了赚钱，并不听从美国政府的法令，但是，卖给印第安人武器，的确是违法的。因此，美国政府每年提供的50000美金，都是商品、家畜、农具，并由美国政府根据印第安人口数量分配，印第安人自己还不能分配。8 个部落每年共 50000 美金的商品，能起多大作用？印第安人当然还要靠自己谋生。

但是《拉勒米堡条约》还规定，如果印第安人对路过或"生活"在印第安人领土范围内的白人产生错误举动而造成损失，白人将要求赔偿。这一条款的陷阱在于，它给了美国人在印第安人领土内"生活"的权力，印第安人的领土等于不受任何保护。同时，何为"错误举动"，由于印第安人几乎不了解美国的法律，因此，只要美国人说"错误"，那就是错误。更为恶劣的是，条款 8 规定：谈判双方均同意如果乙方（指各印第安人部落）的任何一个印第安部落违反了其中的任何一条规定，美国有权扣留上条提及的对该部落的全部或部分物质补助，直到美国总统认为该印第安部落已经做出弥补。在执行这一条款的实践中，几乎可以理解为，任何个人的"违反规定"都将视为是整个部落"违反规定"，用今天的话来说就是"连坐法"、"株连法"，一人犯罪，全家受罚，直到美国总统满意为止。

确实，善良淳朴的印第安人喜欢一诺千金，一言九鼎，他们无法在合同技巧上与美国人斗心眼、玩花招。有一个故事，展现了美国政府如何兑现他们的合同约定。有一个摩门教的车队路过印第安人的土地，由于有了条约的规定和酋长的约束，印第安人都站在那里看。突然，摩门教车队中一头牛跑出了队伍，闯入印第安人的营地，撞坏了好几个帐篷，帐篷主人很生气。但是，酋长还是命人将牛抓住，送回给摩门教徒。然而，摩门教徒害怕与印第安人打交道，没有接过牛缰绳，回到了车队，离开了。印第安人以为白人不要牛了，便将这头牛作为被撞坏帐篷的那名印第安人的赔偿。

几天后，一支美国军队来到印第安人营地，军官宣布说，有白人控告印第安人偷了他的牛，酋长必须赔偿，并将小偷交给美国军队实施惩罚。被当成小偷是对印第安人的侮辱，印第安人私有财产很少，大多实行财产公有制，没人会偷东西。酋长向军官解释说，没有偷牛，牛是自己闯进来的，以为白人不要了，已经被吃掉了。如果一定要赔偿，酋长愿意赔 5 匹马。然而，坚持法律，坚持条约规定的美国军官不同意，一定要把偷牛贼带走。酋长见谈判不成，不谈了，扭头而去。于是，美国军官下令开枪，酋长当场被打死。美国军官又下令向印第安人的营地开枪、开炮射击。

在历史上，美国人将这一事件称为“格雷坦大屠杀”，但是，美国人所说的大屠杀，并不是承认美国在犯罪。而是说印第安人实行大屠杀。事件当时，酋长被打死后，营地遭到炮火轰炸，妇女儿童死伤无数，整个部落4000多人义愤填膺，他们拿起简陋的武器，与美国军队发生了冲突。这支来抓“小偷”的美国军队人数不多，结果被印第安人全部消灭。格雷坦是带领这支军队的美国少尉的名字，美国用他的名字命名了一次印第安人的“大屠杀”。事后，美国派军队实施了报复，杀死了86名印第安人，逮捕了70名妇女儿童。

顺便说一下摩门教。摩门教原先在美国南方，因为有“邪教”嫌疑（一夫多妻制），被赶了出来，后来到达美国西部犹他州的盐湖城居住。在《拉勒米堡条约》签订6年后，摩门教徒得知，当年在美国南方告发他们的人，也在迁往美国西部的路上，于是，摩门教徒对这支前往西部的白人车队实行了大屠杀，他们以上帝的名义处死120名成年人，只有17名10岁以下儿童幸免于难。这一惨案发生后，只有两名摩门教首领被美国政府判处死刑。相比较而言，印第安人被栽赃偷了一头牛，便要集体遭到枪炮轰击，如果印第安人杀了120名白人，不被全部杀光才怪。

还有一个故事，更加鲜明地反映了美国人是如何执行他们的法律的。有一个印第安人部落是抵抗白人最坚决的部落，但是由于生存条件实在太艰苦，酋长最终决定放弃抵抗，与美国军队谈判，迁到美国政府规定的保留区。美军将军要求首先交出全部武器，印第安人交了。美国将军觉得交出的武器太少，印第安人都是骗子，便命令士兵搜查，结果士兵搜出一批打猎用的弓箭以及做饭用的刀具，都被当成是武器。最糟糕的是，一名印第安人身上还有一把枪，酋长来不及解释这名印第安人是聋子，听不到交出武器的命令，美国将军已经下令开枪、开炮，这个印第安部落被彻底斩尽杀绝。这名印第安酋长，就是历史上著名的“坐牛”酋长，至今，他依然是印第安人心目中的英雄。

德国女纳粹成杀人帮凶

刘雅芳

在纳粹的艺术、电影和杂志中，德意志第三帝国的女性往往被描绘成美丽性感的形象。希特勒曾因她们养育孩子而给她们颁发“金十字”奖章，对其贤妻良母形象大加表彰。对于这样的形象，战后数十年很少有人怀疑。不过，历史学家凯瑟琳·康皮奇女士的新书《女性犯罪者：国家社会主义下的妇女》却披露了一个完全不同的事实，那就是希特勒统治下的德国妇女跟男人一样凶残。

残暴狱警

为了实施所谓雅利安人种优化计划，希特勒下令德国医生对身体有缺陷的人实施绝育政策，后来进行残酷杀害，许多德国妇女成为医生杀人的帮凶。凯琳·马格奴森1908年生于柏林，是一位富有才华的生物学家和物理学家，她用奥斯威辛集中营里仍然活着的囚徒的眼球进行人类虹膜色素沉着试验。此外在杀害犹太人的集中营里，不少德国妇女担任狱警。据统计，共有3200多名妇女在集中营服务，有的干普通工作，比如当舍监、理发师、电车售票员等，但许多人却是当凶狠的看守，多是中下层妇女。集中营的女狱警都要接受为期4周至半年的职业训练，训练她们如何处罚犯人、怎么识别破坏活动和消极怠工等。纳粹女狱警是些强壮、结实而又健康的女性，所以打起犯人来格外狠毒，如果不这样，自己就有可能被当成囚犯。

最臭名昭著的纳粹女战犯之一是厄玛·格丽丝，这个没有多大背景的女孩因在死亡集中营里狠毒的表现而得到了“美女野兽”的称号。年轻貌美的厄玛1923年10月7日出生在德国一个普通的农户家中，18岁加入纳粹青年团，在拉文斯布吕克集中营接受训练。凭着美丽的外表和能力，她很快成了纳粹警卫队的候选人，一年后正式成为纳粹女警卫，负责看管那里的女俘虏。后来转到奥斯威辛集中营，并成为高级监督，是该集中营第二号女首领，掌握着30000多犹太妇女的生杀大权。

像其他看守一样，厄玛总是随身携带着一把佩剑，但又比别人多了一条玻璃纸鞭子，筋疲力尽的犯人经常会遭到她的毒打。她经常放狗咬犯人，随心所欲地想把谁推进毒气室就把谁推进去，有一次居然还把3个犯人活活剥了皮，然后做成人皮灯笼。她不但在肉体上摧残囚犯，还在精神上折磨她们。她强迫被关押在奥斯威辛的犹太妇女装扮成同性恋，做出各种淫秽的动作。如果她一时兴起，还会把自己养的几条大恶犬牵出来对女犯人进行摧残。1945年11月17日，她被纽伦堡军事法庭判处绞刑，死时22岁。

告密狂热

当时纳粹党卫军行动队对犹太人进行屠杀后，妇女们负责统计列表，当纳粹军队需要更多的弹药时，她们操作无线电进行联络，有时盖世太保指挥所里有德国妇女进行无线电操作。但是在战争结束后，她们试图淡化自己的责任。但是，康皮奇通过对战前和战后的统计数据进行分析后发现，希特勒统治时期，德国妇女在政府、私人机构和军队中担任的工作比和平时期更多。纳粹政权积极地鼓励女性参与恐怖行动，使其在草根阶层得以实施。

康皮奇说，在纳粹德国有一个专门的词汇叫“Block-waerts”，特指那些家庭密探，一旦发现有人进行非纳粹活动，就会向纳粹党告密；如果怀疑邻居不安或者怀疑他们是犹太人或同情犹太人，就会向盖世太保报告。而这些所谓的家庭密探大部分是妇女，女性告密者的数量居然是男性告密者的3倍。在德国杜塞尔多夫市保存的一些盖世太保档案中发现，一些妇女特别是中下层女性为了改变家庭的权力平衡而公开告发自己的丈夫是间谍、共产党员或者反纳粹者。

人性扭曲

战争结束后，集中营的许多工作人员被逮捕并被判谋杀罪，其中500人被判处死刑，大部分被处决，至少包括19名女性。康皮奇说："这些妇女让自己的女性性格被压制，屈从于纳粹国家及机构。可是在战争结束后，大部分人声称自己对恐怖和暴力一无所知，这绝对是令人难以置信的。事实上，她们支持并参与了这样的恐怖和暴力。"

希特勒和他的高层领导们对这些妇女进行了催眠术一样的宣传教育，让她们执行建立在暴力和种族仇恨之上的纳粹政府的命令。这样一来，她们就变成纳粹党卫军的女仆，变成了俄罗斯古拉格集中营的看守，变成了杀人帮凶。

人们不应该忘记，在苏联、波兰等地的集中营里，纳粹军警杀死了成千上万的无辜者，许多德国妇女直接或者间接地参与其中，比如在波兰的奥斯威辛和特雷布林卡集中营里的大屠杀就有纳粹德国妇女的参与。

纳粹最得力的宣传干将是戈培尔，1933年3月任国民教育和宣传部长，此后12年操纵德国全部宣传机器。疯狂鼓吹战争，宣扬种族主义，编造谎言，吹捧希特勒，实行法西斯文化专制主义。在希特勒的纳粹主义面前，人们无法保持中立，每个人都被迫公开承认是支持还是反对纳粹。

肯尼迪“痛悼”吴庭艳

宁泉骋

吴庭艳是上世纪50年代由美国扶持起来的南越傀儡总统。

1950年2月，美国国家安全委员出于维护美国在印度支那地区的利益，给予法国军队以直接援助。4年间，美国为法国在印度支那进行的战争援助规模共达11亿美元。

北越胡志明得到中国倾尽全力的援助，终于将法国人赶走，建起半壁江山。法军撤出印支后，美国取代其位置。在越南南方，美国中央情报局决定替美国物色、选择、扶持起一个傀儡总统。为此目的，中央情报局委派了富有此项经验，被吹捧为“善于制造国王”的颠覆专家爱德华·兰斯代尔来到越南南方。这个“美国特工部队的巨星”到了西贡不久，就得出自己的结论：扮演傀儡总统角色者非吴庭艳莫属。吴庭艳自1950年起生活在美国，一直以来都与美国中央情报局、国务院和五角大楼的情报机构保持着联系，被美国认为是一条最忠实的走狗。

1954年10月9日，即从法国人撤出越南的当天起，兰斯代尔便指挥间谍在河内策划了数次破坏活动。比如他们利用夜幕的掩护偷偷给城市的公共汽车加了有毒的汽油，使城市交通瘫痪，以此煽起人们的不满。破坏者们散发挑衅性的传单，扰乱北越胡志明市的货币制度。

1958年越南竞选总统时，兰斯代尔使出浑身解数要将吴庭艳推上总统宝座，他先是利用越南人迷信占星图的心理，印制一批占星图，用美元收买越南大大小小的星相家，按他的意图发出“越共会遭到厄运，而吴庭艳将吉星高照”的“预言”。兰斯代尔还出钱出力帮助印制选票。印着吴庭艳姓名的选票是红色的，而他的竞争对手的选票是绿色的。越南民间风俗里红色表示喜庆吉祥，绿色代表乌龟王八。结果，吴庭艳获得了98%选票。兰斯代尔又“制造了一个国王”。

美国中央情报局辛辛苦苦把吴庭艳扶上台，但到头来却又因感到他不得力，把他杀害了。

1963年底，美国进一步介入越南内战，11月2日，在美国中央情报局和军方支持下，当时越南南方西贡政权军队的一些将领，在总统特别顾问杨文明的领导下发动政变推翻了吴庭艳政府。政变者在离西贡不远的一座天主教堂里，将总统吴庭艳抓获并当场枪杀。

有意思的是，事隔35年之后的1998年11月24日，美国约翰·肯尼迪图书馆公开了一批肯尼迪总统生前的录音带时，人们惊讶地发现，亲自下令“政变”的肯尼迪总统，事后却感到“震惊”、“难过”。

政变发生两天后，肯尼迪在白宫椭圆形办公室以难过的语气说：“我为吴庭艳的死感到震惊。他确实陷入了很大的麻烦，但他是那样具有自己独特的个性。他在过去的10个月里一直控制着他的国家。”

肯尼迪为什么会这样说呢？看来他不是惺惺作态，也不是为了推卸责任，他是对杀害吴庭艳的方式不满。肯尼迪曾经与吴庭艳见过面，作为美国历史上第一个信奉天主教的总统，肯尼迪对同为天主教徒的吴庭艳印象深刻。即使政治利益需要他抛弃吴庭艳，但他绝对不会同意在教堂杀害吴庭艳，所以谈到这事时，他愤怒地说：“杀害吴庭艳的方式特别可恶。”

肯尼迪有点悔恨地说：“我觉得我们必须对此事件负很大一部分责任。以我的判断，电报（指让伪政权将领发动政变的电报）起草得太糟糕了，真不该在上周六发出这份电报。我本不该在没有举行圆桌会议以前对此次行动表示同意的。”

肯尼迪在录音带中还说到，他后来又发了另一份电报，但为时已晚，政变正在进行中。

这批长达37个小时的录音带原属肯尼迪的秘书艾弗琳·林肯的私人财产。她于1995年去世，并把这些材料留给了怀特。1998年初，怀特把这些材料交给了约翰·肯尼迪图书馆。因此，录音带是真实可信的。

人物的新探

吕雉

——在爱恨间游走的女人

王 海

吕雉，即历史上著名的吕后，西汉皇朝的首位国母。由于史书记载的正统与避讳，我们对历史名人的了解多限于政治方面，他们的情感世界往往显得“可望不可及”。实际上，通过对历史记载的梳理、分析，我们多少能够消融这“可望不可及”的心情，得出一些看法。那么，吕雉的情感世界是个什么样子呢?她走过了怎样的感情道路呢？对此，我们要从她与刘邦的结合谈起。

如同中国古代的众多婚姻那般，吕雉与刘邦的结合具有很大的包办色彩。据记载，刘邦参加了吕府的宴会，被善于看相的吕雉之父吕公相中，认为他前途无量。于是，抱着一种投资心理，吕公不顾家人的反对，毅然决然地将宝贝女儿嫁给了刘邦。

吕雉出身地方豪杰之门，而当时的刘邦只是一个身份低微的小官吏，两人的社会地位相差很大，这个结合可以说是“门不当，户不对”。吕公夫妇一直盼望女儿能光耀门第，可见，吕雉应该是一个颇具姿色和才艺的女子。在良好的出身背景和成长环境下，她必然具备高贵的底蕴与脱俗的气质，对未来的生活有着美好的憧憬。如今，父亲却将自己嫁给一个地位低微、前途渺茫的小吏，而且还听说这个未曾谋面的男人是个酒色之徒和游手好闲之辈，她心里的落差一定很大。她感觉自己像个筹码，被父亲压在了赌桌上面，心中憧憬的美好生活被无情的现实击得粉碎，仿佛跌入了万丈深渊。对比别人的幸福生活，她埋怨自己的父亲，看着现实中的丈夫，她时而会愤恨、时而会无奈，哀叹自己的不幸。尽管如此，在纲常礼教下面，她还要压抑住心中的五色瓶，做一个温顺、持家的“好媳妇”。

不过，或许是时间医治了生活和情感带给吕雉的创伤，也可能是刘邦豁达的性情与潇洒的生活方式最终穿透了吕雉的“势利”，触动了她的心扉，二人的感情生活逐渐平稳下来，步入了正轨。不久，夫妻双方的交融剂——孩子——降生了，这给家庭注入了活力与快乐，带来了温馨与融洽。吕雉慢慢明白，与其被富贵的美梦搅扰得心神不宁，不如坦然面对现实，相夫教子，在平淡中享受天伦之乐。从此，她对丈夫的感情即便达不到相濡以沫、举案齐眉的程度，也可以说是关爱有加了。

一次，刘邦回家休假。吕雉带着儿子、女儿（日后的汉惠帝刘盈和鲁元公主）在田中劳作，正巧一个老者路过，向吕雉讨水喝。见到老者慈眉善目、气度不俗，吕雉索性招待了一些饮食。吃饱喝足后，作为报答，老者为吕雉母子看相。结果，母子三人的命相大富大贵……老者告辞后不久，刘邦从屋舍来到田中，吕雉知道丈夫胸怀大志，为了激励他做一番大事，便把刚才老者讨水、看相的事情告诉给他，并且说老者尚未走远、可以追上。果然，刘邦被妻子说动了心，他一路飞跑地追上了老者，恳请他为自己看相。老者似乎料到了这一切，他微笑着看了看刘邦，轻轻地点了点头，说道：“您夫人、孩子的富贵相皆源自于您，至于您命相的富贵程度，是难以用言语来形容的。”这番话对刘邦的激励作用是很大的，虽然此时还没有逐鹿天下的雄心，但却更加坚定了他追求富贵的信念。可以说，没有吕雉的体贴、激励，刘邦就不会从老者的话语中收获信心。

历史的车轮前进到了秦朝末年，在暴政的重压下，各地的离心、反抗力量越来越强大。刘邦素有大志，自然利用时局加入了反秦队伍。不过，他的势力还很弱小，只能与追随者隐蔽起来、积蓄力量。家里失去了顶梁柱，但对于吕雉来说，天并没有塌下来。她坚强、勤劳，维持家中生活，赡养老人、照顾孩子。她一向清楚丈夫的志向，所以，对于丈夫的离家而去，她并没有感到怨恨，反而以实际行动支持丈夫的事业。

当时社会上流传着“东南有天子气”的说法，秦始皇甚至为此巡狩东南，压制这种为害江山社稷的“气”。刘邦将林木茂密的芒砀山一带作为自己的避难所。虽然身在深山野泽中，但刘邦对外界的情况却一清二楚，他的一些密友时常进山联络他，一起分析时局、共谋大业。吕雉心疼丈夫，知道山里面缺吃少穿，便经常暗地里找到丈夫的密友，和他们一道进山探望，给丈夫带去些饮食、衣物。不过，史学家却将山里人与山外人的联系神秘化了。史书中这样描述：对于朋友、妻子能够找到自己的藏身之处，刘邦感到奇怪，询问他们是如何找到的。吕雉回答说："你藏身之处的天空上经常飘有五彩云气，我们是顺着这股云气找到你的。"通过吕雉的回答，我们可以看出，在她心中，丈夫就是那个"真命天子"。妻子的话正中刘邦下怀，他听到后喜出望外。很快，刘邦头上飘有五彩云气的消息不胫而走，越来越多的沛县人知道了这个灵异事件，刘邦在家乡人心中的威望、地位与日俱增，很多沛县人都打算跟从他。其实，事情很简单，如果吕雉和刘邦的密友们缄口不言，这个灵异事件是不会外传的；也就是说，正是吕雉等人的有意宣扬、刻意渲染才使得刘邦"大名远扬"。可见，在刘邦困难的时期，吕雉不仅尽到了一个妻子应尽的责任，甚至冲破了传统家庭观念对女性的束缚，在物质、精神方面积极地支持、帮助丈夫，为丈夫的事业出谋划策。此时的刘邦一定深爱着这位"贤内助"。

公元前209年的夏天，大泽乡起义爆发了，全国性的反秦起义随之而来。刘邦等来了机会，他先是控制了沛县、自封为"沛公"，随后归入楚怀王帐下，成为著名的义军将领；接着，他率军进入关中，灭掉了秦国，被称霸天下的项羽分封为汉王。以前的那个寻常家庭现在不再寻常，随丈夫荣贵，吕雉和家人的身份、地位节节攀升，成了万人景仰的名人。面对着如此巨大的变化，吕雉的情感世界会如何发展呢？是一帆风顺还是波澜再起？

人们常说，"做大事者不拘小节"，刘邦就是这么一个人。不过，"小节"的概念因人而异。按照常人的眼光判断，刘邦意识里的"小节"明显过了火，在他致力的"大事"面前，亲情、爱情甚至都进入了"不拘"的行列。

公元前205年的夏天，刘邦在彭城（今江苏徐州）被项羽打得惨败，本人仅与几十个骑兵突围逃走。到了这个节骨眼上，他才想到应该把住在沛县（位于彭城以北数十公里）的家人接到安全地区，但为时已晚，项羽已先一步派出军队捉取他的家属。太公（刘邦的父亲）、吕雉得知楚军将至，慌忙带领家人出逃，不幸的是，大人和孩子在兵荒马乱中失散了。

太公、吕雉的运气很差，他们不仅没有遇到汉军，反而与楚军撞了个正着，做了俘虏。出于政治目的，项羽将太公、吕雉带在身边，随军进退。此后，战争转入相持阶段，由于补给困难，楚军形势愈加不利。万般无奈之下，项羽用手中的人质来要挟刘邦。他命人在广武城（今河南荥阳北）下摆上一个高大的几案，将太公绑在上面，以烹煮太公的话语要挟刘邦出城决战。在中国古代社会里，孝道的地位是至高无上的，不过，在战场上，在政治斗争中，这一套礼法道义便失灵了，甚至经常成为人们践踏的对象，于是有了刘邦如下的“经典”回答：“当初，我与将军共同遵奉怀王，曾经结为兄弟，我的父亲就是你的父亲。如果你执意要烹煮咱们的父亲，还希望你分给我一杯肉羹。”这大大出乎项羽的意料，霸王大动肝火，但真的烹煮太公也无济于事，于是，这场闹剧便草草收场了。

敏感、多疑是女人们的天性，有时候，别人的一句话、一个动作会叫她们终生铭记、思绪万千。太公被捆绑在几案上的时候，儿媳吕雉一直陪伴在他的身边。丈夫的言行，吕雉是耳闻目睹的，那席冰凉的话语，那种冷漠的表情深深刺痛了她的心。她知道做大事要心狠，不过怎么也想不到丈夫会狠心到如此程度！如果当时被绑在几案上的是她，丈夫会如何作答？会是一样的熟视无睹、漠不关心吗？一个不顾自己父亲死活的男人，还会爱着他的家庭吗，还会爱着他的妻子吗？……一连串的怀疑、矛盾，充斥、绞动着吕雉的内心，几乎弄得她喘不过气来。在这种极度的纷乱、痛苦中，丈夫的形象暗淡了许多。吕雉对丈夫的关爱、忠贞曾经令千万人羡慕不已，但是现在，这份爱情却出现了裂痕。

公元前 203 年的秋天，楚汉双方达成和议，项羽归还了刘邦的家人。在分别了两年多以后，一家人终于在后方的关中团聚了。不过，在吕雉看来，这次团聚并没有多少喜悦可言。丈夫很快投入到新一轮的战争中，没有陪在自己身边，广武城下的阴影挥之不去，更加出乎她意料的是，丈夫竟然曾经为了自己逃命而不顾孩子们的死活！原来，在彭城大溃退中，刘邦偶遇刘盈姐弟二人，为了加快车速、摆脱楚军的追赶，刘邦竟然好几次狠心地将孩子推下车！幸好有善良的车夫夏侯婴的保护，孩子们最终转危为安。

大家都知道也认同，母爱是世界上最伟大的爱。有时候，与夫妻之爱、朋友之爱相比，母爱显得无比的高尚、纯洁，对于一个母亲来说，她会竭尽所能给孩子以幸福，甚至会不惜牺牲自己来保护孩子，也就是说，对于那些伤害了或者企图伤害孩子的人，母亲是无比痛恨、极难原谅的，即使这个人是孩子的父亲。所以，当从孩子们口中得知丈夫的卑劣行径时，吕雉会是怎样的心情呢？旧伤未愈，又添新创。吕雉此前的怀疑、矛盾更多地变成了现在的愤怒、失望甚至是唾弃。丈夫在她心中的形象和她对丈夫的爱此时彻底改变了。

对于帝王将相而言，一夫多妻是个再正常不过的现象。在这种婚姻形式下，男人的真心和爱意往往是没有定数的，对于他的大多数妻妾来说，失宠的残酷现实难以避免。姿色、温顺是女人们留住男人心的资本，而青春的流逝、容颜的苍老则是她们的大敌。对此。吕雉深有体会，经过了十数年的岁月磨砺和多年的战火洗礼，少女时的娇好容貌已经逐渐远去，无情的皱纹悄然出现在额头。刘邦是个好色之徒，眼前的妻子显然已经不能满足他的欲望，他需要新的宠儿，于是，一个姓戚的美人走进了他的生活。刘邦称帝后，刘盈以嫡长子身份成为太子，母以子贵，吕雉顺理成章地成为了皇后。虽然对丈夫心存不满，但吕雉心中毕竟保留着一丝希望，希望丈夫陪在家人身边，和自己常相厮守，弥补做过的错事，一同找回过去的幸福时光。现在看来，这只是她的一厢情愿！为了巩固政权，刘邦需要出巡、征讨，此时，常伴其左右的是年轻貌美、善解人意的戚夫人，而年老色衰的吕雉只能留守国都，很难见上丈夫一面，她的失宠成为不争的事实。可以说，丈夫在感情上已经抛弃、背叛了自己！

失去丈夫的爱已成事实，所以，吕雉不想再失去什么，但对她来说，事情的发展往往难遂人愿。昨天，丈夫拿走了倾注在她身上的感情，今日，他偏偏又要拿走她的显贵和权力。面对人生的如此坎坷，吕雉何去何从？

刘邦爱戚夫人，更爱他们的孩子刘如意。为了给这娘儿俩永久的幸福，他准备改立太子。吕雉很清楚，刘盈是她现在唯一的希望，只有儿子顺利即位，自己的显贵和权力才有保障。于是，她利用一切手段笼络朝中的重臣，让他们出谋划策，保住刘盈的太子之位。但是，有一次，刘邦还是在朝堂上公开表达了改立太子的想法，很多大臣的谏诤都无济于事。御史大夫周昌性格刚强、敢于直言，刘邦甚至对他都心存忌惮。在这种危急时刻，周昌挺身而出，竭力反对改立太子。他天生结巴，但态度、语气坚定，说道："臣虽然不善于言辞，但是臣知……知……知……知道，改立太子是不行的。陛下如果要废掉太子，臣……臣……臣不奉诏！"最终，这个周昌扭转了局面，改立太子的事情再次被搁置。

就在君臣于朝堂争论时，吕雉悄悄来到朝堂边上的东厢房，在那里侧耳倾听着朝堂上的一切。退朝后，吕雉特意命人找来了周昌，不等周昌请安，她“扑通”一声跪倒在周昌面前，激动地说道：“今日，如果没有您的谏诤，太子很可能就被废黜了！”国母跪谢她的臣子，这种举动在历史上都是罕见的。这件事一方面反映了吕雉对周昌的深深谢意，但同时也向我们透露了一条重要的信息。如果说，之前吕雉对丈夫的爱情已在时间的侵蚀下烟消云散，但她毕竟觉得自己、孩子与丈夫之间还是血脉相连、唇齿相依的亲人。然而，改立太子的朝议令她如梦方醒，原来，那一份曾令自己珍视不已的亲情在刘邦眼中也是如此的“廉价”！至此，吕雉对刘邦的最后一丝幻想荡然无存，心中剩下的只有两个字：仇恨！不过，她的这种仇恨不能也不敢落实到言行上，只得通过自贱的行为宣泄一下罢了。

公元前 195 年，汉高祖刘邦病逝于长安，太子刘盈登基。对于丈夫的死，吕雉或许暗自悲伤过，毕竟“一日夫妻百日恩”，不过，对于她来说，丈夫的死带给自己更多的是一份安稳、舒缓与得意，因为长时间悬在头上的那把随时可以夺走一切的利剑不见了，她能够通过掌控自己的儿子来支配全天下，能够肆意地报复带给自己痛苦、让自己恨入骨髓的人。果然，不久之后，她派人毒死了赵王如意，残忍地虐杀了让自己饱尝失宠痛苦的戚夫人。

汉惠帝在位仅 7 个年头就去世了，此后的汉朝进入了女主政的时代。公元前 180 年的秋天，吕雉永远地闭上了双眼。辞世前的一刻，让她牵肠挂肚的是吕氏族人的未来，此时，那个令她失望又给过她希望、令她显贵却又要夺走她一切、让她在爱恨间游走的男人在哪里呢？恐怕早已沉入不见天日的万丈深渊了。

司马迁：用文笔阉割汉武帝的丰功伟绩

刘秉光

硬汉遭宫刑

汉武帝天汉二年（公元前99年），中国文化史上最黑暗、最丑恶的一幕发生：司马迁被汉武帝下令施以“宫刑”。说实在的，历代皇帝在收拾文人的时候大都不会手软，什么残忍毒辣的法子都使用过，但把一个整天埋头于简牍中，忙于阅读、整理历史文献的文人的生殖器连根端掉者，汉武帝刘彻却是独一份。这种世所罕见的无耻行径，无不让人觉得恶毒、阴损和卑鄙下流。那么，汉武帝为何会突发奇想、挖空心思地这样对待司马迁呢？

司马迁出生在黄河岸边的龙门，是一个典型的关西硬汉，身上带有明显的刚强正直气息。他只不过是站在客观公正的立场上，为被迫投降匈奴的李陵说了几句公道话，就惹得汉武帝恼羞成怒。其他官员趁机弹劾司马迁，说他执意为叛徒李陵开脱，又有诬罔皇亲李广利之嫌，按照汉朝律令，罪当至死。可汉武帝却不想让司马迁这么痛快淋漓地死去，尤其是看到他被判死刑的瞬间竟然面无惧色时，在一种强烈变态心理的支配下，决定对司马迁施以“宫刑”。

不能让他死

为了能让司马迁顺利接受“宫刑”，汉武帝提醒负责此案的酷吏杜周说：“这人性烈，不要让他在受刑前死掉。”他还特意让杜周把可以免除“宫刑”的赎金提高到50万两这样一个天文数字，并派人密切注视那些准备掏钱为司马迁赎罪的人的动向，看谁敢与皇命抗衡，看谁敢与自己叫劲。有钱的人不肯相救，肯救的人却没有钱，况且皇帝也不愿意、不希望、不同意有人来救司马迁。在这种严酷的政治高压下，司马迁也只有听天由命、任人宰割了。那年，汉武帝刘彻59岁，司马迁47岁。

一个“能三日不食，不能一日无妇人”的荒淫老男人，毫不留情地剥夺了另一个身体强健的中年男人做爱的权利；一个年近花甲、日薄西山、性能力逐渐衰退的皇帝，用这种歹毒的手段制裁一个血气方刚、如日中天且敢于讲真话、说实话的文人，每一个生理正常的男人都能真切地感受到汉武帝对司马迁的妒嫉心理。你司马迁不是自视正直无私吗？不是自视血性男儿吗？那我就把你的男根拿掉，把你的锐气扫平，让你失去作为一个男人的尊严，让你在屈辱中苟活，看你以后还有没有这份刚强和倔犟。

不能否认，汉武帝在“宫”司马迁的时候，心情确实很糟糕。李广利的兵败，李陵的投敌，大汉朝颜面的扫地，匈奴军得胜后的欢呼，都让汉武帝感到窝火。最重要的是，由于历年穷兵黩武，造成民不聊生、国库空虚，使大汉朝表面上看起来风光依旧、轰轰烈烈，但“内囊却也尽上来了”。而那一年，齐、楚、燕、赵和南阳等地相继爆发的来势凶猛的农民起义，更让汉武帝心情郁闷、心理扭曲。在这种内忧外患的情况下，脸上无光的汉武帝最需要的是同情、支持和顺从，不需要别人指责他的武略方针，更不愿意看到别人怀疑他的雄才大略。这个时候，不懂军事的文人司马迁跳出来口无遮拦地针砭时弊，也只有找“宫”的份儿了。

被宫的耻辱

真正促使汉武帝把司马迁推上断根“手术台”的，还是那句“文人相轻”的千古至理名言。汉武帝虽是马上皇帝，但他能吟得了诗、唱得了赋，在很大程度上，汉武帝是以文人自居的。毛泽东《沁园春》词中就曾写到“秦皇汉武，略输文采”。试想，一个杰出的拔尖文人是不屑于同一个水平比自己低的文人叫劲儿的，但问题就出在了“略输文采”上。诗词歌赋都能来两下子的汉武帝，尽管在“文采”上“略输”，但他动辄以文人自居，自诩文采不凡。各个阶层的文人之间大都会较真儿，会叫板儿，会妒嫉，会诋毁，上流社会更是如此。对于司马迁这样一位足以淹没皇帝“文采”的西汉文坛领袖，手握生杀予夺大权的文人汉武帝，如果发起狠来，更是不择手段。

司马迁被“宫”了以后，汉武帝还是觉得不够解恨。他把身体残缺的司马迁安排到太史令的位置上，可谓用心险恶。因为太史令一职自创立以来，皆由太监担任，司马迁的男根没了，干这个差事正合适。汉武帝对司马迁这种刻意的职务安排，既有知人善任的自我标榜，同时也有不言而喻的羞辱意图。司马迁坐在太史令的办公室里，就等于向世人宣布：我司马迁是太监，我没有那话儿。我相信，这份天大的羞辱，这种无形的折磨，只有当时身临其境的司马迁才能孤独地感受到。

阉割你的丰功伟绩

一部被后人誉为“史家之绝唱，无韵之离骚”的史学巨著，足以让司马迁他名垂青史，流芳万古。《史记》的文风虽然被公认为求真务实、严谨不苟，但司马迁在对汉武帝刘彻以及他老爸汉景帝刘启的记述中，还是扎扎实实地掺杂进去了自己的恩怨情仇，这是不能否认的。在做汉景帝本纪时，司马迁所用的笔墨极少，篇幅也极短，寥寥数语便轻而易举地打发了这位在历史上名号响当当的著名皇帝。在做汉武帝本纪时，司马迁则浓墨重彩地记录了汉武帝“信奉鬼神”、“求仙问丹”、“封禅祭礼”、“蛊惑之乱”等不光彩的事情，且篇幅巨大，而像“远征匈奴”、“广开三边”等一生伟业，反倒成了陪衬。

“士可杀不可辱！”文人的身体可以被阉割，但文人的思想、骨气以及手中的笔却不那么容易被阉割。在曾饱受屈辱的司马迁的笔下，雄才大略的汉武帝一落千丈地成了一个不务正业、不折不扣的腐朽昏君，英明神武的汉景帝成为一代无能之辈，他们的形象被人们从古读到今，并且还要一直读下去。这样看来，与其说是汉武帝阉割了司马迁，倒不如说是司马迁阉割了汉武帝，阉割了他的丰功伟绩，还有他那可怜的老爸。

大文豪蔡邕为何被推上断头台

杨　威

谢承《后汉书》中载，初平三年（192 年）四月，司徒王允平息了董卓之乱，蔡邕受牵连下狱，董卓被诛，王允疑蔡邕有“怀卓”之意，将其囚死狱中。

六七百年之后，温庭筠过蔡中郎坟时发出了如下感慨：“古坟零落野花春，闻说中郎有后身。今日爱才非昔日，莫抛心力作词人。”那么，一代大家、学者楷模、人中至孝的蔡邕蔡中郎缘何被杀，他死后若干年为何还能得到后人同情和争议呢？

蔡邕（132—192），字伯喈，陈留圉（今河南省杞县）人，东汉末年著名的文学家、经史学家、书法家、书法理论家、画家、数学家、天文学家、音乐家，是一位集文学与艺术于一身的大学者。

文学方面，他是东汉后期散文代表作家之一，是东汉时期最突出的辞赋作家。他的文章清丽典雅，开创了一代文风。

熹平四年（175 年），蔡邕认为“经籍去圣久远，文字多谬，俗儒穿凿，疑误后学”，便和五官中郎将堂谿典、光禄大夫杨赐、谏议大夫马日磾等奏求正定《六经》文字。灵帝同意后，蔡邕亲自“书丹于碑，使工镌刻立于太学门外”（《后汉书·蔡邕列传》）。这就是《熹平石经》，又名《鸿都石经》。石碑刻好后立在太学之门，前来观看和摹写的人络绎不绝，每天仅车马就有千余辆，以至于大街小巷都被堵塞了。唐代张怀瓘评价他的书法："体法百变，穷灵尽妙，独步古今！"（《书断》）南朝梁武帝称其书法为："骨气洞达，爽爽如有神力！"（《古今书人优劣评》）

蔡邕不仅是大书法家,而且是书法理论的集大成者。他传世的书论有《篆势》、《笔赋》、《笔论》、《九势》等，尤其是《笔论》和《九势》，在中国书法史上占有极其重要的地位。其"书者,散也"的著名论断和"欲书先散怀抱,任情恣性,然后书之；若迫于事，虽中山兔毫不能佳也。夫书，先默坐静思，随意所适，言不出口，气不盈息，沉密神采，如对至尊，则无不善矣"的书法创作要领至今仍具有指导意义，与《九势》中"转笔、藏锋、藏头、护尾、疾势、掠笔、涩势、横鳞"的八种口诀一起为中国书法的发展奠定了理论基础。

关于蔡邕的笔法还有许多故事，传说有一次，钟繇与魏太祖曹操、邯郸淳、韦诞等讨论书法的用笔，钟繇向韦诞问蔡伯喈的用笔笔法，韦诞不肯告诉他，气得钟繇捶胸呕血，几乎死去。最后太祖曹操用"五灵散"才救活了他。韦诞死后，钟繇派人盗掘了韦诞的墓冢，才得到随葬的笔法，于是"繇笔更妙"！故事虽荒诞，但蔡邕书法理论的珍贵由此可见一斑。

蔡邕在音乐方面的造诣更是非凡。在浙江绍兴的鉴湖景区有一个非常著名的景点——东汉柯笛亭，就是缘于蔡邕在此避难以椽竹制笛的故事而得名。

据传说,蔡邕被流放后,桓帝嘉其才华出众,便赦免了他。蔡邕在回来的途中,得罪了五原太守王智，考虑到难以幸免，便不得已亡命江湖，避难江浙一带达12年之久。其间，蔡邕来到会稽（今绍兴）。一日夜宿柯亭，清风吹过，蔡邕听到亭子里响起一阵悠扬悦耳的声音,这声音分明是一种乐音。蔡邕便循声查看,发现声音来自亭东的椽竹，仔细数了数是第16根。第二天，他将这根掾竹取下制成一支竹笛，一吹奏果然音韵绝妙，于是蔡邕就将它取名为"柯笛亭"。以后蔡邕漂泊，就随身携带此笛到处吹奏，使得柯亭之名随着柯笛而名扬天下。

又传蔡邕浪迹吴越时，有一天住在一户农家，这家人在做饭时，将一段桐木填进炉膛。此时蔡邕正在客厅读书，忽然听到材木在烈焰中噼噼啪啪的响声，知道这是一块良木，便急忙请主妇取出。待用这段材木制成琴后，一弹奏，果然发出了美妙的乐音，因琴尾仍然留有被火烧焦的痕迹，所以当时的人们都称其为"焦尾琴"。

那么，这样一位学富五车、艺盖当世的大学者又怎么会被王允下狱而死呢？

罪名是阿附董卓！

谢承在《汉书》对此有记载，但是为《三国志》作注的裴松之却不以为然。他认为："蔡邕虽为卓所亲任，情必不党。宁不知卓之奸凶，为天下所毒，闻其所亡，理无叹息。纵复合然，不应反言于王允之坐。"甚至认为这是谢承的妄记！

南朝宋的史学家范晔在《后汉书·蔡邕列传》这样记载："及卓被诛，邕在司徒王允坐，殊不意言之而叹，有动于色。"于是忠正的王允勃然大怒，狠狠地呵斥了蔡邕一番："董卓，国之大贼，几倾汉室。君为王臣，所宜同忿，而怀其私遇，以忘大节！今天诛有罪，而反向伤痛，岂不共为逆哉？"除多了"有动于色"的神态细节刻画和"共为逆"的大帽子之外，其他大同小异。

然而，仅仅凭借蔡邕"反向伤痛"就判定为"共逆"，理由实在显得有些苍白。首先我们要看看蔡邕在事卓的三年里，都做了些什么。

蔡邕虽然官职不小，做过祭酒、侍御史、侍书御史，还当过一段短暂的尚书、郡太守和侍中，时间最长的要算左中郎将，因此世人皆称其为"蔡中郎"；他的爵位也不低，被封为高阳乡侯。但实际上，他也就是给董卓及其官僚捧捧场、弹弹琴、写写文章、说说话而已。史载："每集宴，（董卓）辄令邕鼓琴赞事。"

《后汉书·蔡邕列传》中记载了这三年间蔡邕做的两件大事：

第一件事：初平元年（190年），董卓的部下要尊董卓和当年的姜太公一样为"尚父"。董卓就和蔡邕商量，蔡邕说："姜太公辅佐周朝，主要是受命灭掉商朝，所以称其为尚父。现在您的威德尽管也很大，可是和姜太公比，我私下里认为还不行。应该等到关东平定了，回京以后，再做进一步商量！"结果是："卓从其言。"

第二件事：初平二年，董卓问蔡邕："怎么回事，为什么总是地震啊？"蔡邕回答说："地震是因为阴气太盛侵犯了阳气，是臣子超越了礼制造成的。就像您前年春天去郊外乘坐了超规格的金华青盖一样。"于是，此后董卓改乘帛盖车。

作为文艺大师的蔡邕估计也只能做这些了，然而对于蔡邕的建议，董卓大多弃之一边。蔡邕自己也"恨其言少从"，多次想东奔兖州或者遁逃山东，后来考虑到自己"状异恒人"，"名头太大"，每到一个地方总会有很多人想一睹为快，藏不住，才作罢。

所以，对定罪蔡邕，当时的最高军事长官、太尉马日磾就不认可！他当众争辩道："蔡伯喈是旷世逸才，知道的汉代史事最多，应当让他写完汉史，成就一代大典。况且蔡邕一向忠孝闻名，而仅仅因为一句叹息就连坐下狱，缺少说服力，杀了他定会让很多人失望的！"

当王允以"不可令佞臣执笔在幼主左右……复使吾党蒙其汕议"的严词拒绝后，马日磾绝望地说："王公其不长世乎！善人，国之纪也；制作，国之典也！灭纪废典，其能久乎？"

事实不幸让马日磾全部言中。随后，董卓的女婿、中郎将牛辅的辅军（参谋）贾诩鼓动校尉李傕、郭汜、张济等率众而西，直取长安，王允最后落了个灭族的下场！

二

《三国演义》中，罗贯中将蔡邕之死渲染铺陈为蔡邕伏尸哭董卓，"哭卓"虽不曾有，但从诸多史料来看，谢承的"妄记"也未必！"叹卓"倒有可能最为接近事实的真相！这种争议我们姑且放下，假设蔡邕不"叹卓"，他能不能逃此一劫，续成一代大典汉史，终成万世楷模呢？

我认为：也未必！蔡邕的人生际遇、政治眼光、文人性情注定了他只能是一个千古悲剧！

首先，蔡邕生不逢时。

蔡邕出生于汉顺帝阳嘉元年（132 年），至灵帝建宁三年（170 年）出补河平长，长达 38 年，蔡邕均没有当官。要说，凭借父亲贞定公蔡棱的老关系和曾经师事太傅胡广的渊源，再加上其本人的绝世才华，38 岁还不曾出仕就很不正常。当然也不是没有机会。桓帝（147—167 在位）时，中常侍徐璜、左悺等专权的太监们听说蔡邕琴弹得不错，便建议皇帝调他到皇宫来当差。蔡邕走到偃师，便以身体不好为由回家了，在家中"闲居玩古，不交当世"。

此时的蔡邕头脑清醒地认识到"天之所废，不可支也"和"大木将颠，非一绳所维，何为栖栖不遑宁处"的形势。

当时的政治环境极其险恶。

自顺帝建康元年（144 年）30 岁的顺帝刘保驾崩后，不足两年，小皇帝先后换了 4 个。随之而来的是大将军梁冀专权，诛杀太尉李固、杜乔；桓帝刘志于延熹二年（159 年）在中常侍单超、徐璜、具瑗、左悺、唐衡及尚书令尹勋的内外相助下，一举杀掉了大将军梁冀及其党羽。然而，才送恶狼去，后脚疯狗来，接着又是“五邪肆虐”的宦官时代。

建宁元年（168 年），桓帝刘志驾崩，又一个小皇帝，年仅 12 岁的刘宏即位，这就是灵帝。大将军窦武、太傅陈蕃为了改变“国政多失，内宦专宠”的局面，决定谋诛宦官，却又被中常侍曹节矫诏所杀。在这样的环境下，连诸葛孔明尚且“苟全性命于乱世,不求闻达于诸侯”,蔡邕的“闲居”哲学,不失为明智之举。

也许是生存需要，也许是官本位思想，也许是才华必卖帝王家的心愿……最终，38 岁的蔡邕还是出仕了！虽然官并不大，一个小小的河平长，随着时间的推移，又升到郎中、议郎，然而事却做得不小：一套《熹平石经》下来，蔡邕再也不是名不见经传了，而是赫然成为一代大儒，动不动连皇帝也会“特诏问曰”！

“唯识忠䓨，出命忘躯，不顾后害”的蔡邕学问已做到极致，名头也足以撼岳，但他竟然相信了桓帝“宜披露得失，指陈政要，勿有依违，自生疑讳”的鬼话。夸夸纯厚老成的廷尉郭禧、聪达方直的光禄大夫桥玄、忠实守正的太尉宠也就罢了，千不该万不该直陈太尉张颢是霍玉推荐的、光禄勋姓璋是个大贪污犯、长水校尉赵玹、屯骑校尉盖升都是一时得志的小人。

说就说了，做好保密工作有时也未尝不可。殊不知又让阉竖小人曹节偷听并泄露，以至于“为邕所裁黜者，皆侧目思报！”

这就是不懂政治了，标准的一个刀尖上的拙劣舞者。生逢乱世，虽然学问做得极大，但不懂得政治，只管长袖乱舞，不落得个悲剧下场，那才奇怪。

其次，是他识人不明。“良禽择木而栖”的道理是古代每一个士人都应该懂得的常识，不知是什么原因让蔡邕忘了这一点？

自熹平元年（172 年），蔡邕担任司徒掾进入中央领导层，他共经历了 3 个重要长官。

第一个是汉灵帝刘宏，蔡邕不知其昏。

灵帝刘宏于建宁元年（168 年）12 岁时即位，至中平六年（189 年）34 岁驾崩，为帝 22 年。可以说，正是灵帝刘宏使大汉这栋大厦一步步走向了坍塌！

论及后汉之所以倾颓的原因，刘备“每与臣（诸葛亮）论此事，未尝不叹息痛恨于桓（帝）灵（帝）也”(《三国志·诸葛亮传·出师表》)。且不说灵帝一朝，让鲜卑连年侵犯幽州、并州，以至于达到无法遏制的地步；民不聊生，致使张角一呼百应，最终战火烧遍全国。且不说他将朝政大事全部交给太监去处理，司徒陈耽、谏议大夫刘陶因为说了几句不能不说的真话，就被下狱而死。只看两件小事：

灵帝宠信太监达到无以复加的地步，他经常说的一句话是：“张常侍（张让）是我公，赵常侍（赵忠）是我母。”宦官们一时得志，便纷纷无所顾忌地大兴土木，仿照皇宫的式样修建宅第。有一次，灵帝想登上永安侯台，饱览一下都城四周的风景。宦官们担心灵帝看到他们皇宫一般的府第，就对灵帝说：“天子不当登高，登高则百姓虚散。”可气又可笑的灵帝从此竟然真的“不敢复升台榭”。

更不可思议的事发生在灵帝光和四年（181 年），此时的灵帝已 26 岁。他命人在后宫修建了许多商业店铺，让宫女们打扮成商人“贩卖”物品，并且使她们互相争斗。甚至他本人也脱去龙袍亲自穿上商人的服装和扮作商人的宫女们一起饮酒作乐！并且还在西园玩狗，让狗头戴文官的帽子，身披彩色的绶带；还亲自驾驭四头驴拉的车子，手执缰绳在园内疯狂奔跑。最终“京师转相仿效”。

在如此昏聩的灵帝手下，忠正的文艺大师蔡邕先生亡命江海、未成为太监们的牺牲品，已属万幸，怎还谈得上壮志得酬？

幸好灵帝 34 岁便英年早逝，大汉王朝似乎要迎来一个新的机遇。蔡邕长达 12 年的流亡生涯也该结束了。

然而历史却总是和人们的美好愿望开玩笑。汉朝在刘辩那里拐了个小弯，何进绕进去了，袁绍也东逃了，王权似乎就要转到汉献帝刘协的手中。但是，汉献帝还是个年仅 9 岁的幼儿，只是王朝的一个傀儡，大汉政权被牢牢控制在董卓的手中。

第二个是董卓，蔡邕却不见其恶！

董卓其人，用尽世上所有恶毒的字眼来形容他都显得乏力。陈寿说他：“狼戾贼忍，暴虐不仁，自书契以来，殆未之有也。”一点都不夸张。最让人瞠目结舌的是：“卓尽徙洛阳人数百万口于长安，步骑驱蹙，更相蹈藉，饥饿寇掠，积尸盈路。卓自屯留毕圭苑中，悉烧宫庙官府居家，二百里内无复孑遗。”

好端端一个拥有百万人口的洛阳大都市，顷刻间，积尸遍野，方圆200里内连一个活人都见不着了。真是灭绝人性，惨不忍睹！这就是董卓！

蔡邕在这个人的手下整整干了3年，亲身经历亲眼目睹了董卓的这些残暴恶行。

当然，蔡邕可以继续“亡命江海”。更何况，蔡邕曾经亡命天涯达12年之久。或许是58岁的蔡邕真的老迈到已经没有“亡命”的健硕的身体了，或许是以忠孝著称的蔡邕真的担心家人被董卓灭族，所以，董卓一叫，蔡邕就到。

这一到，就被很多人所不齿。顾炎武先生曾这样评价：“东京之末，节义衰而文章盛，自蔡邕始。其仕董卓，无守；卓死惊叹，无识。观其集中滥作碑颂，则平日之为人可知矣。以其文采富而交游多，故后人为立佳传。嗟乎！士君子处衰季之朝，常以一世之名，而转移天下之风气者，视伯喈之为人，其戒之哉！”（《日知录·两汉风俗》）

与这样的禽兽为伍作伴达3年之久，也怪不得王允磨刀霍霍，愤愤不平要拿蔡邕亮剑了。

第三个是王允，蔡邕却不识其愚！

王允的忠正，蔡邕是知道的。蔡邕还知道王允有捕杀小黄门赵津之勇、揭发中常侍张让之敢、扶持皇帝之忠、辞邑五千户之廉、诛除巨恶董卓之智。此时的王允绝对是个聪明人，是个绝对的胜利者。

但是，有些人往往会被胜利冲昏头脑，转而变得愚不可及。王允就是这样的一个典型，而蔡邕却未曾识出。他轻视吕布；不赦免董卓大将李傕、郭汜；重用董卓庸将胡轸、徐荣……最终导致大汉政权从此分崩离析，自己和3个儿子及宗族10多人尽被诛害！

最后，是他的书生意气。

在封建时期的冷兵器时代，书生是柔弱的代名词，在孔武有力的兵士和强权政治面前实在是不堪一击。自战国后期，丧失了绅士风度而大受其益的诸侯国主们再也不把书生当回事了。秦始皇嬴政的“坑儒”，汉高祖刘邦的“溺冠”，无不昭示着“百无一用是书生”。但更加可怕的是书生的意气用事。

屈子的投身汨罗，郦食其的被烹齐国，司马史公的受辱腐刑，高贵的灵魂只能在失去肉体的依托之后游荡在虚无的太空。意气，无疑成全了对方的六脉神剑。遗憾的是，所有这些蔡中郎无一不备。

书生之身不必赘述，意气用事却让蔡邕一步步走向了万劫不复的深渊。

第一次，是光和元年七月，灵帝因为妖异数见，灾变互生，下诏召集杨赐、马日磾、张华、单飏等人询问原因以及消除的方法，并专门密问蔡邕。蔡邕风华意气地指陈政要，说："太尉张颢是奸臣霍玉引荐的，光禄勋姓璋是有名的大贪官，长水校尉赵玹、屯骑校尉盖升都是受到宠幸，才享尽荣华富贵。"尽管蔡邕一再强调要做好保密工作，仍然被中常侍曹节偷听并泄露出去，导致被蔡邕提出要制裁和裁黜的人都对他恨之入骨，并日夜图谋报复。

最终，蔡邕因为"仇怨奉公，议害大臣，大不敬"，判"弃市"（斩首示众）。幸好清廉忠直的吕强为蔡邕求情，灵帝又联想到蔡邕的密封奏章，才使得蔡邕罪减一等，和全家人一起被剃光头发，戴上脚镣手铐，贬逐到朔方，即使遇到赦令也不得赦免。

而事情并没有结束，将作大匠阳球又是派刺客又是施毒药，必要置蔡邕于死地而后快。幸运的是这些人都被蔡邕为国为民的高义所感动，才让蔡邕捡了一条性命。

第二次，是第二年，灵帝觉得政府还是需要蔡邕这样才华横溢的文人的，又赶上大赦，就让蔡邕回到本郡，时间不知不觉过去了 9 个月，五原太守王智为他饯行，喝到高兴时，便邀请蔡邕共舞。蔡邕不理他的邀请，竟然拂袖而去。王智是中常侍王甫的弟弟，平常骄纵惯了的人，怎受得了如此羞辱？王智不是人才，是标标准准的小人，做不到韩信胯下之辱的大度，干出点小人之事却正常，蔡邕不明白，最后落得亡命江海，远迹吴会长达 12 年。

第三次，就是"叹卓"之举了。面对董卓这样的独夫民贼，千刀万剐尚且不足以平民愤，你的一声叹息，让自己何以自处？且不说王允已是被胜利冲昏了脑袋，即使王夫之、顾炎武这等硕儒生在当世，能容忍几何？一时意气让一代大儒名浇身毁！

蔡邕至真至孝的高风以及卓越的文学艺术成就让人们称道，然而，他的人生悲剧却让人不无感伤。

侯君集：唐朝最有争议的名将

郭灿金

侯君集，唐朝名将，凌烟阁二十四功臣名列第十七位。幽州三水（今陕西旬邑）人。生年不详，卒于643年。很早就成为李世民的幕府，对李世民忠心耿耿，玄武门之变时助李世民登上皇位，深得其信任。李世民登基后，侯君集开始参与朝政，屡次亲征西域，成为一代名将。后来参与太子谋反事件，事泄后被杀。

多年以后，当两个韶华渐逝的中年男人再度碰面的时候，一个要生，一个要死，回忆起他们出生入死、终于长大成人的青葱岁月，这两个地位早已判若云泥的男人，会感到一丝悔意吗？

侯君集此人，《旧唐书》对他的评价是“性矫饰，好矜夸，玩弓矢而不能成其艺，乃以武勇自称”——这一评价显然含有贬义的成分。《旧唐书》的作者刘昫不知为何对侯君集如此怀有敌意，因为这一评价和侯君集一生的功业明显不符。也许刘昫仍然是出于成王败寇的惯性思维模式吧。就像青春期的项羽学书不成去学剑、学剑不成去学万人敌一样，在刘昫眼中的侯君集也是学“弓矢”不成，但出于“好矜夸”的习性，却常常“以武勇自称”——自称武勇就是一种“矫饰”，一种没有得到公认的虚假能力。可是，恰恰是这种自称的武勇，使侯君集得以侧身李世民的幕府，随其四处征伐，成为李世民最为得力的左膀右臂，官做到了左虞侯、车骑将军的位置，封全椒县子。按照刘昫的评价，大言欺世、缺乏实际才能的侯君集怎么可能建立如此的功业，甚至在他的鼎盛时期，还会有更加炫人耳目的业绩呢？由此可见，写史者的偏见严重威胁着青史留名的自我期许。

玄武门之变时，在诛杀太子李建成和齐王李元吉的行动中，侯君集和长孙无忌、尉迟敬德、房玄龄、杜如晦、秦叔宝诸人为李世民立下汗马功劳，其中侯君集是幕后出谋划策最多的一个人。李世民登基后，侯君集迁左卫将军，以功进封潞国公，赐邑千户，接着又拜为右卫大将军。贞观四年（650 年），迁兵部尚书，从此拥有了参议朝政的重大决策权。

在李世民统治时期，侯君集最大的军功有两件。一是贞观九年平定吐谷（yù）浑的战役。此一战役的主帅是西海道行军大总管李靖，侯君集被任命为李靖的副手。大军到达鄯州（州治在今青海乐都）后，侯君集向李靖献上了决定战役成败的计策——趁敌人尚未行险，派出精锐部队，轻兵简从，长驱疾进，一举歼灭敌人。如果贻误战机，吐谷浑必定远遁，到那时山川阻隔，对地形的熟悉程度，吐谷浑远比唐军占据优势，再征讨就非常困难了。李靖深以为然，全盘采纳了侯君集的计策，兵分两路，李靖率兵走北路，侯君集率兵走南路，行经两千余里，在黄河河源一带追击吐谷浑，终于平定了建国 300 余年、盘踞甘青、累为边患的吐谷浑。

第二次是征讨高昌王麴文泰。高昌地处西域和唐朝来往的要冲，麴文泰和西突厥结盟，阻塞交通，出击邻国，不仅使西域和唐朝之间的商贾往来隔绝，更重要的是使西域有脱离唐朝的危险。唐太宗宣召麴文泰入朝解释他的行为，麴文泰称疾不到，于是唐太宗以藐视朝廷的罪名，任命侯君集为交河道行军大总管，率领大军讨伐麴文泰。麴文泰闻讯大笑，对左右说："隋唐两朝我都去朝觐过，如今的大唐国力甚至还比不上隋，隋尚且没有能力出兵西域，大唐就更不值一提了。如果真敢出兵伐我，兵多则粮草不继，兵少呢，30000 以下又不是我的对手。况且长安离此 7000 里，中间又要经过著名的大戈壁莫贺延碛，莫贺延碛八百里流沙，目无飞鸟，下无走兽，复无水草，冬风冻寒，夏风如焚，唐军即使穿过也早已精疲力竭，怎么还有战斗力？这样的疲惫之师，陈兵城下，20 天之内粮草就吃得光光，咱们还用打什么仗，等着他们自己饿死就行啦！"

不能说麴文泰的分析是狂妄自大，即使在朝廷内部，反战的声音也占了上风，而且理由和麴文泰的一模一样。唐太宗一意孤行，执意出兵，希望当然全部寄托在了侯君集身上。侯君集不负君望，率领 20 万大军顺利穿过莫贺延碛，神速地出现在了伊吾（今新疆哈密）城下。麴文泰闻讯大吃一惊，再也笑不出来了，惶恐之下，居然吓死了。

麴文泰的儿子智盛被立为高昌王，智盛给侯君集修书一封："得罪天子的是俺爹，如今俺爹已经一命呜呼，俺刚刚继位，什么都不懂，求求你饶了俺吧。"侯君集置之不理。部下向侯君集献计，说高昌城内即将为麴文泰举行盛大的葬礼，可以趁这个机会偷袭高昌城。侯君集却说："不行，天子因为高昌傲慢无礼才加以天罚，咱们可是天兵天将啊，如果在人家举行葬礼的时候偷袭，跟咱们的身份不合，哪儿像堂堂的问罪之师啊！"于是侯君集率领着这支"仁义之师"，事先鸣鼓而攻，猛烈地攻城略地。

侯君集攻城的方法和金庸小说中韦小宝当年攻打雅克萨城有异曲同工之妙。韦小宝是造了3000尊水炮，冰冻雅克萨；侯君集却是先用推撞车撞击城墙，再用抛石车向城内抛石头，挡者无不披靡，后来更建起十丈高楼，向城中抛石。两者虽然所用材料不同，但是效果是一样的。在这样的攻势之下，剽悍的俄罗斯人尚且束手就擒，更遑论小小的高昌城了，智盛无可奈何，只好像雅克萨的俄罗斯人一样，开城出降。侯君集就这样轻松地平定了高昌。高昌立国134年，最终亡在了侯君集手中。

战事之初，还出现了一段有趣的小插曲。麴文泰听到城中有民谣唱道："高昌兵马如霜雪，汉家兵马如日月。日月照霜雪，回首自消灭。"他认为这是动摇军心，灭自己的威风，长敌人的志气，遍搜城中，想找到始作俑者，却无果而终。可见高昌百姓对大唐军事力量的敬畏。

侯君集立下这等大功，按说应该踌躇满志地回朝领赏去了，可是，此人却有一项癖好，当然也就成了他的命门所在，那就是贪财。贪财是中国历史上当官的共性，倒也不是什么大不了的事情，偏偏侯君集是一位带兵的大将，前线的第一把手，他要指望着手下的兵丁们为他卖命，为他"一将功成万骨枯"呢，结果攻破高昌城之后，侯君集犯了贪财的瘾，不仅把没有罪的人发配，旨在夺取对方的财物，而且私藏这些财物，藏在自己的小金库里，不向国库缴纳。上梁不正下梁歪，手下的军官和兵丁们一看主帅起了模范带头作用，谁不爱财啊，于是人人争相向主帅学习，最后竟然在高昌城内大肆盗窃！这就无视朝廷的王法了。侯君集唯恐自己的行为暴露，也不敢对手下恶劣的盗窃行径进行制裁。

班师还朝之后，高昌城内的罪恶终究没有逃过监察部门的眼睛，侯君集作为始作俑者，被下狱，等待进一步的审判。幸好，这时有一位中书侍郎上疏，力陈功臣大将不可轻加屈辱，唐太宗于是顺水推舟，将侯君集无罪开释，但是也没有因为这场大功劳封赏，侯君集心中怏怏不乐，埋下了以后故事的伏笔。

贞观十七年是决定侯君集命运的一年。这一年刚开头，侯君集的怨气就淋漓尽致地表现出来了。事情起因于太子詹事张亮出朝担任洛州都督，作为早年同在李世民幕府的老朋友，侯君集故意激怒张亮说："咦，你怎么被排挤走了？"张亮大怒，气愤地回答道："我就是被您老排挤走的，却向谁诉冤去！"侯君集闹了个大红脸，脸红脖子粗地说："我平了高昌国，回来还触怒了天子，怎么还能排挤您呢！"越想越生气，越说越生气，捋胳膊卷袖子地赌咒发誓："活得这么窝窝囊囊，哪里还像个男人，哥们儿，干脆反了吧！"没想到张亮这个老朋友扭头就把这番话跟唐太宗李世民原原本本地说了，李世民对张亮说："你和侯君集都是朕的功臣，这话是你俩私下里单独说的，又没有第三者在场作证，如果审问他，他肯定抵赖，到时怎么办？算了算了，这事权当没有发生过吧。"于是息事宁人。不仅如此，在这一年的二月，唐太宗让御用画家阎立本在凌烟阁为24位打天下的功臣画像，御用书法家褚遂良题字，仍然把侯君集画了上去，排名第十七，张亮排名第十六。这就是著名的凌烟阁功臣，成为后世臣子们念念不忘、艳羡不已的排行榜。

有趣的是，不光是张亮一个人密告侯君集谋反，李靖和江夏王李道宗也都预言过侯君集必反，从而使侯君集事件成为一桩事先张扬的谋反事件。

唐太宗曾经命李靖向侯君集传授兵法，侯君集神秘地跑来向唐太宗告状说："李靖总有一天会造反！"唐太宗问为什么，侯君集回答道："李靖传授给我的兵法都是粗浅的入门知识，他把精华都藏起来了，这不就是想造反吗？"唐太宗转头去问李靖，李靖回答道："这是侯君集自己想谋反！如今天下安定，我传授给他的兵法已经足以制约四夷，他干吗还不知足，非要穷尽我的兵法？这不就是想造反吗？"

李靖还有特异功能。有一段时间，李靖和侯君集同在尚书省做官，李靖是右仆射，侯君集是兵部尚书，两人有一次一块儿回尚书省，侯君集骑着马，过了大门好几步才发现已经进门了，李靖后来就偷偷跟别人说："侯君集天天心不在焉的，难道他怀有异志吗？”

江夏王李道宗也曾经从容不迫地告诉唐太宗：“侯君集志大才疏，又自负微功，不甘心居于李靖和房玄龄之下，虽然做了吏部尚书，他的胃口可大着呢，远远没有餍足。臣察其言观其行，日后必定会作乱。”唐太宗安慰他说：“君集的本事我还不明白，不是我吝啬官位，大唐帝国的官场精髓是论资排辈，他还没有轮到呢，急什么。不过你也别瞎猜，你们都是跟随朕打天下的功臣，这对他不公平。”

决定性的时刻终于来临了，事情的起因是侯君集卷入了皇位争夺战。太子李承乾虽然早已被立为太子，但是由于自身的修养和旁人的觊觎，地位并不稳固，于是暗中建立了一个阴谋小团体，打算在合适的时候起兵谋反。侯君集时任吏部尚书，他的女婿贺兰楚石在太子的东宫中担任千牛卫的官职，李承乾得知侯君集时有怨言，就通过贺兰楚石结交上了侯君集。两人一拍即合，侯君集举起双手向太子表忠心：“这双好手当为殿下用之。”但是密谋者的心理承受能力毕竟脆弱，侯君集就常常在夜间惊醒，出一身冷汗。妻子看在眼里，劝他道：“你是国家的重臣，是不是做了什么亏心事？如果真的做了，我劝你赶快去自首，或许还能保住项上人头和咱们的家产。”侯君集哪里肯从？

结果，太子党还没有来得及发兵起事就泄密了，李承乾被废为庶人，其他人等免官的免官，伏诛的伏诛。颇具讽刺意味的是，侯君集暴露身份却是出于自己女婿贺兰楚石的告密。唐太宗亲审侯君集，对侯君集说：“我不想让刀笔吏在你的身后评价中羞辱你，因此才亲自审你，你就招了吧。”侯君集嘴硬，就是不承认自己参与了太子谋反事件。唐太宗长叹一声，把贺兰楚石招来。贺兰楚石一五一十，把前因后果像说书一样重新讲了一遍，又拿出侯君集和李承乾的来往书信，侯君集这才理屈词穷，低头认罪。唐太宗装模作样地询问大臣：“君集有功于国家，我想饶了他的死罪，大家以为如何？”群臣力谏大逆不道之罪不可饶恕，唐太宗顺水推舟，对侯君集说：“永别了朋友！唉，以后当我想你的时候，只能爬上凌烟阁去看你的画像了！”说完流下了猫哭老鼠的泪水。

临刑前侯君集还表演了一把英雄气概。侯君集颜色不变，做出一副视死如归的样子，对监刑将军说：“我哪里是真的想谋反啊，只不过人生蹉跎才走到了这一步。麻烦你转告皇上，念在我是他的老臣，又为朝廷尽忠效劳的份儿上，请保全我的一个儿子，在我死后，还能有人给我上上坟。”临终遗言如此凄凉，唐太宗于是免了侯君集妻子和儿子的死罪，改为流放岭南，在那个闻之色变的瘴疠之地给侯君集上坟去了。

侯君集谋反事件最后的尾声是，李世民和李道宗击掌相庆，说：“果如卿言！”

唐朝是一个很奇怪的朝代，在这个号称“盛唐”的朝代里，政变、谋反事件层出不穷，李世民本人就是通过血腥的“玄武门之变”才上的台。因此我很怀疑侯君集谋反事件其实是唐太宗进行政治清洗的牺牲品，比如那个密告侯君集谋反的张亮，在侯君集死后3年，也是因同样的“谋反”罪名被杀。虽然凌烟阁二十四功臣中病故的居多，但是也不乏因“谋反”身死的：长孙无忌、张亮、侯君集。李靖也屡次被诬谋反，只好主动退休，闭门不出；李孝恭和尉迟敬德都是主动早早就退出了权力中心。

侯君集是一个莽汉，行伍起家，不学无术，很晚才开始读书学习，传说他每天不吃饭，专门养了两个美人，以人乳为食。这样一个莽汉，如果对朝廷有怨气，真敢凭着血气之勇拍案而起造反。但是莽汉成大事不足，看看侯君集在李承乾集团里的表现就知道了，而且最后居然被自己的女婿出卖！“有勇无谋”这句话，说的不正是侯君集吗？因此，侯君集的罪名不应该叫“谋反”，因为他无“谋”，只能叫“反”，“造反”。

沈括：瑕疵和光环并举

杨　府

在北宋那个崇文读经、吟诗填词的主流时代，理科被视为末学，甚至被讥为奇技淫巧的旁门左道。在这样的背景下，沈括（1031—1095）却才学绝世，兼擅文理，是个文化、科技通人，一生从事的研究领域极为宏阔。《宋史》评价他说："博学善文，于天文、方志、律历、音乐、医药、卜算无所不通，皆有所论著。"

但是，沈括死后既没人给他建碑，也没人为他写墓志铭，就连他的生平传记也仅仅附在《宋史·沈遘传》之中。在科技领域独步千古，做出重大贡献的沈括，为什么史家没有单独为他列传？为什么会才高名微，生前身后痛遭非议，寂寞身后呢？

治世之能吏，谗佞之小人

北宋建立伊始就推行"不抑兼并"政策，放任地主、官僚阶级肆无忌惮地兼并土地，却享有不纳赋税的特权，致使农民起义频仍；冗官冗兵众多，官僚机构庞大臃肿；每年贡俸给辽和西夏大量的岁币。严重的外患和各种交织的、尖锐的社会矛盾威胁着北宋王朝的统治根基，如此情况下，变法改革势在必行。但当时朝廷在对待民生、解决危机的路线问题上却产生了严重的分歧和尖锐的对立，以王安石为首的改革派坚决主张变法图强，而以司马光为首的保守派却抱守祖宗之法，百般阻挠。两派势同水火，都想在朝廷上争取更多的同盟，此时的百官僚属无一例外地面临着一个两难选择，要么支持变法，要么反对变法。

最终，王安石获得神宗的信任与支持，改革之举已是顺流之势，无人能挡。此时的沈括已在昭文馆工作了好几年，且与王安石交往甚密，甚至经常与之放言纵论时事，就富国、强兵、安民、定邦等重大社会政治问题交换意见，政见又惊人地一致，因此，沈括自然成了王安石的同盟。沈括不但在口头上表态拥护，而且以自己卓越的才学和能吏的干练本色不遗余力地帮助王安石推行新法。

为推行新历，沈括毅然决然地在司天监进行变法，罢免了6名墨守成规的旧历官，将平民出身、实践经验丰富的盲人历算家卫朴破格提拔，让其领导改革历法工作。在王安石的支持下，沈括历时5年修成了“奉天历”，新历既符合天体运行的规律，也有利于农业生产实践活动。

为推行王安石的“农田水利法”，公元1072年，沈括积极主持汴河的水利建设。汴河是从京都开封经淮河入运河，到达江南的唯一水上通道，战略地位重要，但多年疏于治理，淤积严重，大大影响了流域内的农业灌溉和航运。沈括实测了汴河下游到淮河两岸共840多里河段的地势，采取分层筑堰技术，用了四五年时间，造淤田17000多顷，不仅让农业得到发展，使人们感到变法的直接好处，而且使汴河再现了“过尽千帆，斜晖脉脉”的美丽景象。

为贯彻落实王安石的富国强兵法，沈括又研究了军事学、物理学、数学、地理学等学科，完成了《边州阵法》等重要军事著作，并研究了熟铁和钢铁的性能，改造了军器，制造出“柔薄而韧”、“强弩射之不能入”的铁甲。为研究军需粮草的供应和部队的调动，他还发明了“隙积术”、“会圆术”等数学运算方法。

熙宁八年（1075年），沈括出使辽国办理边界交涉事宜。在此之前，辽国曾擅自在两国边境归属有争端的地区派驻官员，辽使萧禧更是恶人先告状，到东京要求宋廷确认黄嵬山（在今山西原平西南）一带30里的地方属于辽朝。宋神宗派去谈判的大臣不了解那里的地形，明知萧禧提出的是无理要求，却无法反驳他，双方争执了几天都没有结果，宋神宗只得另派沈括去谈判。沈括首先收集了许多地理资料，并且叫随从的官员们背熟。沈括一行来到辽国后，对辽方提出的问题对答如流且有凭有据。经过13天6轮的艰苦谈判，沈括不辱使命，取得了很大的成功，辽国不得不放弃对北宋的领土要求。在南下归途中，沈括又从国家战略的高度出发，每经一地，就把沿途的民风习俗、地理形势、关隘险要一一详加记录，绘成地图，献给朝廷。宋神宗认为沈括建有大功，遂拜他为翰林学士。王安石也因此对沈括相当倚重，委他为访察使，又委为管理全国财政的最高长官权三司使，派他外出考察新法的执行情况以及效果如何。

不知沈括是性情懦弱，还是多思少言，不喜抗辩，他从不违上，甚至还顺竿上树，谄佞媚上，每每回京都是报喜不报忧，极尽攀附之能。变法里面诸多不合理的事项，只要王安石决定要执行的，他无不极力附和。其实新法在执行中已经暴露出了它的弊端，并没有达到“因天下之为，以生天下之财；取天下之财，以供天下之费”的目的，朝廷内外破坏和阻挠变法的势力异常强大且相互勾结，致使新法贯彻不力，民间怨声载道。如果沈括当时能够如实汇报，及时地提醒王安石，那么新法也就不会那么快即废止，大宋的历史或许会驶向另一轨道。

熙宁九年（1076 年），王安石在守旧势力的疯狂反扑下，第一次被罢相，黯然下台。

作为变法派的重要成员，沈括深怕受连累，急于洗白自己，于是反戈一击马上向宰相吴充呈上了一个秘密报告，洋洋万言，历数新法的种种弊端。其变化之迅捷，转向之坚决，不能不使人怀疑他的人品有问题，所以，吴充转身把这秘密报告呈递给了皇帝。

如此一来，不仅王安石鄙视沈括，骂他是反复无常的小人，就连神宗皇帝也看不过去，“始恶括之为人”。更有那新、旧党人中的不平之士，见皇帝也讨厌沈括，就投其所好，上书弹劾他，说他出使辽国时出卖了国家利益，辱国失地。实际上，那次边界谈判很成功，只是神宗自己软弱，答应了辽国其他的苛刻条件（如增加岁币等）。但却没有人愿意也没有人出来为他辩诬。沈括只得带着满腹的委屈和咎由自取的悔恨出任宣州（今安徽省宣城）知州去了。

3 年后，为抵御西夏，朝廷希望借助沈括的军事才能，经略陕右，于是将他改知延州（今陕西省延安一带），兼任鄜延路经略安抚使，主理当地军政事务。

在宋朝和西夏的百年对峙中，宋朝总是输多赢少。元丰四年（1081 年）十一月，宋军终于在庆州（今甘肃庆阳）一役击溃了西夏军，占地 2000 多里。神宗大喜，命给事中徐禧、鄜延道总管种谔再于元丰五年八月分兵合击，企图一举解决西夏问题。

徐禧建议朝廷在永乐川筑城，以逸待劳，沈括极力附和，说这将是楔入敌方心脏的一颗钉子，可攻可守。神宗遂于元丰五年八月令徐禧修筑永乐城（今陕西米脂西北），城距西夏国首都银州仅25里，“地形险固，三面阻崖，表里山河，气象雄壮”，赐名银川寨。城建之后，西夏以倾国之师来争。高永亨建议徐禧趁敌未稳进行突袭但徐禧犹豫不决，以致大势尽失，又不知以重兵保护水道，仅以万余人列阵城下。西夏军渡河后，立即向宋军发动猛攻，宋军战败，退入城中，永乐遂成孤城。西夏军截断流经城中的河流，宋军渴死者大半，形势非常危急。宋神宗闻报大惊，急令沈括以及监军宦官李宪等人营救永乐城。守卫米脂的沈括欲率军驰援，但得报西夏军数万人正奔袭绥德，危及关中，他便“先往救之，不能援永乐”。最后，永乐城陷，徐禧及李舜举和李稷以下数万官兵全部死难。

永乐之役，西夏军队完胜，宋朝想“灭此而朝食”的梦想遂成泡影。战后追究责任，因为徐禧已死，不予追究，沈括便以“始议城永乐，既又措置应敌俱乖方”的罪名又一次当了替罪羊，被贬为均州（今湖北丹江口市）团练副使、随州（今湖北随州市）安置。

这就是沈括的人生悲剧，他明明知道永乐筑城是一次军事冒险，但因为徐禧是他的上司，他就谄佞地附和这一错误的决定，且动手实施，结果造成了更大的失败。

宋极少严厉处罚大臣，被贬外放这一处罚对沈括而言虽然不重，但实际上已宣告了其政治生命的完结，即使在元祐年间他还有过短暂的起复，但也仅是光禄寺少卿之类的虚官。从此，沈括便绝意仕进，专心著述。

沈括卖友，“乌台诗案”成讼

沈括年长苏轼5岁，两人是同年进士。北宋沿袭唐制，以史馆、昭文馆、集贤院为三馆，通名崇文院。苏轼和沈括在崇文院共事多年，英雄拱手，互相欣赏，关系相当不错。虽然两人在王安石的变法运动中政治理念多有不合，但这并不影响两人的私人感情。

沈括倾力支持王安石变法，受到王安石的信任和器重，权倾一时；苏轼虽然也赞成变法，但却不赞成王安石所采取的激进的休克疗法，主张循序渐进地进行改革，是温和的社会“改良派”。苏轼对变法虽有支持，但更多的是批评，甚至对某项政策持坚决反对的态度，因此，他几次向神宗皇帝上言，极论新法的弊端。这自然与改革总设计师王安石的意愿相悖，引起王安石的不满。以司马光为首的“保守派”趁势放大变法的负面效果，把苏轼争取到了反对派的阵营中。

据南宋初王铚《元祐补录》记载，熙宁四年（1071 年）大比之年，苏轼为主考官，他出的题目是：“论晋武平吴以独断而克；苻坚伐晋以独断而亡；齐桓专任管仲而霸；燕哙专任子之而败，事同而功异。”王安石闻讯，大为不快。他认为，苏轼罗列出历史上一些独断专行的人是采取一种“影射史学”的春秋笔法，让天下举子们借古讽今，意在讽刺自己因为神宗的宠信而有专擅朝政之嫌。

御史谢景温秉承王安石之意，上奏神宗，以试题“谤讪朝政”的罪名弹劾苏轼。苏轼自知在都城已难以立足，便上书朝廷请求外放。熙宁五年，苏轼被下放到杭州担任通判一职，这是他第一次遭罹文字之祸。

后来沈括作为两浙访察使到浙江巡检“农田水利法”的执行情况。临行前，神宗嘱咐他：“苏轼通判杭州，卿其善遇之。”

苏轼见到老友非常高兴，把酒南窗，亲切话旧，而沈括也“与轼论旧”，只谈友谊，不谈政治。为显示亲近，沈括还要求苏轼把他到杭州这几年所作诗文让自己拜读一下，苏轼正沉浸在友谊的醇醪中，便不假思索地答应了。当天晚上，沈括把苏轼的诗文重新抄录了一遍，把他认为是诽谤新政的诗句一一用朱笔加注，捕风捉影，上纲上线，然后带回京城，密呈给与苏轼有过节的御史台中丞李定。

此时，朝中新、旧党之间的斗争日趋激烈。新党四处寻隙，正在到处寻找打败旧党的理由，于是他们便决定通过指摘苏轼等人的文字之过为突破口，一举将旧党人物从朝中清除。恰在此时，苏轼由杭州改任湖州知州，在给朝廷的谢表中又有“愚不识时，难以追陪新进；老不生事，或能牧养小民”这样几句话，此言一出，又被抓住了把柄。

御史舒亶首先发难，上疏神宗，说苏轼诗中“词有讪怼”，继而监察御史何大正也上疏，指责苏轼的谢表是“谤讪讥骂”朝廷。因史、何二人的上疏并未引起宋神宗的重视，御史中丞李定便再上次疏说：“知湖州苏轼，本无学术，偶中异科。初腾沮毁之论，陛下犹置之不问。轼怙终不悔，狂悖之语日闻。轼读史传，非不知事君有礼，讪上有诛，而敢肆其愤心，公为诋訾；而又应试举时，即已有厌弊更法之意。及陛下修明政事，怨不用己，遂一切毁之，以为非是。伤教乱俗，莫甚于此。伏望断自天衷，特行典宪。”此奏虽没有罗列苏轼具体的罪状，只是指出苏轼的牢骚对社会所产生的危害，但却上升到了社会伦理制度的高度，目的是要置苏轼于死地。

之后，又有李宜之等人上疏附和李定，均指责苏轼“谤讪国政”。神宗皇帝见这么多人弹劾苏轼，便下诏令御史台立案审查，由李定负责审问。

元丰二年（1079年）七月，苏轼在湖州被捕，此时距他转任湖州知州仅3个月。苏轼被押解到汴京，关进御史台大牢，等待判决。因前途险恶，生死未卜，他一度相当悲观，与其子苏迈暗中约定：每天去监狱送饭，只送蔬菜和肉食，如果有死刑判决的坏消息就改送鱼，以便有个心理准备。一日，苏迈因到市上购粮，便将往狱中送饭之事委托给一位亲戚代劳，亲戚出于好心给苏轼做了一条美味的腌鱼。苏轼一见以为大期已到，便以极度悲伤之情。写下了两首绝命诗送给弟弟苏辙。

其一：

圣主如天万物春，小臣愚暗自亡身。百年未满先偿债，十口无归更累人。是处青山可藏骨，他年夜雨独伤神。与君今世为兄弟，更结来生未了因。

其二：

柏台霜气夜凄凄，风动琅珰月向低。梦绕云山心似鹿，魂飞汤火命如鸡。额中犀角真君子，身后牛衣愧老妻。百岁神游定何处？桐乡应在浙江西。

诗作完成后，狱吏不敢隐瞒，将诗篇呈交给神宗皇帝，人们纷纷为苏轼求情。丞相吴充问神宗：“曹操这个人怎么样？”神宗说：“猜忌心重。”吴充说：“陛下是当今尧舜，当然看不起曹操了。但他还能容忍祢衡这样的狂人，陛下难道还不能容忍苏轼吗？”罢相王安石也劝神宗说：“圣朝不宜诛名士。”神宗说：“这是苏轼自寻苦恼，我只是想挫挫他的锐气。”遂下令对苏轼从轻发落。

经过5个多月的漫长审讯，最后苏轼以“讥讽政事”罪被定谳，贬为黄州团练副使。苏轼入狱，沈括并不是主谋，但无可否认他是始作俑者，“其后李定、舒亶论轼诗置狱，实本于括”。

有人指出，沈括陷害苏东坡是因为嫉妒他的才高名重。实际上，他陷害苏东坡只是为了讨好王安石,确立自己在变法派中的位置。沈括进入政治漩涡以后，耳濡目染的都是一些厚黑的投机政客，在这个大酱缸中，保护自己的最好办法就是随波逐流或卖友求荣，而对像苏轼这样的不同政见者讲究温情，无疑就是对自己的残酷。又因为苏轼自恃名高才重，“与朝廷争胜”，比起那些没有名气的守旧派来说影响太大，所以朝中的变法派们就难以容忍了，不拿他开刀拿谁开刀？沈括只不过很好地把握住了变法派的风向。

神宗死后，太皇太后废止了新法，保守派得势。苏轼长期在地方工作，了解到一些新法于社会发展有利，不主张不分青红皂白地一律废止。再加上当时变法的主将蔡确被贬至安州（今湖北安陆）后，郁闷中写了一些发牢骚的诗被人告发，守旧派便群起而攻之，欲借此整肃变法派。苏轼深有感触，密请停止报复。这两件事使苏轼再遭排挤，被贬为杭州知州。此时，沈括早已在政治上失意,废居润州,他居然跟没事人一样找苏轼叙旧,对苏轼礼数周全,“迎谒甚恭”。

所以，自北宋以来，沈括因为道德品质有缺陷常被人非议，受到了几个时代的冷遇。

寂寞身后一千年

沈括生活的时代正是北宋经济、文化的繁荣时期，学界提倡义理之学，强调经世济用，凡事“穷理尽性”，注重探索自然奥秘，甚至把“百工其业至微”的一些雕虫小技放在与学习儒家经典等同的位置上。沈括在科学上的辉煌成就是与当时的这种学风分不开的，但儒家的思想又强调学而优则仕，人生显性的成功就是升官发财，沈括当然不能免俗。这种官本位思想也深刻影响着他的人生走向。沈括选择了政治，但他玩弄政治的技巧又非常的拙劣，只有谄媚上司、陷害无辜、落井下石等有违个人道德操守的小人之举，所以深为后世诟病。

元丰五年（1082 年），沈括在知延州任上被贬为均州团练副使、随州安置之后，就退出了政治舞台。当时朝廷又规定其不得随意迁居，实际上是限制了他的人身自由，因此，沈括在湖北随州的法云禅寺度过了三个寒暑。“蓬业萧条，已退编于民籍”，政治的失意让他付出了自由的代价，这样的生活对于沈括来说是落寞的、孤寂的。

1085 年，宋哲宗继承帝位，大赦天下。但因为沈括的人品为很多人所不齿，朝中新、旧党人纷纷上疏哲宗，历数沈括罪恶，将其定为不可赦免之人。所幸皇恩浩荡，沈括遇赦东归，到浙江嘉兴定居，“有以慰乡井之怀”。

政治上的包袱解除后，沈括便很快完成了《天下州县图》的全国地图绘制工作。从熙宁九年接受任务到元祐三年（1088 年），12 年时间内，他绘图 20 幅，其中最大的全图高一丈二尺，宽一丈，其中的《全宋图》绘制精详，比例得当，内容丰富，为世人研究北宋地理提供了第一手宝贵资料。

沈括后来获准把《天下州县图》上呈哲宗，哲宗大喜，赏赐他 100 匹绢，允许他自由选择居住地，沈括遂携全家移居于润州朱方门外（今镇江市东郊中山路）的梦溪园。据《京口耆旧传》卷一记载，沈括 30 余岁时，“尝梦至一处，登一小山，花如覆锦，而乔木蔽其上，山之下有水澄澈，梦中乐之，将谋居焉”，此后又常常梦至其处。熙宁十年（1077 年），沈括赴宣州（今安徽宣城）任职，有道人对沈括说，润州山川之胜，且云郡人有地求售，沈括遂托道人以钱 30000 缗购入。十余年后，他奉诏北行途经润州，“至所买之地，恍然乃梦中所游，因号梦溪”。

忽闻河东狮子吼，拄杖落地心茫然

苏轼曾作《寄吴德仁兼简陈季常》一诗，嘲笑男人惧内，诗云：“东坡先生无一钱，十年家火烧凡铅。黄金可成河可塞，只有霜鬓无由玄。龙丘居士亦可怜，谈空说有夜不眠。忽闻河东狮子吼，拄杖落地心茫然。”其实，此诗也适用于沈括，他一生惧内，婚姻生活很不幸。

1064 年，沈括刚中进士，出任扬州司理参军。朝中有位大臣叫张刍，也奉命前往扬州任淮南转运使。沈括工作认真，又尊重上司，协调配合能力很出色，显示出了超人的才智，因此给张刍留下了深刻的印象。张刍入朝后，便极力荐举沈括入昭文馆任职。

当张刍得知沈括的妻子不幸病故后，便将自己的女儿许配给沈括做继室。张刍对沈括有知遇提携之恩，又官居显位，沈括顾念旧情，不便拒绝，便于熙宁二年（1069年）娶了张氏为妻。

宋人朱彧所著的《萍洲可谈》中载，张氏生性骄蛮，性情凶悍，平素喜怒无常，常作河东狮吼，且有虐待癖好，每次发怒都要打骂沈括。沈括性情软弱，畏妻如虎，见了张氏两股战栗，大气也不敢出。沈括在宦海沉浮中受尽贬谪之苦，张氏不但没有一丝安慰，反而大骂他无能，稍不如意即施以荼毒。

在沈括投闲后的十余年里，两人移居梦溪园达8年。梦溪在沈括的生命历程中占有十分重要的地位，是他非世俗的人生走向高峰的所在，也是他生命最后落幕的地方。他在这里过着隐居生活，潜心著述，不再醉心于宦海里的浮浮沉沉，最终写成了《梦溪笔谈》一书。时人称赞沈括："博闻强记，一时罕有其匹。所作笔谈，于天文、算数、音律、医卜之术，皆能发明考证，洞悉源流。"但在整个宋代，该书的科学价值并没有得到相应的重视。人们眼中的沈括首先是一个有道德缺陷的官吏，其次才是一个"学问最为博洽"的文人。

在这8年之间，张氏对沈括的虐待更是变本加厉，致使沈括精神濒临崩溃。元祐六年（1091年），沈括身染疾病，经常处于精神恍惚、神志不清的状态。

元祐九年，张氏病逝。亲戚朋友们都为沈括庆幸，认为他从此可以脱离苦海了。不料，沈括居然哭天抢地，"自张亡，恍惚不安"，健康状况越来越差。有一次，一老友陪他到江上散心，船过扬子江时，沈括竟几次要跳江自尽，"左右挽持之，得无患"。

绍圣元年（1094年），65岁的沈括竟真的追随亡妻而去。临死前，沈括交代长子沈博毅及次子沈清直将他的遗体归葬在故乡浙江杭州钱塘的龙居里。

沈括作为官吏是失败的，为人也是失败的，但作为科学家却是成功的，也正因这种成功，使我们对这位有着瑕疵的古代科学家仍然怀有一种崇敬之情。

忽必烈两次征伐日本失败的原因

奥　兰

公元1274年，忽必烈第一次远征日本，遇上台风，日本人称这是“神风”救了他们。

历史记载，元至元十一年（1274年），元世祖忽必烈命风州经略使忻都、高丽军民总管洪茶丘，以900艘战船，15000万名士兵，远征日本。元军在战争开始阶段取得了很多辉煌战果。

井上靖这样记载：蒙古于“公元1274年十月初，占领了对马、壹岐两岛，继而侵入肥前松浦郡……使日军处于不利，不得不暂时退却到大宰府附近。元军虽然赶走了日军，但不在陆地宿营，夜间仍回船舰。当元军回到船舰后，恰遇当夜有暴风雨，元舰沉没两百余只，所余元军撤退，日本才免于难。”

台风乍起之时，当时由于不熟悉地形，元军停泊在博多湾口的舰队一片混乱，不是互相碰撞而倾翻，就是被大浪打沉。午夜后，台风渐停，但暴雨又降，加上漆黑一片，落海的兵卒根本无法相救。忻都怕日军乘机来袭，下令冒雨撤军回国。此役，元军死亡兵卒达13500人。日本史书则称之为“文水之役”。

第二天即十月二十二日早，日军在大宰府水城列阵，但不见元军进攻，派出侦察人员始知博多海面已无元军船只，元军撤退了。日本朝野对突如其来的台风赶走元军十分惊喜，在全国范围内展开了大规模拜神活动，称为“神风”。

至元十八年（1281年），忽必烈第二次东征日本，两个月之后，又是一场巨大的台风让元军惨败。

当时，忽必烈“以日本杀使臣为由，结集南宋新附军10万人组成一支大军远征日本。兵分两路，洪茶丘、忻都率蒙古、高丽、汉军40000，从高丽渡海；阿塔海、范文虎、李庭率新附军乘海船900艘，从庆元、定海启航”。高丽国王为元朝“提供了10000军队，1500名水手，900只船和大批粮食”。然而，日本守军已有前次抗击蒙古的经验，他们在箱崎、今津等处沿岸构筑防御工事，并以精锐部队开进志贺岛，与东征元军进行激烈战斗。

元军因内部高丽、汉、蒙古统帅之间的矛盾而不能协调作战。这样，“蒙古军在毫无荫蔽的前提下，每前进一步都要付出沉重的代价。双方对峙达两个月之久，蒙古军队没有看到胜利的希望。两个月之后，一场巨大的台风袭击了库树海岸，蒙古军再次企图撤入海上，但他们的努力是徒劳的”。

“在此次台风袭击下，蒙古东路军损失三分之一，江南军损失一半，一些靠近海岸的士兵被日本人屠杀或溺死。”汉文史料也记载，由于元军战船“缚舰为城”，因而在“波如山”的台风袭击下“震撼击撞，舟坏且尽。军士号呼溺死海中如麻”。蒙古人第二次东征日本又以惨败而告终。

美国考古学家对打捞上来的蒙古战舰残骸进行了仔细研究，发现蒙古战舰粗制滥造，质量低劣。

虽然，在古代文献中确实能够找到关于那两场日本沿海台风的记载，然而根据现存证据，研究人员并无法判断出那场风暴的具体强度，以及风暴与蒙古舰队的沉没究竟有多大关系。美国得克萨斯州农业机械大学的考古学家兰德尔·佐佐木对1981年从高岛附近海底打捞上来的700多块蒙古战舰残骸进行了仔细研究和分析。佐佐木表示：“很多蒙古战舰龙骨上的铆钉过于密集，甚至有时在同一个地方有五六个铆钉。这说明，这些肋材在造船时曾反复使用，而且很多龙骨本身质量就很低劣。”

据汉文史料记载，至元十一年（1274年）正月，忽必烈命令高丽王造舰900艘，其中大舰可载千石或四千石者300艘，由金方庆负责建造：拔都鲁轻疾舟（快速舰）300艘，汲水小船300艘，由洪茶丘负责建造。并规定于正月十五日动工，限期完成。六月，900艘军舰完工。

当时，造船业发达的中国江南及沿海地区尚未被忽必烈完全征服，部分地区仍在南宋军队的控制之下。所以，忽必烈不得不将造船的任务交给技术较为落后的高丽人。一方面，高丽对于造船很反感，认为元朝出兵日本肯定会要求高丽参战，这必将给高丽人带来沉重的负担。另一方面，让造船技术落后的高丽在如此短的时间内完成如此艰巨的任务实属难事。高丽人只得在匆忙间敷衍了事，这些舰船的质量也就可想而知了。

至元十八年（1281年），蒙古军队的大多数战舰都是平底河船，采用了当时较为流行的水密隔舱设计，而此种战舰的结构并不适于航海作战。所谓水密隔舱,就是用隔舱板把船舱分成互不相通的一个一个舱区,舱数一般为8或13个。它大约发明于唐代，宋以后被普遍采用。虽然该结构便于船上分舱，有利于元军在航海途中进行军需品的管理和装卸，但是舱板结构取代了加设肋骨的工艺，简化了主体结构，削弱了船舶整体的横向强度。佐佐木指出："迄今为止，我们还没有在高岛附近海域发现V字形远洋船的龙骨，我们可以想象那种为内河航运而设计的船遭遇海中大风浪时将会出现何种混乱的情形。"

佐佐木还发现：战舰残骸的碎片没有一块超过3米，大多数碎片都在10厘米到1米之间。他据此推测,蒙古战船可能采用了类似新安古船的一种"鱼鳞式"船壳结构形式。其船壳板之间不是平接，而是搭接的。这种结构在巨浪的拍击之下容易碎裂。佐佐木表示，对沉船遗址的现有研究只是冰山一角，他希望能够借助声纳和雷达,得以更深入地了解当时蒙古的造船技艺,进而破解沉船真相。

还有研究认为,除了舰队拖后腿之外,蒙古人的后勤和装备也比不上日本人。

若论吃苦耐劳，当时的蒙古战士无人可敌，必要时他们可以靠吃生马肉、喝马血维持生命。蒙古人作战时机动性第一,一般只带很少的给养，军队的给养主要通过掠夺战争地区的平民解决。可是在这两次战争中蒙古人偏偏无法发挥自己的特长，他们一直未能突入内地居民区，自不可能有平民供他们掠夺。

此外，日本人的武器也优于蒙古人。当时日本的冶炼和刀具制作技术世界一流，日本战刀的性能只有北印度和西亚出产的大马士革钢刀可以媲美。古代最优良的钢按性能排列依次为：大马士革钢（铸造花纹钢）、日本钢（暗光花纹钢）、马来钢（焊接花纹钢）。中国最好的钢（镔铁）其实也是一种焊接花纹钢，不过性能没有马来钢那样出色。日本除了具有好钢之外，其战刀的优良性能还来自其独特的后期淬火工艺。日本刀制造成本低廉，使得普通民众都可拥有一把好刀，而蒙古军队使用的质量较差的镔铁刀，很多大刀在对砍时刀刃卷曲。

在两次战争中的8年间隙期间，日本人似乎还改进了他们的弓箭。第二次入侵时，蒙古人发现日本人使用的弓箭的射程和穿透力都有很大的提高，已与蒙古强弓不相上下。从保留至今的图画看，日本人的长弓与当时最先进的英格兰长弓有几分相似，长约 1.5 米。由于日本人本来就很矮小，画面上的日本弓箭手看上去就好像比他们所持的弓还短。

明成祖朱棣：轮奸忠臣妻子，活剐3000宫女

赵景琛

派遣郑和下西洋的“永乐大帝”明成祖朱棣，是明朝数一数二的暴君，比起老爹朱元璋毫不逊色，甚至有过之无不及。

夷十族，送教坊，手段卑鄙

1402年，他夺了亲侄子的皇位，导致了几十万人战死沙场；建文帝宫中的宫人、女官、太监被杀戮几尽。

他一次性枉杀14000多人。他还将忠于建文帝的旧臣如方孝儒等人全部杀死；仅方孝儒一家，灭“十族”就杀掉873人！对于建文忠臣的妻女，朱棣竟把她们送进妓院、军营，让人轮奸。有被摧残致死的，朱棣就下圣谕将尸体喂狗吃了。

鲁迅先生《且介亭杂文·病后杂谈》也曾提到明成祖如何对付建文帝的旧臣：

景清剥皮，铁铉油炸，他的两个女儿则发付教坊，叫她们做婊子。

据《明史》记载，景清不但被灭族，而且“转相攀染”，到处牵连，所谓瓜蔓抄，结果整个村庄成了废墟。进入教坊，用今天的话来说，就是送到妓院。教坊是国营的妓院，可不是人待的地方，《教坊录》有这样的记录：

永乐十一年正月十一日，本司右韶舞邓诚等，于右顺门里口奏：有

奸恶齐泰的姐，并两个外甥媳妇，又有黄子澄四个妇人，每一日一夜，二十条汉子守着，年小的都怀身，节除夜生了个小龟子。又有三岁的女儿，奉钦依由他，小的长到大，便是摇钱的树儿。又奏黄子澄的妻，生一个小厮,如今十岁也。又有史家,有铁铉家个小妮子,奉钦依都由她。

“二十条汉子守着”，是轮奸的意思，这种惩罚骇人听闻，奸后生了孩子，还得继续受罪。

邓之城《骨董琐记》曾引《南京法司记》上一段文字：

永乐二年十二月，教坊司题卓敬女杨奴、牛景妻刘氏，合无照依谢升妻韩氏例，送淇国公转营奸宿。

所谓转营奸宿，就是送到让淇国公部属各个营地，让士兵们轮奸。

心狠手辣，屠戮宫女

朱棣的大老婆徐皇后，于永乐五年（1407 年）病死。徐氏死后，朱棣一直未立皇后。后宫有一位权贤妃，是从朝鲜选来的美女，美艳殊丽，能歌善舞，且善吹箫，聪慧过人，最受朱棣宠爱。不料永乐八年（1410 年），权氏随朱棣率兵北征，死于归途，害得朱棣为宠妃很是掉了几滴眼泪。

朱棣正为失去宠妃而悲伤之际，有宫女揭发说权氏是被吕妃串通太监和银匠用砒霜毒死的。朱棣大怒，也不细查，即下令将被告下毒的太监、银匠处死，对吕氏则采用酷刑，用烙铁直烙了一个月才死。受吕氏牵连而被杀者达数百人。

揭发吕氏毒死权妃的人也姓吕,是一位朝鲜商贾的女儿,史书称其为“贾吕”。

永乐十八年（1420 年），朱棣准备立为皇后的宠妃王氏暴死，而恰于此时，皇宫内又有人告发贾吕、鱼氏与宦者“通奸”（宫女和宦者结为夫妻一样的伴侣，实际上没有实质上的性行为，仅仅是相互慰悦、相互照顾而已，宫内称为“菜户”或“对食”）。明朝后期的皇帝对此类事，往往采取听之任之的态度。明熹宗甚至还亲自将宦官与宫女结为对食的。

朱棣却勃然大怒。贾吕、鱼氏惧祸，上吊自杀。

朱棣并不罢休，又兴株连之法，拘捕与贾吕亲近的宫婢，亲自审讯，看贾吕等人是否还有其他阴谋。宫婢受了酷刑，竟诬告称后宫有人要谋害皇帝。这一口供，激起朱棣嗜杀本性。于是，接连有更多的人被抓，更多的人屈打成招。百连千扯，自承“谋逆”的宫婢侍女，竟然达近3000人之多。

朱棣下令将这些从全国选来的美丽的宫女全部处以剐刑。所谓剐刑，即是凌迟处死。此刑主要用来处死“谋大逆”、“谋反”等政治犯。

行刑时朱棣亲临刑场监刑，经常还亲自操刀，残杀宫女。一位河北籍宫女受刑时斥骂朱棣：“你年老阳衰，我们宫人与宦者相悦，又有何罪！”

朱棣更加恼怒，令画工画了一张贾吕与宦官相拥图，遍示内宫，羞辱无辜的宫女之余，亦不啻自我羞辱。《李朝实录》记载，朱棣大肆屠杀宫女之际，适有宫殿被雷电击毁，宫女们暗喜，以为朱棣会因害怕上天惩罚而停止屠杀，但朱棣“不以为戒，恣行诛戮，无异平日”。

公元1424年，朱棣第五次出兵大漠，死于北征回师途中的榆木川（今内蒙古乌珠穆沁）。大内以30余宫女生殉朱棣。她们吃完饭以后，被带上殿堂，哭声震殿阁。殿堂内置有小木床，使宫女立在床上，梁上结有绳套，把她们的头放在圈套中，然后撤掉小床，使她们吊死。

“永乐大帝”无改一生嗜杀气度，死了也要祸害别人。

万历皇帝后宫 30 年的荒诞生活

祝 勇

朝廷上的冷战

自从万历十四年（1586 年）起，明神宗万历皇帝就没有踏出皇宫一步，直到去世，不理朝政达 30 余年之久。万历 10 岁登基，是名副其实的少年天子。也就是说，他生命中最重要的岁月，是在后宫度过的。晚明学者夏允彝描述："自贵妃宠盛，上渐倦勤，御朝日稀。"的确，这个皇帝的最大乐趣是泡在后宫的脂粉堆中醉生梦死，他平生最厌恶的恐怕就是文官们自以为是的面孔，不愿意那些枯燥的奏折搅扰了自己的软梦。甚至内阁首辅，也很难见到皇帝本人。大臣们的奏章大多"留中"，不做任何处理。甚至部院主管大臣之类的任命，万历也懒得过问。在他看来，那些品级不同的官服穿在谁的身上都是大同小异，与自己无干。按照明朝的官制，上述职位在没有得到皇帝钦命的情况下只能空缺，于是，政府中的许多重要职务长期空缺。至万历三十四年（1606 年），大学士沈鲤向皇帝诉苦，吏部尚书已缺三年，左都御史亦缺一年，刑部、工部只有一位侍郎兼理，兵部则尚书、侍郎全缺，礼部仅存一侍郎，户部也只有一位尚书。总计部院堂上官 31 位，竟缺 24 位，如果去掉那些不守职责的官员，朝中几乎已经无人理政。这样残缺不全的政府机构，在中国历史上也并不多见。朝政到了这个地步，皇帝依然无动于衷。万历帝甚至把庄严的庙祀也省略了，类似的繁文缛节一律由官员代行。

帝国的政治机器在空转，这使那些文官们除了极少数的人以外已不再有升迁到最上层的希望。对此，皇帝已经习以为常。万历无心，也无力收拾这种复杂的残局。他选择的策略，就是回避。除了渔色，他的最大兴趣就是赚钱，也就是趁自己活着的时候，为子孙（尤其是他最宠爱的福王）谋些产业，使他们在自己死后能高枕无忧。但事与愿违，他的所有努力造成的结果，却是将整个王朝，包括他的子孙们，推向万劫不复的深渊。那位倍受他疼爱的福王朱常洵，很多年后，在洛阳被李自成斩首，用死亡偿还祖上罪孽。

远方骑手

万历四十一年（1613 年）九月的那个早上，一个异族女子，骑在一匹烈马上，出现在万历皇帝的视野里。不知为何，这一场景令皇帝感到窒息，狂乱的马蹄，仿佛踩踏着他的神经，令他疼痛难忍。那匹马荡起一片飞尘，仿佛一团团的祥云，在马的四周飘动。它由远而近，他还没有来得及看清骑手的相貌，她已经出现在他的面前，手持一柄长戈，向他刺来。他大叫一声，发现自己正躺在龙榻上，额头冒出许多虚汗。

万历皇帝惊魂甫定，虚弱的身体隐隐作痛。贴身的太监为他擦去额角的汗珠。他命太监宣大臣们进宫。对于大臣而言，这样的面见皇帝的机会并不多得。他们纷纷跪倒在龙榻前，皇帝向他们讲述了这个奇怪的梦。史官根据皇帝的叙述，将这个梦写进《明神宗实录》，这使我们有可能在将近 400 年之后，依然对这场梦了如指掌。皇帝希望臣子们能够为他解梦，他说：

“诸位可以不避忌讳，其意如何？直言讲来。”

官员们很快提供了他们的答案：梦中的异族女子，乘马持矛，用意在于夺取大明帝国的江山。

如果史书的记载是正确的，那么，我们应当惊异于历史的提示。在明朝开始向着那个万劫不复的深渊滑落的时候，命运已经以梦的方式向明朝的主人发出了提示，它甚至指明了危险的来源，以及挑战者的身份。现在我们无法判断官员们对梦的解析，是根据他们的解梦理论，还是对时局的分析，通过这个机会，来向皇帝劝谏，更无法得知，他们把梦中的异族女子视为大明帝国的真正威胁，而并非来自陕西的民变，以及蒙古高原上的金戈铁马，是因为他们真正具有穿透历史的慧眼，还是历史的巧合。但无论如何，这个梦是耐人寻味的。历史有时如同小说一样，有着丝丝入扣的细节。然而，万历显然把官员们的分析视为危言耸听，而所有的警示都像堆积如山的奏章一样，被视为陈词滥调，无论怎样严峻的局势和慷慨的进言，都敌不过酒色仙丹的力量，无力将皇帝从他亲手炮制的虚幻的满足中，解脱出来。

万岁之死

万历四十四年（1616 年），当努尔哈赤在“赫图阿拉”宣布即汗位，建立大金国（史称“后金”）的时候，不知万历皇帝是否能够记起他 3 年前的那场梦。尽管努尔哈赤在 24 岁那年（万历十一年，即 1583 年）承袭了父亲的职位，被明朝任命为建州左卫的都指挥使，但是，久居深宫的万历皇帝对这个难记的名字显然是陌生的。不知万历从什么时候开始记住努尔哈赤这个名字，但他不会想到，这个辽东边地的部落首领将向他的王朝发出挑战。两年后，即万历四十六年（1618 年）四月十三日，努尔哈赤率领两万步骑征讨大明王朝，临行前书《七大恨》，作为讨明宣言，焚香告天。誓师完毕，努尔哈赤将他的八旗铁骑分成两路，向明朝发起进攻。左翼四旗攻东州、马根单；努尔哈赤亲率右翼四旗，进攻辽东重镇抚顺城。

一把长戈带着白色的孤光刺入夜色，所不同的只是，持戈的人是努尔哈赤，而非万历梦中的异族女子。他的长戈向前一挥，成千上万的八旗士兵向潮水般呼啸着，向城墙涌去。战争开始了，而且从开始就已注定是一场关系全局的战争。一切几乎与万历对那场梦的描述一模一样。持戈的女子在烈马上飞奔，万历做梦的龙榻，就是她（他们）的目的地。

即使努尔哈赤在中国东北部的突然崛起，也无法改变万历的固执。对于业已发生的一切，皇帝不动声色，这并非因为他的稳重，而是因为他的冷漠。边地的烽火，无法燃起他的激情。丹炉中的火焰照亮了他的面孔，他企图从中得到有关长生不老的许诺，只有面对它的时候，万历的眼中，能够闪耀出几许兴奋。

万历四十七年（1619 年）九月，在吏部尚书赵焕的号召下，朝廷百官齐刷刷地跪在文华门前，企求皇帝视朝议政。这样的场面，在今天看来，堪称惊心动魄。这是一次来自官方（而不是民间）的请愿行动，官僚们以这种绝决的方式，表达了对于皇帝的抗议。这种行动，在世界政治史上，也是不多见的。抗议行动持续了整整一天。一天的时间，对于那些单薄的膝盖而言，已经显得无比漫长。那些老弱的官员，能够坚持下来，已属奇迹。官僚们都到齐了，只有皇帝空缺。皇帝以不在的方式表明了他的存在，以沉默的方式表明了他的权威。一整天，皇帝没有任何指示，这使抗议的官员们陷入两难——他们既不能自己站起身来，就此结束抗议，也难于坚持下去。显然，在这一问题上，膝盖和大脑的立场并不一致。在与皇帝的较量中，百官们永远不可能占到便宜。如果皇帝坚持不下发任何指示，眼前的僵局将如何打破？夜幕降临，吞没了所有官员的身影。所有的弯曲的身体，在初秋的夜风中，裹紧的青缎的官袍。事态变得难以收场。皇帝看到火候差不多了，命太监跑到文华门宣旨，请所有官员回府。至于上朝一事，皇帝的答复只有两个字：免谈。

失望之极的赵焕在奏章中置问皇帝：如果有朝一日蓟门遭蹂躏，铁骑踏京郊，陛下您是否还能在深宫内高枕无忧，称病却之呢？

固执的万历不可能因官僚们的施压而改变立场，相反，他将因此对百官们更加痛恨。万历四十八年（1620 年），在御宇 48 年之后，万历皇帝平静地离开了人间。他被安葬在他亲自参与设计的定陵里，安放在孝端皇后和孝靖皇后即恭妃王氏的棺椁之间。在万历手中颓败不堪的王朝，即使遭到崇祯这样励精图治的君主，依然无力回天。24 年后，即崇祯十七年三月十九（1644 年 4 月 25 日），大明王朝末代皇帝崇祯在煤山寿皇亭自缢身亡，大明帝国最终被清帝国崩溃。万历的梦，终于变成无法修改的现实。

李鸿章的痞子手段

雷 颐

一

1860年，清政府在第二次鸦片战争中惨败于英、法侵略军，外国侵略者已将京师攻克，咸丰帝出逃热河；而太平天国声势仍然浩大，远无“肃清”、“剿灭”的迹象。内外交困之下，走投无路的清政府在与外国人谈判的过程中，认识到新的侵略者与传统异族的“入侵”完全不同，他们并非要推翻自己的统治立新皇帝，而主要是为了通商谋利，于是便认定夷人不足虑，并确定了中外和好、借洋人力量消灭太平军的战略。

当然，这种战略性的根本转变从提出到具体施行并不容易，需要一个磨合的过程，从上到下都会有种种不同反应、不同理解乃至不同的执行策略。而且在执行过程中，必然会遇到向何“夷”借剿、合作到什么程度、以何种方式合作、指挥权由谁掌握、允许“夷兵”剿“贼”到什么程度等一系列具体问题。对于以上问题，中央政府没有也不可能有具体的方案，因此相关地力政府和各级官员便有较大的相机行事的权力和幅度极宽的“自由裁量权”。

对“借师助剿”最为积极的，当数与自己利益最为密切、以上海为中心的东南官绅。其实，在朝廷对外基本国策还没有发生转折时，与洋人打交道颇多的上海官绅就开始借用洋兵“协防”了。

1860年，时任两江总督的何桂清等就提出用“抚夷助剿”的办法，但未被朝廷采纳，不过在沪筹办防务的苏松太道吴煦仍雇美国人华尔（F·T·Ward）

组织了“洋枪队”,以中国勇丁杂西勇为各级头目而成。不久,时任苏松粮储道、“综理夷务”的杨坊还把自己的女儿嫁与华尔为妻。1862年初，江苏巡抚薛焕把这支洋枪队定名为“常胜军”，派吴煦督带，杨坊会同华尔管带。华尔率“常胜军”在上海附近与太平军多次作战，由于武器先进，打了一些胜仗，为清廷立下汗马功劳，但却在1862年9月下旬的一次战斗中被太平军打死。

华尔死后，清政府任命美国人白齐文（H·A·Burgevine）为管带。如此重要之事，地方官竟能不经中央政府同意，足见外力对近代中国的浸染之深，更足见地方利益、地方势力在晚清之崛起。

“借师助剿”政策也曾遭到一些大臣的反对。1862年，两江总督、手握重兵的曾国藩在奏折中提出先靠自己的力量在重要地区消灭太平军后再商量“会师助剿”之事。很明显，这只是一种委婉的反对，既然重要地区的“贼”已被灭，自然没有“借夷”的必要了。他又提出“借夷”应只限于上海一地，因上海已是通商口岸，洋人利益颇多，而且上海无险可守，清军兵力又不够，并一再强调，借“夷”兵只能“会防”不能“会剿”，所以对部分江浙官绅此时吁请要借洋兵代为收复江宁、苏州、杭州一带极为反感，说他们“为此不择之呼吁，皆臣治军无状之咎”，表示臣“既以借助外国为深愧，尤以无兵会剿为大耻”。

1862年4月，李鸿章到上海参与协防，开始与洋人打交道。这是李鸿章摆脱曾国藩真正自立门户的开始，他以后的隆隆事业实皆由此奠基，日后渐渐以当时少有的“知洋务”者而闻名中外。

到上海后，尚无与洋人打交道经验的李鸿章必须直接面对洋人。为此，他一次次致书曾国藩,既表明心迹,又向其讨教。李鸿章认为,上海的官绅“媚夷”,“失之过弱”; 而一些反对者则“失之过刚”,表示他的原则是“调济于刚柔之间”,并称赞曾国藩“会防不会剿”的观点，认为如果中国的官兵与洋兵同剿，“洋兵每任意欺凌，迳自调派，湘淮各勇恐不能受此委曲”，他个人“只知有廷旨帅令，不能尽听洋人调度”。

在给友人的信中，李鸿章说：“西兵助剿，江南官绅皆附和之。鸿章商之大帅，定议不拒绝以伤和好，不忮求以存界限。”并进一步认为：“目前之患在内寇，长久之虑在西人。堂堂华夏，积弱至此，岂一人一时所致！”“我能自强，则彼族不敢妄生觊觎，否则后患不可思议也。”这种看法，当不为无见。对洋兵，他想在刚柔之间、笼络与控制之间走钢丝、搞平衡，但其实并不容易。

二

李鸿章刚到上海时，华尔拒不相见，给了他一个下马威。李鸿章在给曾国藩的信中自嘲说华尔“总是众中佼佼，虽至今不理发，并未至敝处一谒，与外国人何暇争此小过节耶？”但与华尔和“常胜军”有过几次接触后，李鸿章在给曾的信中将其讥之为“蠢然一物”，说“常胜军”“弁目百数十人，均系外国流氓”，但“常胜军”的战斗力却着实让他吃惊，于是他决意对其“全神笼络之”，以为己用。

经过一番接触，李鸿章感到“常胜军”人马精良却专恣跋扈、狂傲不驯，清朝官员根本不能过问军事，更无法钳制外夷。而且，中国官员中只有经常与自己作对的吴煦、杨坊与他们关系密切，为其提供粮饷，因此，李鸿章感到“常胜军”固然对镇压太平军有用，但也有可能会对他本人的权势及清政府造成威胁，所以他一直伺机对其加以抑制，并想借此剥夺吴煦、杨坊的职务和兵权。而华尔身亡，白齐文走马上任，则为李鸿章提供了一次难得的机会。

白齐文性情较华尔更加肆横，与吴煦、杨坊等渐有矛盾。1863 年 1 月，白齐文从松江率卫队回到上海，到杨坊开的银号索要欠饷，被杨坊拒绝。结果，白齐文将杨坊痛殴一番后，抢去饷银 40000 余元。李鸿章知情后，以“不遵调遣，劫饷殴官”之罪名将白齐文革职。

白齐文自然不服，到北京控诉，美、英公使，会同促请清政府将其复职。但清政府认为若将一省巡抚在职权范围内所做的正常决定强行撤销实无理由，于是将矛盾下推，发回上海再作处理。李鸿章坚持不给白齐文复职，并在《白齐文滋事撤换片》中强调：“外国人性情乖戾，威令不行，本难驾驭”，况且白齐文已自请加入中国国籍，已受朝廷的三品顶戴职衔，“违犯法令，应照中国之法治罪，以杜后患”。并说自己对“常胜军”是“曲意笼络，俾为我用”，但又担忧“唯常胜军人数过众，犷犴难制”，便提出要由中国官员会同管带。在换片中，权谋老辣的李鸿章甚至还提出要严处吴煦和杨坊，因为白齐文的种种不是都与他们二人有关。

李鸿章深谙软硬兼施之道，在提出处理白齐文、整顿“常胜军”的同时，又附上了《奏奖外国官弁片》，提出朝廷应奖励一些外国使领馆官员和军人，“以示我朝行赏论功，中外一体之至意”，意在平息外国对撤换白齐文的不满。

但整顿“常胜军”、收回兵权并非易事，撤掉白齐文后，兵权又落入了英国人手中。英国方面对“常胜军”一直由美国人指挥始终不甚满意，早就在“常胜军”中安排了一些英国人。为收回兵权，撤掉白齐文十几天后，李鸿章与英国驻华陆军司令士迪佛立（Sir Charles Staveley）做了一番艰难谈判。经过多次辩论，双方终于同意“常胜军”由中、英各派官员会同接管，并签订了《统带常胜军协议》，此协议归纳起来有以下几个主要问题：

第一，在兵权归属问题上，英国放弃了独揽大权的要求，协议规定管带均归中国抚台节制调遣，中、英两国都派正规军官会同管带，但中国放弃了英国管带如有过失照中国法律规章办理的要求。士迪佛立主张凡“常胜军”出去战斗必须先与英、法两国商定，此主张被李鸿章断然否定，后改为如到百里以外作战则须预先与英、法两国商量，临近作战可自主决定。

第二是兵额问题。英国希望“常胜军”最少要 5000 人，而李鸿章一方面希望靠它消灭太平军，另一方面又怕人数过多，既费银太多影响淮军费用，又可能形成尾大不掉之势，留下隐患，所以力主大量裁减。最后双方妥协，同意以 3000 为度，若以后兵饷紧张可视情况继续裁减。

第三，军费后勤方面规定，其军饷在海关银号按月支取。在李鸿章的坚持下决定从简，并且规定购买军火须有江苏巡抚文书，管带官不准私购。

第四，“常胜军”驻扎在松江城，但不得干预地方事务。

第五，惩处兵勇须兼听中国会同管带的意见。

根据协议，英国派军官戈登（Charles Gordon）出任管带，中国派李恒嵩会同管带。当然，实际是戈登独揽大权。李鸿章在上朝廷的《整饬常胜军片》中表白说，他对洋兵的原则、态度是“于调停笼络之中仍寓裁制控驭之道”。通过这些条款，可以“渐收兵柄”，“以后办理稍有头绪”。他承认是看到了“常胜军”在镇压太平军过程中显示出的强大战斗力，又感到其“日益骄蹇，渐成尾大不掉之势”，所以才“筹思累月，久欲稍加裁抑。而事关中外交涉之端，未便轻于发难”，此次正好借白齐文之事达到目的。

通观李鸿章处理此事的前前后后，不能不使人深感他的老谋深算，他不仅撤掉了在上海经营已久的地方势力吴煦、杨坊，为安插“自己人”创造了条件，而且还尽可能地裁抑了“常胜军”，使其当下能为己所用却又不会贻患今后，更重要的是，自己拥有了更大的发言权。

真可谓一箭三雕！

三

1863 年 2 月起，李鸿章率淮军伙同“常胜军”以上海为基地，向西进犯。太平军将士虽英勇抵抗，但终寡不敌众，太仓、昆山先后失陷。而后，淮军又北犯攻占江阴、无锡等地，再向西包围了苏州。

苏州是江南重镇，在清代是江苏省城。太平军占领苏州后，为太平天国苏福省省会，是太平军占领的最重要的城市之一。攻占苏州，可以说是时任江苏巡抚李鸿章梦寐以求之事。当时，虽然守城太平军浴血奋战，苏州久攻不下，但对清军来说，形势仍然非常有利。面对如此大好形势，李鸿章自然是抢功心切，生怕他人夺去攻下苏州这份指日可待的“头功”。

这时，与他一同围攻苏州的戈登认为苏州城太大，“常胜军”人数太少，要求再招洋兵，以便迅速攻下苏州。而李鸿章唯恐“常胜军”因人员充足可以单独攻下苏州，拒绝了戈登的要求。不过在戈登的再三要求下，他同意“常胜军”再招 100 人，但却提出了非常苛刻的条件：无论是否攻克苏州，这 100 名新招洋兵在一个月后必须辞退；而且，如果攻下苏州，“常胜军”须与淮军程学启部一同进驻；不仅如此，5 天之后“常胜军”就要撤离苏州，回到昆山。

对此要求，戈登不能完全接受，于是搬出新近接替士迪佛立任英国驻华陆军司令的伯郎（Brown）出面与李鸿章交涉。伯郎新来气盛，提出要亲率英军攻城。闻此消息，李鸿章又急又怒，却又不敢明言，只得借故推托，不与伯郎见面。后来听说伯郎要到京师，李鸿章生怕总理衙门听信伯郎的建议，于是急忙给朝廷上了《驾驭西兵片》阻止。此片意思可分 4 层：

首先，他知道朝廷自然是希望快快拿下苏州，所以给朝廷的说法是：“常胜军”再招人马花费过巨，而更重要的是“专用西兵，易生后患”。而且，他解释说一时攻不下苏州是因一些准备没有做好，但现在的形势已“使贼大势不振，筋脉不舒，苏州一城早迟可复”。相反，如果没有做好各种准备，迅速攻下苏州反易被太平军反攻。

总之，在他的解说中，对苏州城久攻不克毫不足虑。

其次，李鸿章强调“常胜军”“战守实未可靠”，只是靠先进的洋枪洋炮而已，而自己“与英官曲意联络”，也可得到英军洋枪洋炮的“济助”。此层意在告诉朝廷不必专靠“常胜军”。

再次，退一步说，“常胜军”的助攻还可说是名正言顺，“功成之后或不致另开衅端”，对其要求也可拒绝。然而，英酋伯郎之“意欲为中国克复一二省城，难保非为通商要挟张本”，而且太平军已陷入困境，明明我们已不需要向其求助，而英国人却偏偏要主动助攻苏州，其动机非常可疑。所以，如同意伯郎率兵攻城，则“必有太阿倒持之忧”。

对于这个理由，清廷岂能不慎重考虑?

最后，李鸿章则明言自己此片的目的：伯郎到总理衙门后，无论他怎样“饰词狡诈”，总理衙门的王公大臣们千万不要答应他的要求，最多只能同意“臣与戈登面议之语，止许戈登协攻，勿庸伯郎督剿”。如果实在无法阻止，“英提督必调兵助攻”，一定要先与他订立条约，即“克复后立即退出，由臣妥筹布置，不得别有要求”。

生怕“洋兵”抢自己的头功和“洋兵”攻城后拒不撤兵形成“太阿倒持”之局，的确是李鸿章此时的两大心病。而攻占苏州，使他彻底解决了这一问题。

四

当时，守卫苏州城的太平军除了守将谭绍光外还有纳王郜永宽等“四大天将”，而他们与主帅谭绍光一直不和。戈登通过奸细了解到这一情况，特别是知道郜永宽有投降之意后，便主张诱降纳王，以期兵不血刃攻克苏州。戈登的建议被李鸿章采纳。

经过一番秘密联络，11 月 28 日郜永宽派康王汪安钧潜入清军大营，开始与戈登、程学启进行投降谈判。几天后，郜永宽在苏州城外阳澄湖与戈登、程学启商议降约。双方约定：郜永宽谋杀谭绍光取其首级并献苏州城以降清，而戈登、程学启承诺保证保全郜永宽及其部下性命，并给副将以上军官一定的官职，赏赐郜永宽本人二品武职，戈登作担保人。

12月4日，郜永宽等8人趁在慕王府议事的机会刺杀谭绍光，并割下其首级。第二天，郜永宽将谭绍光的头颅送达程学启处，并大开城门迎接清军入城，清军诱降成功，兵不血刃拿下了苏州。

然而，李鸿章不但没有履约保全投降者的性命，反而设计杀害了这8个降将。同时清军在城内大开杀戒，城内数万太平军守军在毫无戒备中被诛杀。李鸿章及清军的残忍、背信在这次杀降事件中暴露得淋漓尽致，但这种血淋淋的无耻行为却得到了朝廷的认可，认为“所办并无不合”，“甚为允协”，甚至连以“理学家”自诩的曾国藩也称“此间近事，唯李少荃在苏州杀降王八人最快人意”，“殊为眼明手辣”。

但是，李鸿章背信杀降的无耻行径，引起了戈登等外国人的强烈不满和愤怒，本来就一直存在的矛盾因此事而更加激化。

因自己曾信誓旦旦为降将作保，戈登听到李鸿章杀降的消息后，顿时勃然大怒，认为这是最无耻的背信弃义，于是提着洋枪要找李鸿章算账。李鸿章闻讯赶忙躲了起来，以后几天一直躲避不见戈登。由于左找右找都找不到李鸿章，戈登只得怂怂然留下一份最后通牒，要求李鸿章下台，不然他就率“常胜军”进攻淮军，将所攻占的城池再交还给太平军。

最后，戈登率“常胜军”返回昆山，同时给英国驻华公使布鲁斯写信，要求英国政府干预，迫使李鸿章下台。伯郎也从上海赶到昆山，与戈登商定“常胜军”由其节制，不再受李鸿章及中国政府的调遣，借此从中方夺回“常胜军”的控制权。上海的外国领事馆官员代表列强及所有外国侨民签署了一项严厉谴责李鸿章的决议，指责其杀降是对人性的彻底背叛，并警告说此事很可能使列强不会再帮助清政府，并可能撤回帮清军打仗的洋兵洋将。

李鸿章没有想到，他的“杀降”居然会引起外国人如此强烈的反应，甚至有可能破坏难得的“中外和好”局面。他认为杀降纵有不妥，但充其量只是方法问题，他不知道戈登却认为此事是原则问题。这种不同观念的背后是不同文化背景的冲突。

慌了手脚的李鸿章一方面急忙向对中国政局影响颇深的英国人赫德（Robert Hart）和马格里（MaCartney.Sir Samuel Halliday）求援，请他们代为调解；另一方面在给朝廷的《骈诛八降酋片》中辩解说："戈登助剿苏城，近来颇为出力"，"不料成功之后，既索重赏仍生衅端。值此时事多艰，中外和好，臣断不敢稍涉鲁莽，致坏大局。唯洋人性情反覆，罔知事体，如臣构昧，恐难驾驭合宜。设英公使与总理衙门过于争执，唯有请旨将臣严议治罪以折服其心。"希望在这场"中外冲突"中得到朝廷的支持。

十几天后，针对英方提出"常胜军"不归中国指挥的说法，李鸿章又专门给朝廷上了《筹处常胜军片》，说现在他的兵力已经"可敷防剿，亦无须该军协助"，所以希望总理衙门"与英公使议定妥法，即让戈登告退须责令将该军带队外国兵弁一百数十名全行撤回，或由臣选派数人帮带。该军叠次购买外国炮位及现存外国军火全行交出，彼无所挟持，庶不敢背叛滋闹。盖常胜军所持只有炮火，此外实无他长"。总之，"英酋欲揽兵权以箝制地方，勇丁欲附洋弁以要挟厚饷，相为固结不解，操纵缓急颇有为难"。

此片表明，李鸿章认为"常胜军"已是可以拆掉的过河之桥，想解散"常胜军"。

李鸿章的这两手果然奏效。朝廷下旨不仅明确支持他的所作所为，认为"洋人不明事理"，而且指责戈登"意殊颇测"，"唯有据正理驳斥，以折其心"。得到朝廷的支持，李鸿章大松一口气。另外，经过赫德等人的调解，英方认为维持与清政府的"和好"局面更符合自己的利益，因此主张将此事交总理衙门处理，制止了戈登的过激行为。而且，此时淮军人马已达50000，且其中三四万人装备了新式武器，而"常胜军"只有3000人，从实力上说也不是淮军的对手，戈登只得作罢，仅要求李鸿章发一文告，说明此事与他无关。对此要求，李鸿章立即答应，双方都有了台阶可下，一场大风波总算平息。

而此事也更坚定了李鸿章裁撤"常胜军"的想法，他多次感叹"常胜军"已成为"磨难星"，不但"月糜五六万金"，而且"随事要求，随时翻覆，鸿章百忍之而苦无一当也"。

五

苏州的失守，标志着太平天国苏南根据地已陷入绝境。几周后，无锡陷落，几个月后重镇常州又被淮军会同“常胜军”攻下。此时，双方胜负已基本判定。

此时，戈登认为太平军败局已定，淮军已渐西化并迅速强大，而“常胜军”正在腐化涣散，于是主动要求遣散“常胜军”，李鸿章立即高兴地同意。不过，英国驻上海领事巴夏礼（Parkes.Sir Harry Smith）却认为这会削弱上海防卫，所以致信李鸿章坚决反对此事，而李鸿章也毫不示弱，回信反驳，并最终在1863年5月31日解散了“常胜军”，其中一部分精锐部队和大部分武器装备被编入淮军，进一步提高了淮军的实力。

平心而论，李鸿章能屡打胜仗很大程度上是倚靠“常胜军”。从对“常胜军”的利用、处置可以看到李鸿章“请神”、“送神”的无情和老辣。

对白齐文、戈登等人“掌控自如”，李鸿章对自己与洋人打交道的本事颇为自得，所以当曾国藩对“天津教案”颇感棘手时，他几次去信建议说与洋人打交道要“参用痞子手段，不宜轻以一死塞责”，“尽情尽礼后，若再以无理相干，只有一拼而已”。

这或许是他的经验之谈，不过，这种“痞子手段”纵有效于一时、一人、一事，终究无法挽救晚清外交的屡屡重大失误。对一个国家来说，重要的是对国际形势、世界格局、时代潮流等宏观战略上的正确判断，而不是“痞子手段”这种雕虫小技。

孙中山的两位女保镖

金无双

惊魂：舞台上的生死一瞬

武昌起义爆发时，孙中山正在欧洲进行革命宣传和筹款，听到起义爆发的消息后，立即兼程回到上海。孙中山回国的消息传到南京后，独立的各省代表一致推选孙中山出任临时大总统，组建中华民国临时政府，和清政府对抗。孙中山能否平安到达南京就职，关系重大，所以沪军都督陈其美对孙中山的安全颇费了一番心思。

孙中山到达上海后，陈其美立即下令军警加强警戒，并请会党中倾向民主共和的人士进行协助。1911 年 12 月 25 日下午，闸北警署的侦缉队捕获了一名小偷，在他偷来的一个钱包里发现这样一封信："凤梧兄大鉴：马辉和曾全已于昨日抵沪，并潜入哈同腹地，妥甚。侯彼等插标卖首者在自吹自擂之际，夺其群龙之首，岂不美哉，兄静候佳音。敬请筹安。北老戚顿首。"署长见此信颇有来头，火速上报了沪军督都府。

陈其美见后大惊，人海茫茫，何处擒拿钱包的失主。如不能在孙中山到达哈同花园前破获此案，中山先生的人身安全就会发生意外，但若取消此次欢迎活动，会在群众中造成不良影响，而且孙中山又坚决不同意，执意准时赴会。陈其美只有求助于中山先生的两名保镖——尹锐志、尹维峻姐妹。

25 日下午 4 时，孙中山准时到达哈同花园。中山先生向大家招手致意，身边跟着一个文静的女秘书（尹锐志），女秘书身后跟着一名侍女装束的小姑娘

（尹维峻）。

入席后陈其美紧靠着孙中山就坐，腰间的勃朗宁手枪上着顶膛火，显得有些紧张。尹锐志一派雍容气度，恬静而安详；尹维峻侍立在中山先生身后，一双好奇的大眼睛频频四顾环望，并对周围的人微笑，颇带几分稚气。宴会在和谐喜庆的气氛中结束，宾主稍事休息后即步入演出厅。孙中山和陈其美并肩在前排就坐；尹锐志在孙中山身后就坐；尹维峻像个欢快的小鸟到处乱跑，与人交谈。陈其美环顾了一下四周，见预先布置下的警卫人员均已进入岗位，注视着自己的警戒范围，于是紧张的心情也就松弛了下来。

当演出进入高潮时，演员来了个武打的特技动作，引起了全场观众的热烈掌声。在喝彩声中，尹锐志突然拔出手枪，将舞台上两盏大吊灯击灭，这时就见尹维峻飞身蹿上舞台，双手抖动分别发出一枚暗器，击中了那名武戏演员的双眼，轻松将凶手擒住。

事后陈其美问尹锐志："你既然发现了武打演员是刺客，为何不将其击毙，反而打灭了舞台上两盏大吊灯？黑暗之中刺客是最容易混水摸鱼的。"尹锐志答道："戏一开场，我就发现武打的演员有问题，准是个刺客。因为演员的行规是不向台下看观众，只专心演自己的戏，偷眼看观众不但会破坏舞台上的人物形象，还容易造成演员'眩场'。可是这个武生频频向台下偷眼窥望，当戏进入高潮时就没有这种现象了，而且在武打的做功上特别卖力气，借以吸引各方面的注意力，我就知道这个刺客要动手了。若出枪把他击毙，怕其他刺客借混乱之机下手，所以打灭了舞台上的吊灯，舞台上光线很亮，刺客的瞳孔一定扩得很大，灯灭之后光线骤黑，刺客的眼睛在这一刹那间什么都瞧不见，极易被擒。其他刺客在灯灭之后觉得事出突然，也就不敢轻易动手。你布置的警卫人员，在枪响灯灭之时，一定会出枪准备射击，这些人一暴露身份，即便是会场之上还有其他刺客，也会被震慑，来个三十六计走为上。"

陈其美听到这番道理后，自叹虽是警监学校出身，又在南京、上海一带和会党一起闯荡了数年，和清政府的探子多次遭遇，可谓久经战阵，但和尹女士相比，还是逊色一筹。

智取：不动声色间空手缴白刃

1912年1月1日，孙中山在南京就任了中华民国临时大总统。当天上午他在临时参议院举行了就职典礼，下午带领一名文职秘书信步走出总统府，上街体察南京城中的民气风情。在南京城的繁华区夫子庙，孙中山登上商肆群中的一把椅子，即兴发表了出任中华民国临时大总统后的首次讲演。中山先生操着一口广东口音的普通话侃侃而谈，一时听者云集，市民们奔走相告，街头巷尾人潮如流，奔向了夫子庙。

此时尹锐志、尹维峻姐妹也正在秦淮河畔浏览南京市容，见人流拥向夫子庙，听到街谈巷议皆是孙大总统只身一人正在夫子庙演讲，并和市民们进行交谈。尹氏姐妹听到此事，怕发生意外事件，也立刻赶往夫子庙。

张勋长江水营士兵一向军纪败弛，南京市民称之为“三鬼”。尹氏姐妹是洋装女士，又正值芳龄，漫步南京街市很是显眼。三名遗散在南京的“水鬼”一直尾随其后，色狼们虽不怀好意，可是现时已是失去军装的丧家犬，也不敢放肆行事。尹氏姐妹艺高人胆大，当然不会把区区色狼放在眼里。这三只色狼官阶最高的是个哨官（连长），身上藏有一支左轮手枪；二把手是个老棚长（排长），善使状元梅花笔；年纪最轻的是个“骁勇”，会点儿招数，绑腿中总插着匕首。

三支色狼正犯“色迷”，突然见街头人流拥向夫子庙，又听人说孙大总统正在街头演讲，于是由“色迷”变成了“官迷”，认为若能刺杀孙中山，清廷一定会论功行赏，加官进爵。这三个“水鬼”是广东人，自认为用广东方言在南京街头交谈无人听得懂，没想到尹氏姐妹听得一清二楚，两个年老的正力劝年轻的那个“骁勇”下手，理由是他正值盛年，事成之后，前途不可限量。这个亡命徒在红顶子黄马褂的吸引下决定铤而走险，混入人流之中向夫子庙奔去。

尹氏姐妹见状，互相使了个眼色，尹维峻尾随“骁勇”而去，尹锐志则迎着哨官和棚长走来，两人突见尾随多时的洋美人迎面走来，不由又被迷得晕头转向。就往这一刹那，洋美人突然双手齐出，猛地下了哨官的“六响炮”和棚长的“状元梅花笔”。这俩“水鬼”一人夺路而逃，一人跪地求饶，尹锐志也顾不了许多，分开人流，直奔夫子庙而去。

尹维峻紧随“骁勇”之后，见这位亡命徒慌不择路，在人群中东推西撞，打量其后身，确是个身大力不亏的壮汉，像个练家子，心中暗暗盘算，还是智取为上策，于是乘其不备，将这位“骁勇”绊倒在地。这亡命徒爬起来又往前窜，大有顾前不顾后之势。尹锐志到夫子庙后，见“骁勇”突然窜出人群，但见到孙中山后掉头就跑，像失了魂一样。原来尹二小姐绊倒这个“骁勇”时，就下了这家伙的匕首，当他昏头胀脑地挤进人群，冲到中山先生面前，准备动手行刺时，伸手拔匕首，才发现绑腿中的匕首早已不翼而飞，于是魂飞魄散，掉头就跑。

奇迹：以一敌十，弹无虚发

尹氏姐妹保镖生涯中最精彩的一幕，要算是以一挡十、技伏“辫子军”大帅张勋派出的20余名刺客。

当时，这20余名刺客分了三批，分别隐藏在孙中山到总统府途中必经过的小楼内及列队欢迎的人群里。谁料孙中山一行并未按照原先预定的路线入城，而是从城外的一条小道绕路秘密进入总统府。同时，由尹氏姐妹坐着孙中山先生的迎宾马车沿大路向总统府开进，果然发现在路边的一幢二层小洋楼内隐藏着刺客。

正当这些刺客举起炸弹准备向窗外投掷时，却被眼明手快的尹氏姐妹在一瞬间所发出的“连环飞弹”打倒在地，他们手中的炸弹尚未掷出就纷纷落至楼板上，遭到重力碰撞后发生连续爆炸。

此时，躲在欢迎人群中的另外两拨刺客见楼内刺客伤亡惨重，便一拥而上扑向迎兵马车。

尹维峻见状，掏出“脱手飞弹”连发10余粒且弹无虚发，片刻便令众刺客掩面倒地呼痛不已。而尹锐志则拔出双枪左右开弓，子弹均击中刺客们的持械手腕，令其当场束手就擒，仅剩下4名刺客扔下同伙慌忙逃离现场。

蒋介石的另一面

杨天石

一提起蒋介石，大家就会想到陈伯达曾经写过一本书，叫《人民公敌蒋介石》。这些年来，随着政治环境、学术环境的宽松，应该说蒋介石的形象逐渐地有所改变。在台湾，原来把蒋介石说成是千古完人，被塑造成一个神。但是这些年来，在台湾，蒋的形象，蒋的评价越来越低。而在大陆呢，恰恰相反，以前蒋介石是匪，是鬼，现在慢慢地恢复为人。一个是从神到人，一个是从鬼到人，通过这个过程，我想可能会逐渐地还原历史上蒋的本来的面貌。

蒋从1915年开始记日记，一直记到1972年。应该说，在中国的政治领导人里边，我们还可以再扩展一点，扩展到世界范围里面，政治领导人能够留下57年日记，我不敢说是唯一的，至少有把握说，这是很少有的。蒋介石57年的日记，有很高的史料价值。日记有各种各样。有的人，他记日记的时候就想，我这个日记今后要公布，这样他笔下就可能不讲真话。另外一种日记，主要是写给自己看，这种日记常常比较袒露，真实性比较高。蒋的日记呢，根据我的研究，他主要是写给自己看的。

蒋的一生经历了近代中国的许多大事。例如辛亥革命，那时候，蒋介石是进攻杭州浙江巡抚衙门的敢死队队长，后来参加反对袁世凯复辟帝制的斗争。再后来，参加孙中山领导护法运动。1922年，孙中山被陈炯明围困，是蒋介石从上海千里迢迢跑到广州的永丰舰上，和孙中山同命运，共患难。这以后，蒋领导过北伐战争，参加过第一次国共合作，后来清党剿共，第二次国共合作，抗日战争，三年内战，最后退守台湾。评论蒋介石，可以从许多方面来讲。

一个温和、软弱的民族主义者

蒋早年反对英国对中国的侵略。从鸦片战争到上世纪20年代，当时侵略中国的主要帝国主义者是英国。蒋的日记里有这样一些话，说："汝忘英夷之仇乎"，"英夷不灭非男儿"，"英番不灭，国家焉能独立"，这些话，我想大家不奇怪。下面一句话："英番不灭，焉能解放全人类。"这后半句，大家可能觉得不像蒋介石讲的。"解放全人类"，这是共产党人的语言嘛！但是，这恰恰是蒋介石日记里的话。当时英国侵略中国，蒋介石对英国帝国主义很仇恨。

抗战期间，中国和英国、美国、苏联结成了同盟，大家一定也以为，蒋介石跟英国人的关系很好，跟美国人的关系也很好，但是看蒋的日记，他内心里对英国、对美国，其实是有许多看法的。比如说，他骂英国是"老牌帝国主义"。又比如说，二战末期《雅尔塔协定》规定：要把原来沙皇俄国在东北所取得的权利完全转移给苏联。罗斯福为了减少美国人的牺牲，为了让苏联红军出兵东北，同意了斯大林的上述要求。蒋在日记里就骂罗斯福"卖华、侮华，畏强欺弱，以我中国为牺牲品之政策，实为其一生政治难涤之污点"（见蒋介石1945年3月15日、4月13日、30日日记）。这些地方，把罗斯福骂得很厉害。还有，他败退台湾以后，仍然坚持一个中国，坚决反对台独。

所以说，蒋是一个民族主义者。但是，只讲他是民族主义者不行，前面一定要有两个定语，一个叫"温和"，一个叫"软弱"。为什么这么说？

近代中国，帝国主义强迫中国订了许多不平等条约，中国人的任务，就是要废除这些不平等条约。蒋也是主张要废除不平等条约的，但是蒋主张要用温和的方法，要慢慢地跟外国谈判，慢慢等待。对日本侵略，他在很长时期内采取妥协政策。所以，只能说他是一个温和、软弱的民族主义者。

一个既有大功又有大过的人

蒋介石有两大功。第一功是他在1926年到1928年这段期间，领导了两次北伐。

第一次是1926年7月到1927年的3月，蒋介石作为国民革命军的总司令，率领黄埔军校训练出来的国民革命军，从广州誓师，8个月的时间打垮了两个军阀集团，一个是吴佩孚，一个是孙传芳，收复了6个省，湖南、湖北、江西、安徽、江苏、福建。从1928年的4月到1928年的6月，他又用不到3个月时间，打垮了奉系军阀张作霖的部队，而且在1928年的12月，用和平的方式争取张学良改变旗帜，归顺南京国民政府。辛亥革命以后，从1912年到1928年，这17年的时间中，统治中国的是北洋军阀。由于蒋介石领导的两次北伐战争，推翻了北洋军阀长达17年的统治。这是蒋的第一个大功。

在近代中国历史上，蒋介石的第二个大功就是他和共产党实行第二次合作，领导国民党和国民政府进行对日抗战，而且坚持到底，争取到了最后的胜利。

中日战争是一场力量悬殊很大的战争。第一，敌强我弱；第二，开头几年，国际上没有援助，或者很少援助。战争初期，中国的军队失败得很惨。

南京沦陷以后，汪精卫已经对抗战失去信心，就找到蒋介石说，看来你不行了，还是我出来吧，我出来另外成立一个政权，我来解决时局。

国民党大员于右任是国民党左派，但是，他当时也撑不住了。他批评蒋太犹豫不决，主张当机立断，跟日本人谈和。国民党的另一位大员居正对蒋说，要是你不敢和日本人谈和，我居正出来谈，我来签字。也就是说，在南京沦陷以后，国民党、国民政府里面有不少人要跟日本人谈和，要妥协。蒋介石在这个时候采取的措施是迁都，把都城迁到重庆去。迁到重庆干什么？长期坚持抗战。

当然，有人说蒋介石在抗战的8年里，也跟日本人谈过。这反映了蒋对于和平解决中日战争有幻想，这也是说他软弱的一个原因。但是，蒋在大多数情况下，反对跟日本人谈判。1939年，汪精卫叛变，从重庆跑到河内，接着跑到上海，想在南京组织傀儡政权。日本人把汪精卫看成是奇货，就想用这个跟蒋介石谈条件。当时日本有个特务叫和知鹰二，是个中国通，他托人给孔祥熙带信，说汪精卫马上就要在南京成立政权，成立国民政府了，只要你跟我们日本人谈和平，那我就保证汪的国民政府成立不了，必要的时候，还可以把汪精卫除掉。应当说，这些条件相当具有诱惑力。国民政府里有人同意了，这个人就是孔祥熙。孔祥熙很高兴，给蒋介石写了封信，说咱们要抓紧这个机会，这是老天爷给我们的好机会，赶快派人去香港跟日本人谈判！

蒋介石看到孔祥熙的这封信以后，批了几行字，说以后如果再有人利用“汪逆伪组织”来劝我跟日本人谈判，以汉奸论罪。下面还有更厉害的三个字，杀无赦。

蒋的这个批语，甩出了前所未有的严厉的狠话，非常坚决。这封信虽然是写给孔祥熙的，但是实际上表达了蒋对当时国民党、国民政府主和派严厉的批判态度。

抗战之所以能胜利，蒋介石之所以能将抗战坚持到底，应该承认，和蒋的抗战意志比较坚决有关，也和他在抗战期间执行了比较正确的内外政策有关。对内，和共产党合作抗日；对外，和美、英、苏结成国际反法西斯战线。

毛泽东在 1938 年的中国共产党六届六中全会上有个讲话，给了国民党、给了蒋介石一个至今还没有人能超过的崇高评价。毛说："假如没有国民党政策的转变，要建立抗日民族统一战线，是不可能的。"他说，蒋是"民族领袖"，"最高统帅"，说国民党前后有两个伟大的领袖，第一个是孙中山，第二个呢？就是蒋介石。不过，后来蒋介石制造"皖南事变"等反共摩擦，毛泽东对蒋介石的评价就变了。

蒋介石在近代中国历史上有两大功。但是他也有两大过。大过之一，是 1927 到 1937 年的清党和剿共。根据统计，仅仅从 1927 年 3 月到 1928 年的上半年，共产党员和革命群众被杀的是 31 万人，其中共产党员 2.6 万人。由于蒋介石这个严重的过错，或者说严重的罪恶，使得本来朝气蓬勃的国民党成了保守党，成了腐朽党，成了组织上非常涣散的一个党。也就是说，蒋介石清党剿共，打击了共产党，但是也把国民党毁了。

蒋介石的大过之二，是 1946 年到 1949 年三年反共内战。抗战胜利以后，全国人民都渴望和平。胜利了，蒋介石的威信可以用四个字来形容，叫"如日中天"。当时北京天安门就一度挂过蒋介石的像。但是，蒋介石估计错误。他想，我连日本人都打胜了，那共产党我怎么会打不胜？所以蒋介石就撕毁了已经达成的政协决议，发动了违背人心、违背历史潮流的内战。

一个不断自我反省的人

蒋介石的性格，我给他总结了五个严重的坏毛病。

第一个坏毛病好色；第二个坏毛病暴躁，脾气很坏；第三个毛病多疑，老是怀疑别人要整他；第四个毛病任性；第五个毛病孤僻。

蒋介石早年实际上是一个浮浪子弟。有什么根据？根据当然有。蒋是一个搞“三陪”的积极分子。第一，陪酒，找妓女，找女孩子陪他一起喝酒，当时叫“吃花酒”。三陪之二，蒋介石一辈子不会跳舞，蒋的第二个“陪”是陪打牌，打麻将，打扑克。第三，就是陪宿。蒋虽然搞“三陪”，但是“三陪”以后，他又自我反省，自我检讨。他说，我怎么能干这种事情？蒋早年受儒学教育，《论语》、《孟子》是读过的，宋明理学家朱熹、陆九渊、王阳明的著作他也是读过的。孔子提倡“克己复礼”，这是儒家对于人的道德修养的最核心的要求。到了宋明理学家那里，这四个字就变成六个字，“去人欲，存天理”。有些宋明理学家，或者说道学家，为了进行个人修养，就搞一个表，叫“功过格”。到了晚上，他就想，我这一天做了什么事情？有过什么念头？有好事情、好念头，那就用红笔画个红圈；做了一件什么坏事，有个什么坏念头，就画个黑圈。蒋介石早年每天静坐。静坐干嘛？就在想，我干什么坏事了，有什么坏念头了，晚上他就在日记上写下来，我哪件事做得不好。

举个例子，蒋介石好色。有时候，蒋介石逛大街，对面走来一个女孩，蒋一看，想，哟，这个女孩挺漂亮，心里动了一下。这是人之常情，可就是这么一闪念，蒋介石当天晚上记日记时候，他就会记这么九个字：“见艳心动，记大过一次。”蒋介石的早年，特别是他在认识宋美龄之前，类似这样的日记很多。

又比如说，蒋要求自己每天6点钟一定要起床，有那么一天，睡晚了，第二天8点才起来，这个本来也是人之常情，但是蒋在日记里会写，说自己连这一点小毛病都改不掉，简直连禽兽都不如。上纲上得很高。

以上是蒋介石反省的两个例子。他每天通过日记反省，每周他有个周反省录，每月，他有个月反省录，每年他有个年反省录。他就这样反省了50多年。有的毛病改得不错，比如他第一个坏毛病，好色，这一点他大概1927年以后，改得比较好。有些毛病，他一辈子都没改好。尽管他每犯一次错误，就严厉地批判自己一次，咬牙切齿地骂自己。什么毛病？骂人，打人。蒋介石不仅打他的原配老婆毛氏，而且打他的警卫员，打士兵。每打一次，他就检讨一次，说我何苦呢！我打他，发了脾气，我不仅损伤了他，也损伤了我自己的身体呀，因为发脾气了嘛！这个毛病他一辈子都没有改掉。

蒋是一个暴躁、多疑、任性、孤僻的人。比如说，孙中山早年没有自己立脚的根据地，到处漂泊，所以孙中山很想找一块根据地，站稳脚跟，培养一支革命的军队。有一段时期，孙中山看中了福建一块地方，想把那个地方作为革命根据地，孙中山把蒋介石派去。蒋到了那个地方，三天不过，就拂袖而去。理由呢？要么是别人妒忌他，要么大环境不好，所以蒋的早年很任性，还很孤僻。

蒋后来是个基督徒，但是大家绝对想不到，蒋介石在他的早年生活里曾经两次想出家当和尚，他说这个世界，太肮脏了，我跟谁也合不来，看来只有当和尚才是我的出路。

蒋从他开始记日记的第一天开始，到他去世三年之前的日记，一笔一划，可以说字字不苟，没有很潦草的现象，这反映了蒋的思想性格的一个方面。蒋在日本学过军事，受过日本人的很严格的军事训练，大家看蒋的照片，有没有他斜着、靠着、歪站着的？没有。有没有把衣服敞开来的情况？没有，他的衣服永远穿得很严格，决不敞胸露怀。

蒋自命是一个新人，他受过“五四”思潮的影响，但是，他思想里面有很陈旧的方面，比如说信仰风水。蒋介石是个孝子，他对他的母亲非常孝顺，他为他的父母亲找墓地，前后花了很多工夫，最后他当然要请风水先生，才把他父亲、母亲的墓地定下来。他用人的时候，有很不准确的一面。比如山东军阀韩复榘，将介石第一次见他的时候，在日记里写了四个字，叫“国之宝贝”，但是他这个“宝贝”，后来因为在抗日时逃跑被蒋介石枪毙了，所以蒋介石常常看人不准确。

关于蒋宋婚姻，过去有很多说法，其中一种重要的说法，说是蒋之所以追求宋美龄，是一场政治婚姻，因为宋家是财阀。蒋和宋美龄谈恋爱的经过，在他的日记里边有很完整的记载。蒋宋的第一次见面，是1926年，在广州。第一次见面以后，蒋就非常喜欢宋美龄，在他的日记里，蒋称宋美龄叫“美妹”，“三弟”。可以看出来，蒋对宋还是真喜欢。蒋的日记经常有这种记载，说我不见“三弟”已经一周了，实在是想念得不得了，这样的话很多。

蒋在日记里还有两句话：不懂得辩证法，就没有革命的资格。蒋“五四”以后读过一些书，比如《新青年》，他读；罗家伦的《新潮》，他也读；马克思、列宁的学说，泰戈尔的学说，他都读；黑格尔的辩证法，他在抗战期间研究过，但他没有研究过尼采。

历史的风月

媚艳夏姬：中国古代最具克夫命的“三代王后”

兰正龙

夏姬的第一任丈夫

夏姬自幼就生得杏脸桃腮、蛾眉凤眼，长大后更是体若春柳、步出莲花，羡煞了不知多少贵胄公子。少女时即成为兄长与国内权臣染指的对象。由于母亲管教严格，并无私相授受的机会，但却异想天开地编织了不少绮丽的梦境。也许是幻想，或者是真有其事，传说在她及笄之年，梦见一个伟岸异人，星冠羽服，自称上界天仙，与她交合，教她吸精导气的方法，名为“素女采战术”，能使女人欲老还少。夏姬从而也得知了返老还童、青春永驻的采补之术，因此一直到40多岁，容颜娇嫩，皮肤细腻，仍然保持着青春少女的模样。之后她曾多方找人试验，当者无不披靡，因而艳名四播，于此也就声名狼藉。

她未出嫁时，便与自己的庶兄公子蛮私通，不到3年，公子蛮死去。父母迫不得已，赶紧把她远嫁到陈国，成了夏御叔的妻子。

夏御叔是陈定公的孙子，他的父亲公子少西字子夏，所以他就以“夏”为姓，官拜司马，算是陈国的兵马总指挥。由于他是国君的孙子，因此在株林地方有块封地。株林是陈国的精华地区，土地肥沃，林木茂盛，气候温和，风光旖旎。夏御叔除了在国都供职以外，多半的时间，都与夏姬住在株林背山面水的一座豪华别墅之中，过着优游林泉、寄兴烟霞的悠闲生活。

夏姬嫁给夏御叔不到9个月，便生下了一个白白胖胖的儿子，虽然夏御叔有些怀疑，但是惑于夏姬的美貌，也无暇深究，然而外面却沸沸扬扬地传说：“这个孩子哪里像是不足月的早生婴儿？怕不是夏姬从郑国带来的野种吧。”

这个孩子取名夏徵舒，从小就喜欢舞枪弄棒，身体结实得活像一头小牛犊。10岁以后骑在高头大马上驰骋如飞，时常跟着父亲在森林中狩猎，有时也与父亲的至交孔宁、仪行父等人，一齐骑马出游。夏徵舒一边读书一边习武，十二三岁便显示出一股逼人的英爽之气，为了承袭父亲的爵位，被送往郑国深造，以期待将来能够更上一层楼。

郑国文人荟萃，地当交通要道，向称礼仪之邦，不管是军事、政治、经济、教育等各方面，均较偏僻的陈国进步许多。夏徵舒以郑国外孙的身份，自然得到了最好的教育，从而也造就一个出类拔萃的人才。夏御叔壮年而逝，有人就说是死在夏姬的“采补之术”。夏姬成了一个不甘寂寞的小寡妇，花开花落，独守空闺，没有多久，经常进出株林豪华别墅的孔宁与仪行父，先后都成了夏姬的入幕之宾。

红颜之祸

夏姬的美艳与风情，特别是床第之间的旖旎风情，使得孔宁与仪行父俩人欲仙欲死。这种三角关系一直持续了数年，终于在长时期的争风吃醋心态下，把当时的国君陈灵公也拉了进来，使得彼此的关系进入白热化的高潮。

大约是孔宁遭受了冷落，于是向陈灵公盛赞夏姬的美艳，并告诉陈灵公夏姬娴熟房中术，不可失之交臂。陈灵公将信将疑，说道：“夏姬的艳名是久已听到了，但都快40岁的人了，恐怕是三月的桃花，已经没有昔日的盛况了吧！”孔宁怂恿道：“夏姬天赋异禀，而且熟谙驻颜养生之术，年龄虽快40，风情却更加成熟，眼见为真，为什么不抽空到株林去看看呢？”

正值风调雨顺，国泰民安，政简刑清，闲来无事。于是陈灵公的车驾在陌上花开、春阳送暖的季节里来到了株林，临幸夏姬的豪华别墅。夏姬驻颜有术，云鬟雾鬓，剪水双瞳配着白里透红的肌肤，雪藕般的皓腕，简直就是初解人事的及笄少女！特别是她那银铃似的声音，风吹弱柳的体态，真像是一团熊熊的火焰，直烧得陈灵公方寸大乱。一番颠鸾倒凤之后，陈灵公感到后宫粉黛，无人能及，天生尤物，令人身心俱醉。从此，陈灵公有事没事便经常跑到株林夏姬的豪华别墅中来，夏姬事实上已成了陈灵公的外室。他们的丑行闹得全陈国上下都知道，君臣三人甚至都持有夏姬的内衣，在上朝时拿出来相互嬉戏。

时光荏苒，夏徵舒已经学成归国，不但见多识广，而且精于骑射。陈灵公为了讨好夏姬，立刻任命夏徵舒承袭了他父亲生前的官职与爵位，夏徵舒成为陈国的司马，执掌兵权。为了报答君侯的恩遇，更为了光耀门楣，夏徵舒恪尽其职，干得有声有色。然而一首歌谣却无情地刺伤了夏徵舒纯洁的心灵：

驾我乘马，说于株野。乘我乘驹，朝食于株。

胡为乎株林？从夏徵舒；治酒欢会兮！从夏徵舒！《诗经·陈风·株林》

意思是说陈灵公的车驾经常来往于株林道上，都是要去会见夏徵舒；而株林别墅中的笙歌美酒，也是陈灵公与夏徵舒在通宵达旦的欢会！讽刺是十分明显的。夏徵舒本人一直在郑国“留学”，回国立即被委以重任，哪里有时间与陈灵公私下在株林见面与欢会呢？有没有与陈灵公私会，夏徵舒本人最清楚。那么陈灵公以国君之尊，经常风尘仆仆地往株林跑，究竟所为何来？株林住着的就是自己的母亲，答案不难找到。年轻气盛的夏徵舒脸色大变，血脉贲张，他暗地里发誓：如果事情就此打住，那就算了，倘若继续发展下去，使他难以立足做人，那么将来就会产生连他自己也不敢想象的严重后果。

夏徵舒回国后，陈灵公虽然收敛了一些时日，终于忍不住对夏姬的思念，又仗恃着自己是一国之君，而且还重用了夏徵舒，于是偕孔宁和仪行父，在夏徵舒归国后的第二个月初，再度驾临株林别墅。夏徵舒听到消息，连忙赶回，初时夏姬还知道略避嫌疑，等到酒酣耳热，就已经了无禁忌，彼此放浪形骸，竟拿夏徵舒作为开玩笑的对象，说他像个女人。

夏徵舒忍无可忍，拂袖而起，迅即传令随行吏士把宅第团团围住，接着带领得力家丁，手执弓箭，凶神恶煞般地来到厅堂，对准陈灵公，一箭就结束了他的老命。随即率兵入城，自立为陈侯，史称陈成公。

三为王后，七为夫人

夏徵舒在位只有一年，孔宁和仪行父仓皇逃到楚国，隐匿了淫乱的事情，只说夏徵舒弑君，是人神共愤的事情。楚庄王偏听一面之词，竟决意讨伐。

陈国的民众大都知道陈灵公与夏姬的淫乱经过，并没有拥戴楚军，面对楚国的大军压境袖手旁观，夏徵舒被捉，处以“车裂”的刑法。夏姬被带到楚庄王面前，但见她颜容妍丽，对答委婉，不觉为之怦然心动，有意纳她为妾，但是他身旁的申公巫臣劝谏他不要因此留下淫荡的罪名。后来将军子反也迷惑于夏姬的美貌，想要她做妻子，巫臣便又指称夏姬曾害死丈夫、情人，甚至是她的儿子也不能免其祸，还让陈国一度灭亡，是不祥的祸水，子反遂打消娶她的念头。最后楚庄王下令，让夏姬与鳏居的大将军连尹襄老结婚，做其续弦妻子。

不料连尹襄老娶了夏姬以后，竟然战死在邲，尸首被敌军带走。这时襄老的儿子黑要不但没有急着把父亲尸首找回来，反而跟继母夏姬私通起来。巫臣叫夏姬先回娘家，他会下聘娶她，夏姬便回到郑国。一直到楚庄王逝世，楚恭王即位后，巫臣出使齐国时，绕道郑国，在驿站馆舍中与夏姬成亲。

欢乐过后，夏姬在枕头旁问巫臣：“这事曾经禀告楚王吗？”巫臣也算一个情种，说道：“今日得谐鱼水之欢，大遂平生之愿。其他在所不计！”第二天就上了一道表章向楚王通报：“蒙郑君以夏姬室臣，臣不肖，遂不能辞。恐君王见罪，暂适晋国，使齐之事，望君王别遣良臣，死罪！死罪！”遂迎娶夏姬，并宣称已找到襄老的尸首，夏姬从此便与巫臣双宿双飞，前往巫臣出仕的晋国。但是当年想娶夏姬却被巫臣劝退的子反相当愤怒，在楚恭王面前诉说巫臣的不是，希望能让晋国不要重用巫臣，但恭王并不听从子反的话。最后子反与和巫臣有隙的子重以及追求夏姬未果的黑要，联手把巫臣的家人全数杀害。而巫臣则帮助吴国攻楚，为家人复仇。

夏姬与巫臣结婚之后，又生了一个女儿。夏姬以残花败柳之姿，40多岁的年纪，还能使巫臣付出抄家灭族的代价，真是红颜祸水。她在新婚之夜的枕头旁套问巫臣，使巫臣下最后的决心，可说心机也是很深的。

刘向的《列女传》中提及夏姬“三为王后，七为夫人，公侯争之，莫不迷惑失意”。根据《左传》中对夏姬的相关记载及评论可知，虽然夏姬实际上并未做过王后，也没结过这么多次婚，但也足以显示夏姬的魅力在当时确实让许多男性深深为之倾心。在群雄林立争霸的春秋乱世，身处列强夹缝中的小国女子，夏姬的一生注定要辗转各国，饱经沧桑，而因为她而死的丈夫达9个之多，也使得她当之无愧地成为中国古代最具克夫命的一代尤物！

天下莫能与之争的薄太后

曾小霞

在刘邦诸多姬妾中，除势不两立的吕后和戚夫人外，还有一个人物很值得注意，那就是薄太后。

当然，一开始她并不是薄太后，她只是薄姬，在成为薄姬之前，史籍中没有留下有关她名字的任何线索，为方便讲述，我们权且称她为薄氏吧。

薄氏出身并不高贵，是私生女，她的父母不是合法夫妻，而是私自结合的。父亲没什么地位，母亲虽是魏王宗室女，估计地位也不怎么高。在天下叛秦将定未定时，她的母亲魏媪让著名的相面专家许负替她相面，许负预言她将来会生下天子。彼时她正在魏王豹的后宫，魏豹本来与汉结盟要攻打楚的，听到这个消息，心里非常高兴，便背叛汉，而与楚联合。

可惜的是，魏豹对这则预言做了错误的判断，用今天的话说，他站错了队伍。因为这则预言，他非但没能成为天子，反而身死国灭。

薄姬则因容貌姣好被汉王刘邦选入宫中，也许后宫美貌者太多，她的姿色不足以引起刘邦的特别重视，以至很长时间她都没有得到君王的垂顾。

所幸，年少时，她曾有两个玩得好的朋友，她们约定“先贵无相忘”。大概在风起云涌的时代，每个人都对命运充满了憧憬，没有人认为自己会久居人下，在动荡的时代，命运展示出无数可能。先前陈胜与同耕者相约“苟富贵，毋相忘”，同耕者还嘲笑他，致使陈胜感慨“燕雀安知鸿鹄之志”。待得他一举成名天下知时，人们才意识到自己的浅薄与无知，开始明白身边的每一个人都不可小视。今天这个人还跟自己处在同一地位，没准哪一天他（她）就富贵了，因此趁他（她）

微时相约不相忘，也是一种必要。

事实证明那个约定是扭转她生命轨迹的一个契机，她的朋友先后得到了刘邦的宠幸。尽管这两个朋友是以取笑的方式提到她的，而恰恰是这种取笑，激起了刘邦潜意识中少有的悲悯，于是他当天便召薄姬并宠幸了她。

也是命中注定，只此一幸，她就有了身孕，生下代王。而此后，她见高祖的机会称得上微乎其微。

得到恩宠未必是福，不得恩宠未必就不是福。以戚夫人和薄姬两相观照，我们更能明白其中道理。刘邦在世时，戚夫人几乎凌驾吕后之上，可是一旦高祖驾崩，她立刻与其他宠姬沦为阶下囚。更糟糕的是，吕后为泄其愤恨，对她进行了极为残酷的摧残，将她变成人彘，并毒死了她的儿子赵王如意。薄姬则因不得宠幸，被允许出宫，随她儿子代王，被尊为代王太后。

诸吕专权，她和代王静观其变；及至吕后崩，吕氏势力被铲除。大臣们重新议立皇位，因怕吕氏专权局面重演，他们特意考察了王子王孙们的外戚背景，见薄氏仁善，故迎立其子代王为皇帝，是为汉文帝。

薄氏家族由此而显贵，但她并不骄奢，而是适当地给家人以分封、提拔和赏赐，终其一生，薄氏家族封侯者只一人。与之前之后得宠的皇后皇太后们相比，她的所作所为无疑是低调而保守的。

也许她的一生并无太多的传奇性，既不像吕后那样波澜壮阔，也不像戚夫人那样不得善终。自始至终，她都是低调的，若按王朝的正常更迭来算，她和儿子代王根本没有出头的机会；若没有吕后的专权，没有诸吕的被诛，没有这种种异常的变故，她的一生恐怕是终老宫中，熬过长长的没有宽慰的岁月。

观其一生，人们很容易发现，用《道德经》中那句著名的话来形容她，实在再贴切不过，那句话是这样说的，“以其不争，故天下莫能与之争”。

因此，我将她的一生概括为“不争之争”，主观上薄太后是不欲争的，但在客观上却有争的效果，更重要的是，因为不争，她反而得到了吕后、戚姬等人处心积虑争取的一切。

汉武帝最昂贵的一次艳遇：10万人的生命作为礼物

秀　客

皇帝普遍好色，究其原因是他们可以利用职务之便随意得到自己想要的美女，而且想要多少要多少，用个现代词来说这叫以权谋私，不用白不用。作为西汉王朝在位时间最长的君主，汉武帝的风流倜傥绝对配得上“神童”二字，他青春期还未到之时，就已说出“金屋藏娇”的高级情场词汇，其“情商”水平之高可见一斑。情商高也就罢了，偏偏汉武帝还是个“博爱”的人，经常爱屋及乌，宠爱上了卫子夫，跟着就宠爱重用她的亲人卫青、霍去病。后来迷恋李夫人，就给她的3个兄弟加官晋爵。这个性格导致汉武帝的艳遇越多，对国家的危害就越大，因为历史上的外戚受宠会成为国家的毒瘤，引发很多意想不到的后果，正如李夫人带给汉武帝的艳遇，就给大汉帝国带来了不小的灾难。

广告《佳人曲》，令直接受众汉武帝产生购买欲望

李夫人是个不简单的女子，首先她的相貌就很不简单，倾国倾城这个成语最先就是用来形容她的。她生得云鬓花颜，婀娜多姿，尤其精通音律，擅长歌舞，却不幸沦落风尘，成为青楼女子。其次她的兄弟也不简单，大概是家族基因的缘故，她的哥哥李延年也是一位音乐奇才，“性知音，善歌舞”，好像专门是为艺术而生的。李延年年轻时因犯法而被处腐刑，然后被遣送到宫里管犬。碰巧

的是除了权力和女人，音乐、歌舞是汉武帝刘彻的第三项最爱。创作音乐的人碰上了喜欢音乐的人，李延年的官运也就来了。很快他就被封为乐府协律督尉，在宫内廷音律侍奉。后来的事情证明李延年不仅是个音乐天才，还是个广告天才，而被他用广告包装的产品就是他的漂亮妹妹李氏。一天，他利用给汉武帝唱歌的机会，唱出了他自己创作的一代名曲《佳人曲》：北方有佳人，绝世而独立；一顾倾人城，再顾倾人国；宁不知倾城与倾国，使人难再得。

事实证明，《佳人曲》是一则极其成功的广告。广告的直接受众——汉武帝听得如痴如醉，继而产生了购买欲望——“果真有如此美貌的佳人吗？”他的姐姐平阳公主悄悄说：“延年的妹妹貌美超人！”武帝连忙召李氏进宫，只见李氏体态轻盈，貌若天仙，肌肤洁白如玉，而且同其兄长一样也善歌舞。大概此时，《佳人曲》的唯美词句又回荡在汉武帝的耳边，眼前的美人无疑和广告词所说一模一样，真所谓“货真价实”。就这样李氏开始了她的宫廷生活，并立刻受到了宠爱。一笔交易就这样完成了。

倾国倾城的李夫人，令汉武帝念念不忘

然而自古红颜多薄命，上天给了李夫人一个好容貌，却没给她一副好身板。她本来体质就弱，加上产后失调，不久萎顿病榻，日渐憔悴。但武帝依然惦记着她，对其他嫔妃毫无兴趣，包括卫皇后。李夫人智慧上的不简单之处此时完全显露，病态怏怏中的她自始至终要留给汉武帝一个美好的印象，因此汉武帝每次来探病，她都不让武帝看，将自己全身蒙在被子里说道：“臣妾想将儿子昌邑王与妾的兄长托付于陛下。”武帝劝说道：“夫人如此重病，不能起来，若让朕看你，你当面将他们托付给朕，岂不快哉！”李夫人却在锦被中说道：“身为妇人，容貌不修，装饰不整，不足以见君父，如今蓬头垢面，实在不敢与陛下见面。望陛下理解。”汉武帝相劝：“夫人若能见我，朕净赐给夫人黄金千金，并且夫人的兄弟加官晋爵。”李夫人却始终不肯露出脸来，说：“能否给兄弟加官，权力在陛下，并不在乎是否一见。”并翻身背对武帝，哭了起来。武帝无可奈何，十分不悦地离开。汉武帝离开后，李夫人的姐妹们都埋怨她，不该这么做。李夫人却说：“凡是以容貌取悦于人，色衰则爱弛；倘以憔悴的容貌与皇上见面，以

前那些美好的印象，都会一扫而光，还能期望他念念不忘地照顾我的儿子和兄弟吗？”她死后，汉武帝伤心欲绝，以皇后之礼营葬，并亲自督饬画工绘制他印象中的李夫人形象，悬挂在甘泉宫里，旦夕徘徊瞻顾，低徊嗟叹。

汉武帝偿付情债，以高官厚禄照顾李夫人之兄

真正的麻烦开始了。由于汉武帝对李夫人念念不忘，加上他本人爱屋及乌的臭毛病，所以便根据李夫人的临终嘱托，用高官厚禄照顾她的兄弟们，使他们富贵，这样也就等于偿付了所欠下的李夫人的情债。于是汉武帝金口一开，任命李氏的大哥李延年为协律都尉，二哥李广利为将军。即便这样，汉武帝还嫌不够，他想让李家的子孙们世世代代享受富贵。但根据汉朝的祖制，皇亲无功不得封侯。汉武帝命李广利为将军，就是好让他有机会带兵出征，如果立下战功，就可以封侯，然后世袭罔替，李家子孙就可世世代代富贵下去。可惜，李广利不是卫青、霍去病，汉武帝赋予这样的人以军事重任实在不是明智之举。当然，此时的汉武帝和乾隆二十五年时的爱新觉罗·弘历一样，经过30余年的统治，内政上国家欣欣向荣，军事上又在对匈奴的战争及通西域中取得一系列重大胜利，骄逸之心自然而然也就喷涌了出来。自满情绪高涨的汉武帝对一些重大的国策问题缺乏深思熟虑也就成了很正常的事。

李广利第一次远征大宛惨败告终

汉武帝给李广利的第一次机会是出征西域的大宛。大宛在现在吉尔吉斯斯坦、塔吉克斯坦等国境内，大宛君臣自认为距离大汉帝国很远，中间又隔着一个广大的沙漠，行旅尚且困难，大军更无法通过，所以在西域诸国向汉朝称臣的时候，大宛国却不派使者朝汉。如果换作别国，汉武帝也许也就不闻不问了，可偏偏大宛出产天下最名贵的汗血马。古代帝王一般都有声色犬马之好，汉武帝也喜欢马。因此不计前嫌，派出壮士车令带着千金及用纯金铸的一匹马去大宛，换取宝马。车令拜见大宛国王毋寡，说明汉朝愿用千金及纯金所铸金马换取大宛贰师城的名马的来意。奈何毋寡自恃距汉遥远，汉朝不能对他用兵，奈何不

了他，所以极不礼貌，傲慢地说："你那千金与金马有什么了不起，敝国多的是。贰师城的马是我大宛的宝马，岂能换与贵国，休得妄想。"车令以大汉天朝使者自居，遭此无礼对待，也出言不逊，怒目怒斥。大宛国认为汉朝使者轻慢无礼，强迫离境，并暗中唆使邻近的郁成王在途中将令车及其随从杀掉，夺去所携带的金银及其他财物。

消息传至长安，汉武帝大怒，便下令李广利率兵远征大宛，以便立功封侯。此次远征，主要在夺取大宛贰师城的宝马，故号李广利为贰师将军，表示志在必得。公元前104年，李广利率领骑兵6000，步卒数万，远征大宛。远征军进入西域后，途经小国，都紧闭城门，拒绝供应汉军给养。汉军缺乏粮草，便在指挥水平平庸的李广利带领下沿途攻打城池。攻下了，就能取得粮草，供士卒马匹食用；攻不下，继续前进。一路之上，数万士兵战死的战死，饿死的饿死，到达大宛时，士卒仅剩下数千人，而且一个个面黄肌瘦，比逃荒的强不到哪儿去。这种情况下本不适合开战，但李广利不管这些，下令军队立即攻打郁成城。结果对方防守严密，汉军伤亡甚众。经过首度挫败后，李广利冷静下来，他考虑到郁成城尚且攻不下来，又怎么能攻破大宛的王都呢？而且士卒越来越少，既无兵员的补充，又无粮草的接济，便决定撤军。部队回到敦煌，往来时间共两年，所剩下的士卒才及出发时数万的十分之一二。李广利驻军敦煌，向汉武帝上书说："道路遥远，缺乏粮草。所剩下的士卒不多，难以攻下大宛的王都。请求暂且修整，等待补充兵力后再去攻打。"汉武帝接到李广利所上之书，极为愤怒，派出使者把守在玉门关，传令道："军队有敢入关的，斩首。"李广利闻令恐惧，不敢入玉门关，只得驻扎在敦煌。第一次远征大宛，就这样因指挥不力以惨败告终。

为兑现承诺，倾国力再次命李广利远征大宛

对于争强好胜的汉武帝来说，这口恶气是一定要出的。过了一段时间，冷静下来的汉武帝想起对李夫人的承诺，于是太初三年，他再次任命李广利远征大宛。鉴于上次征大宛的惨败，这次作了周密的部署。随李广利远征的大军有60000人，还有牛10万头，马30000匹，驴和骆驼以万数。粮草充实，戈矛弓弩齐备。另外征调18万士卒，布防在酒泉和张掖以北，一方面防匈奴的入侵，

切断大军的补给钱，一方面作为远征的后援部队，便于接应。又征调了许多民夫，为大军运送粮草。一时间整个河西走廊悬旌千里，云辎万乘。远征军到达大宛的士卒有 30000 人，李广利绕过郁成城，直抵大宛都城。先断决城内水源，再围困攻打。大宛毕竟是个小国，哪受得了这种重压，一些贵族暗中商议，说国王毋寡将宝马收藏，又杀害汉朝的使者，因此得罪汉朝，招致汉军的攻打。假如杀掉国王，献出宝马，汉军一定解围而去。不然城被攻破，他们也要跟着遭殃。于是便联合起来，杀掉毋寡。正好此时外城被汉军攻破，俘虏了大宛最骁勇的战将煎靡。城中的贵族更为惊恐，赶快将毋寡的头割下，用木盒装着，献给李广利，说愿将所有的宝马都牵来，任由你们挑选，并且供给你们军队酒食，只要求你们不再攻打我们的内城。李广利考虑到内城坚固，粮食蓄存又很丰富，利于长期坚守，而汉军又劳师远征，战斗 40 余日，已经疲乏，同时大宛邻国康居，正对汉军虎视眈眈，有乘机袭击之势。既然首恶毋寡已经伏诛，又愿献出宝马，出师的目的已经达到，不如就此收军。于是李广利答应了大宛方面提出的要求。大宛的贵族们十分高兴，便将所有的宝马牵出来，让汉军自行选择，又送给汉军许多牛羊及葡萄酒，慰劳汉军。汉军挑选了最好的宝马数十匹，中等以下的雌雄 3000 余匹，并立大宛贵族中过去与汉朝最亲善友好的昧蔡为大宛国王。两国订盟，相约结为友好国家。

第二次远征，李广利算是赢了，回到长安，汉武帝特别高兴，大宴群臣，封李广利为海西侯，总算兑现了对李夫人的承诺。关于这次远征，汉代学者刘向如此评价："贰师将军捐五万之师，靡亿万之费，经四年之劳，而仅获骏马三十匹，虽斩宛王毋鼓（寡）之首，犹不足以复费……"认为损失太大，得不偿失。汉武帝为攻大宛，几乎倾全国之力，即便卫青、霍去病远征匈奴也没有这么大的规模，而李广利最终没能攻破宛都内城，说明李广利缺乏智谋，指挥才能平庸。更让人不能容忍的是李广利人品极差，虐待士卒，贪占军用资财，许多士卒不是英勇战死，而是死于自己长官的恶政之下。从敦煌出军时，李广利大军一共 60000 人（不包括私自随军出征的）、战马 30000 匹，返回玉门关时，仅剩万余人，战马仅千匹。如果换成卫青或是霍去病，最后的结果一定不是这样。

汉武帝为这次艳遇付出了惨重代价

如果你以为汉武帝为这次艳遇所付出的代价就此打住，那就大错特错了，李广利先生的破坏力还远不止这些。征和三年，匈奴大军入侵，掠杀边民，领兵的都尉（一郡的军事长官）战死。汉武帝大概嫌李广利上次的功劳不够大，便命他出击匈奴。李广利离开京城时，丞相刘屈氂为李广利饯行。李广利的女儿是刘屈氂的儿媳，两人是亲家。李广利的灾难也就是此时开始的。

匈奴君长单于得知汉朝派出大军进袭，便将所有辎重撤至郅居水（今蒙古国色楞格河）沿岸囤积，将人民迁至余吾水（今蒙古国土拉河）以北安置。单于本人则率精兵在姑且水（今乌兰巴托西南）列阵以待。李广利率大军进入匈奴境内。匈奴派5000骑兵进行阻击。李广利派2000骑兵接战。大败匈奴兵，杀死数百人。

李广利挥军乘胜追击。匈奴兵不敢抵敌，四散逃奔。汉军直追到范夫人城。正在这时，京城长安发生了一件事。汉武帝年老，身体有病，又很迷信，便认为是有人受了巫师的指使，埋下了象征他的木人，诅咒他早死，以致魔鬼附身，在索他的命，这被称为巫蛊。武帝为此专门派人查访，若有发现，必遭斩首。太子刘据就是江充借巫蛊之事陷害而自杀的。太子刘据被陷害自杀后，宫廷中的宫人及大臣们相互之间如有嫌隙怨仇，就彼此以巫蛊进行密告，陷害对方。武帝自然不可能件件去清查个明白，只是交给官员去严办。连对自己的儿子都不明辨是非，何况是他人。内者令郭穰密告丞相刘屈氂的妻子因为刘屈氂曾多次遭皇上责备，便对皇上不满，因而请巫祈祷神灵，诅咒皇上早死。同时密告刘屈氂与李广利共同向神祝祷，希望昌邑哀王刘髆将来作皇帝。武帝便下令主管司法的廷尉查办，认为刘屈氂大逆不道，处以腰斩，并用车装着尸体在街上游行示众。将刘屈氂的妻儿在长安华阳街斩首。这个时候的汉武帝不是爱屋及乌，而是恨屋及乌了，把刘屈氂的亲家李广利的妻儿们也一块儿抓了起来。

前方作战的李广利听到家人被抓的消息，如五雷轰顶。有一个部下劝他投降匈奴。李广利心想若投降匈奴，将加速妻儿老小的死亡，情况会更惨，不如立功赎罪，也许有一线希望。便不根据实际情况，不了解双方军事形势，不计战略战术，以数万汉家儿郎的生命为赌注，盲目进军，以求侥幸。遂挥师北进，深入匈奴，直至郅居水。此时匈奴军队已离去，李广利又派监察护军率领2000骑兵，渡过郅居水，继续向北挺进。与匈奴左贤王的军队相遇，两军接战。汉军大胜，杀死匈奴左大将。长史认为李广利别怀异心，想牺牲全军以求立功，必然招致失败，便暗中策划将李广利扣押起来，以阻止其盲目冒险。李广利觉察了长史的策划，将他斩首。恐怕军心不稳，发生骚乱，便率军由郅居水向南撤至燕然山（今蒙古国杭爱山）。单于知汉军往返行军近千里，已很疲劳，便亲自率领50000骑兵袭击汉军，汉军死亡甚众。李广利原想冒进，立功赎罪，却遭此大败，心情自然更沉重，又忧虑着家中老少的生命安全，而且本来指挥才能就平庸，因此完全失去了两军对垒中最必要的警觉。匈奴趁汉军不备，于夜间在汉军营前悄悄挖掘了一条壕沟，有几尺深，而后于清晨从后面对汉军发起突然的袭击。汉军遭匈奴军袭击，想出营列阵抵敌，却发现军营前有一条深沟，进退不得，军心大乱。又因为疲劳，完全失去了抵抗力，遭到惨败，无心再战的李广利投降匈奴。芸芸七万汉家儿郎就这样全部葬送在李广利的手中，加上前两次远征大宛，李广利一人前后共葬送了十余万士兵的性命，即使是骠悍的匈奴人，与西汉对峙的上百年时间里也没有哪一个人有这么大的破坏力。

李广利给大汉帝国造成的损害看上去是他本人的无能造成的，但真正的罪魁祸首是封建社会的游戏规则。在这个游戏规则里,权力是皇帝手中的私有财产，他想清炖还是红烧，完全凭他个人的意志决定。所以为了讨好一个女人，把十余万人的生命作为礼物也就不足为奇了。

班婕妤被惨害，汉成帝“牡丹花下死”之谜

华浊水

班婕妤（前48？—前6年），西汉女文学家，楼烦（今山西省宁武）人。左曹越骑校尉班况的女儿，班固和班超的姑母。汉成帝的妃子，善诗赋，有美德，成帝时被选入宫，立为婕妤。班婕妤是汉成帝的后妃，在赵飞燕入宫前，汉成帝对她最为宠幸。

班婕妤得宠

汉成帝刘骜即位时年方弱冠，正是戒色时候，偏偏成帝生性好色，在东宫时已整日猎艳图欢。皇后许氏方在盛年，色艺俱优，因此很受宠幸。成帝即位十余年，许后已年近30，花容渐渐瘦损，云鬓也渐渐稀落，成帝素性好色，见她已经渐成黄脸婆子，自然生厌。许后色衰爱弛，这时成帝开始宠爱班婕妤。

班婕妤生得聪明伶俐，秀色可餐，少有才学，工于诗赋。她不争宠，不干预政事，谨守礼教，行事端正。当初汉成帝为她的美艳及风韵所吸引，天天同她在一起。班婕妤的文学造诣极高，尤其熟悉史事，常常能引经据典，开导成帝内心的积郁。班婕妤又擅长音律，使成帝在丝竹声中，进入忘我的境界，对成帝而言，班婕妤不只是侍妾，她多方面的才情，使汉成帝把她放在了知音的地位。不过，庄重自持、拘泥于礼法，时间久了也埋下了成帝对她渐渐失去热情的隐患。

汉朝制度很严格，皇帝乘坐的车子，绫罗为帷幕，锦褥为坐垫，两个人在

前面拖着走，称为“辇”，而皇后妃嫔所乘坐的车子，决不能与皇帝相同。一次，成帝想要去后廷游逛，欲与班婕妤同辇，她推让说：“妾观古时的图画，圣帝贤王，出行都有名臣在侧，没听说与妇女同游，传至三代末主，方有嬖妾。今陛下欲与妾同车，几与三代末主相似，妾不敢奉命！”成帝听后很高兴，认为班婕妤颇为贤慧。王太后听到班婕妤的话，十分高兴，她极口称赞说：“古有樊姬，今有班婕妤！”樊姬是春秋时楚庄王的夫人，庄王喜狩猎，樊姬担心他疏于政事，便不食禽兽之肉，庄王有感而止。班婕妤曾生下一个皇子，数月后夭折。从此，她虽然承宠很长时间，却再也没有生育。

汉鸿嘉三年，成帝微服巡行，游至阳阿公主府中。见到一个歌女，长得倾国倾城，无限娇羞，面带一种若即若离的情状，令人不觉怦然心动。就是许后、班婕妤在她们最妙龄的时代，也难比拟一二。成帝便向公主讨要此女。这个女子就是历史上极为有名的赵飞燕。体轻如燕、能歌善舞的赵飞燕得宠，骄妒恣肆，贵倾后宫。后来赵飞燕又引进妹妹赵合德，两姊妹轮流侍寝，连夕承欢，此外后宫粉黛，俱不值成帝一顾。

后宫是非惹牵连

成帝自得了赵飞燕之后，与之行坐不离，即使平日最心爱的班婕妤，也渐渐冷淡下去。皇后许氏，当然更不用提了。许皇后有一位胞姊，名叫许谒。她与许后既为姊妹，自然常常入宫。这天她又进宫，只见许后一个人在那儿垂泪，许谒便询问妹妹何故伤心。许后边拭泪边诉说心中的苦楚。原来近日成帝宠幸赵飞燕，连皇后的内宫都不踏进半步。

许谒听完说：“妹妹不必伤感，皇上新纳赵飞燕，原是为子嗣起见。妹妹只要有孕，不怕皇上不与你恩爱如初。”许后听了，脸一红说：“如今这般光景，我哪里还能生育？”许谒便让许后去请巫祝设坛祈禳，以求得子。此事为赵飞燕听到。此时的赵飞燕正想做皇后而无隙可乘。一听这个消息，她对成帝说许后在宫中设坛祈禳诅咒宫廷，成帝听后大怒，将许后印绶收回，废处昭台宫中，又把许谒问斩。

此事也一并牵连到班婕妤。班婕妤从容奏道：“妾闻生死有命，富贵在天，修正尚未得福，为邪还有何望？若使鬼神有知，岂肯听信谗说？万一无知，咒诅何益，妾非但不敢为，也是不屑为！”成帝听她说得坦白，颇为感动，还赐黄金百斤，命班婕妤退处后宫，免予置议。接着成帝立赵飞燕为皇后，又封赵合德为昭仪，居昭阳宫。该宫全用黄金、白玉、明珠、翠羽装饰。

“团扇”掩心愁

班婕妤虽得免罪不究，却清楚现在宫中，已是赵飞燕姊妹的天下，若不想个自全方法，将来仍是许后第二。她左思右想了一夜，赶忙缮成一本奏章，递呈成帝。成帝见她自请至长信宫供奉太后，便即批准。班婕妤即日移居长信宫内，悄然隐退在淡柳丽花之中。每天天光蒙蒙亮，长信宫门打开，她便开始一个台阶一个台阶扫地，生活刻板而单调。听到远处昭阳宫里传来欢乐的喧哗声，而自己只有与身影为伴，她看到自己仿佛秋天被弃的扇子，孤寂中无人问津。她闲暇时做诗赋以自伤悼，借以度过光阴。每次想到飞过的乌鸦身上或许还带有昭阳殿的日影，不免触景伤情。她在诗中自比秋扇，感叹道：“常恐秋节至，凉风夺炎热。弃捐箧笥中，恩情中道绝。”用洁白的细绢剪裁的团扇，天热时与主人形影相随。凉秋时节，则被弃置箱中。至此，团扇已几乎成为红颜薄命、佳人失势的象征，如唐代王建的词：“团扇，团扇，美人并来遮面。玉颜憔悴三年，谁复商量管弦？弦管，弦管，春草昭阳路断。”古人因此又将团扇称为“班女扇”。班婕妤如此残度晚年，汉成帝死后，班婕妤要求到成帝陵守墓以终其生。伴着冢形碑影，又孤独地生活了5年，便离开了人世，时年约40余岁，后葬于延陵。唐李益《宫怨》诗：“露湿晴花宫殿香，月明歌吹在昭阳。似将海水添宫漏，共滴长门一夜长。”王昌龄《长信秋词》云：“奉帚平明金殿开，且将团扇暂徘徊。”皆描绘了班婕妤当时的苦闷心境。

婕妤并非班氏的名字，而是汉代后宫嫔妃的称号。因班曾入宫被封婕妤，后人一直沿用这个称谓，以致其真实名字无从可考。汉制，皇帝的配偶分为“后”、“妃”、“嫔”三等，“婕妤”是众嫔之首，但地位很低，连称“妃”的资格也没有。

晋朝顾恺之在他所画的《女史箴图》中，描绘了西汉成帝与班婕妤同乘一驾肩舆的情景，图中人物宛然，细节体物精微，所画妇女尤端庄娴静。“女史”

指宫廷妇女，“箴”则为规劝之意。可见图画本意在劝导嫔妃们慎言善行，普天下女子也可以此为鉴。班婕妤成了妇德的某种化身。梁代的钟嵘《诗品》中评论的唯一女诗人班婕妤：“从李都尉迄班婕妤，将百年间，有妇人焉，一人而已。”汉代宫廷中的美女数目，扩张到40000有余，创造中国历史上宫女人数最多的纪录，不但空前，而且绝后。班婕妤算得上一个出类拔萃的才女，但宫廷女子的作用本来就是讨皇帝的欢心，是否有才倒不重要。才女固然有些许妙文传世，然而总是有点让人敬而远之。会做诗的班婕妤，终是敌不过会飞舞的赵飞燕。班婕妤堪称古代妇德的楷模，但从某种意义上说，她又未尝不是为此所害。

曹操背后的美女

天行健

曹操作为三国时的政治家、军事家和诗人，戎马一生，统一了北方，因而有人认为他是一代枭雄，为社稷之栋梁，治世之能臣；也有人说曹操挟天子以令诸侯，天下之大不忠者，是罪臣乱子；还有人认为曹操是个色魔，玩弄了太多女人，譬如天行健先生就著文认为曹操“是色魔，而不是情种”，并对曹操到底玩弄了多少美女的问题琢磨了一番。曹操到底玩弄了多少个美女呢？

在曹操的私生活中，玩弄女人应当是其中的重要内容。我说“玩弄”，而不是说爱呀、情呀，就是因为作为“奸雄”的曹操，给人的印象是色魔，而不是情种。曹操有多少女人，已经无法统计，因为遗留至今的资料很不全面。从《三国志·后妃传》的记载中，我们知道曹操最早有丁夫人、刘夫人、卞夫人（后来拜为王后）。另从《武文世王公传》中，知道还有环夫人、杜夫人、秦夫人、尹夫人、王昭仪、孙姬、李姬、周姬、刘姬、宋姬、赵姬。这些人所以能载入史册，是因为她们（丁夫人除外）一共给曹操生了25个儿子，没生儿子的女人，当然还有。曹操在《遗令》中说：“吾婕妤伎人，皆著铜爵（雀）台。于台堂上施八尺床、穗帐、朝晡上脯之属，月朝十五，辄向帐作伎。”

这里解释一下。婕妤，帝王妃嫔的称号。曹操为魏王，他的妻妾除王后之外，下有五等：夫人、昭仪、婕妤、容华、美人。这里把婕妤与伎人并称，表示婕妤以下，地位卑贱，与艺伎差不多少，而艺伎除歌舞之外，也是曹操的泄欲工具。上述王昭仪以下的孙姬、李姬等共6个姬，都是婕妤以下的小妾。铜爵台，即铜雀台，爵、雀二字在古代通用。朝晡，指古代的两顿饭。古人采取两餐制，第一顿饭称朝食，在辰时吃（上午7—9时）；第二顿饭称晡食，在申时吃（下午3—5时）干饭。这段话的意思是：我死之后，我的婕妤与艺伎都住在铜雀台。在铜雀台的大厅上放一张八尺的床，挂上带穗的帐子、朝食和晡食都要供奉干肉、干果、干饭之类，初一十五，要朝着帐子歌舞。

对女人的这些遗言，流露的是他对生活的眷恋和对她们的感情。所以陆机在《吊魏武帝文》中说："留曲念于闺房"，"惜内顾之缠绵"。但仔细想想：那些失去了男人的女人们，可能有几十人，也可能上百，孤孤单单地住在铜雀台上，每日两餐都要向那张空床上供，初一十五还得对着那张空床歌舞。生活有困难，可以编点丝带草鞋之类的东西去卖（这是防止政治上有变故，正常情况下不会这样）。活着，你们要陪我；死了，你们也得守着那张冰冷的空床。这表现的是眷恋还是自私？是缠绵还是没有人性？

但曹操生前有这么多女人，还要不断地采择野花供其玩乐。易中天说曹操"生活上是比较随便。他吃不讲究，穿不讲究，长期在外行军打仗，对女人大约也只能将就，不能讲究。"其实不然，在战场上他也不将就，吃的也是白菜心。

例如：吕布部下秦宜禄之妻生得非常漂亮，被关羽暗恋着。曹操和刘备围吕布于下邳时，关羽曾几次对曹操说：希望城破之后，能把这个女人赐给自己。曹操爽快地答应了，正如易中天所说：曹操是"豁达开朗，大气磅礴"的。但城破之后，曹操发现"这个女人不寻常"，竟把她纳为己有了。美髯公的心情如何？天知道！

还有，在宛城（今河南南阳市），曹操发现张绣的婶娘（张济的遗孀）长得漂亮，便纳入帐中，逼使张绣降而复叛。好色之徒曹操被打败，自己中了箭，长子曹昂、侄儿曹安民、爱将典韦都战死了。何苦来的！你对得起谁！

我们不能用现代观念去苛责古人，但也不能用现代观念去美化古人。古人对男女关系，对爱情的理解不可能和现代人一样，尤其是古代帝王的思想感情更不能和平民相比。白居易的《长恨歌》和洪昇的《长生殿》对唐玄宗和杨贵妃的爱情的诠释，失之于把帝王平民化；而易中天对曹操及其众多女人的感情的诠释，则既把帝王平民化，又把古人现代化了。

女人在曹操心目中的地位和价值如何？下面引证两个小故事来说明。

据《三国志·武帝纪》裴注引《曹瞒传》：有一爱姬陪曹操午睡，曹操枕着爱姬，对她说："过一小会儿叫醒我。"她见曹操睡得很熟，便没有叫醒他。等到曹操醒来，发现自己睡过了头，便怪罪爱姬，把她活活打死了。

另据《世说新语·假谲类》：曹操常说："我睡觉的时候，你们不能随便接近，有人接近我，我便要砍人，我自己也没有知觉，左右之人必须小心谨慎。"有一次，他在假寐，有一爱姬给他盖被子，他马上便把这爱姬杀了。

以上所说，未必完全属实，但却是可能发生的事，绝不属于情理之外。帝王总是要防备有人害他，而且这种人根本就不尊重妇女的人格甚至生命。

马文才：梁祝爱情中被抹黑的第三者

毛世豪

祝英台的巾帼英雄梦

作为中国四大民间传说之一的梁祝故事可谓家喻户晓，作为破坏梁祝爱情的第三者，千百年来，马文才赢得骂声无数，人们肆意地用各种语言、各种形象丑化他，中国骂人的词汇因此大大丰富。在广大民众的心目中，马文才就是个二世祖，不学无术之徒，或者干脆是个脑满肠肥缺心眼的连纨绔子弟都算不上的蠢材级人物，猪哥级公子哥，甚至我一直都觉得“文才”这个名字真是个绝妙的讽刺。在江苏一带，民间传说马文才变成了洪泽湖里的“马郎鱼”；在浙江宁波，红脸的马文才成了梁山伯庙管庙门庙祝；而在浙江景宁畲族自治县，当地人往往把赶公猪叫做赶“马文才”。

那么，马文才到底是犯下了怎样的滔天罪行以致民众对他如此不依不饶呢？他在梁祝的爱情中真的是扮演了不光彩的第三者的角色吗？让我们来回顾梁祝的爱情之路吧，相信是非在您心目中自然会有一杆秤！

中国许多古代典籍中都记载了梁祝的故事。唐朝张读的《宣室志》中写道：“英台，上虞祝氏女，伪为男装游学，与会稽梁山伯者同肄业。山伯，字处仁。祝先归。二年，山伯访之，方知其为女子，怅然如有所失。告其父母求聘，而祝已字马氏子矣。山伯后为鄞令，病死，葬鄮城西。祝适马氏，舟过墓所，风涛不能进。问知山伯墓，祝登号恸，地忽自裂陷，祝氏遂并埋焉。晋丞相谢安奏表其墓曰‘义妇冢’。”

祝英台生于东晋孝武帝太元二年，即公元377年。祝家也是因为北方“五胡闹中原”而南迁的士族，定居在山明水秀的上虞地方，即今天江苏南部，在一处荒僻的梅溪源头聚族而居，人们都把这里称之为祝家庄，传到祝英台已是南迁之后的第四代了。祝家的上两代曾经数度为朝廷效力，追随祖逖、陶侃、桓温等大军北伐中原，并且收复了原来西晋的都城洛阳，一度进军陕南。祝英台童年时期，经常听到长辈们叙述征战的故事，小小的心灵中便立下了志愿，要成为一个效命疆场的巾帼英雄。

马文才是儒雅士子

383年的淝水之战，东晋宰相谢安边下围棋边指挥晋军反击，区区80000之师，竟然在他的侄儿谢玄的巧妙运用下，把来犯之敌打得落花流水，给世人留下了许多美好的故事，如“八公山上，草木皆兵”，“风声鹤唳”。祝英台当时正度过她多彩多姿的童年，巾帼英雄没有当成，却因此热爱上熟读经史，到14岁时，已是遐迩闻名的才女兼美女。但是，祝英台不是属于那种云鬓雾髻、娇柔清丽的美女，而是一位活泼爽朗、略带几分男性气概的风姿独特的美女。为了弥补她不能驰骋疆场的遗憾，遂降格以求地说服了父母，女扮男装，到杭州负笈游学。

正值江南三月，在一个风光明媚、杂花生树的路旁小亭中，祝英台邂逅了由贸城而来的梁山伯，双方一见如故，相谈甚欢，于是结为异姓兄弟，结伴同行。到了杭州城外的“崇绮书院”，一同拜师入学，朝夕勤苦攻读诗书。两人耳鬓厮磨，日久生情。祝英台多次暗示爱恋之意，但因为梁山伯没有反应，恐怕会弄得不可收拾而始终不敢明示。略嫌木讷而且长祝英台一岁的梁山伯，竟然没有发觉祝英台是个女孩。这件事就这样拖了下来，一晃过了三年。

恰好祝英台的母亲生病，祝英台仓促回乡，梁山伯依依不舍地送了一程又一程。回乡后不久，贸城姓马的世族风闻祝英台贤德之名，央媒人上门提亲，男方就是马文才，也是当地一个颇具儒雅之名的士子。祝、马两家都是由北方迁来的体面人家，这样的婚事算是门当户对的。对梁山伯失意的祝英台在父母“男大当婚，女大当嫁”的要求下无奈地答应了这门亲事。

消息传开，梁山伯听闻祝英台居然是个红粉佳人，恍如晴天霹雳。回想三年同窗的点点滴滴，一同切磋学问，相互照顾扶持；风檐展书读，挑灯写文章；春来花丛温步，秋夜畅谈理想；关怀疾病，分享欢乐。再木讷的人也明白是怎么回事啊！心急如焚的梁山伯迫不及待地赶到祝家，怎奈木已成舟，只有泪眼相向，凄然而别。

闻知此事的祝家二老只能唉声叹气，却无计可施。当时士族之风盛行，重门第，讲阀阅。已经有了婚约，是不能随意更改的，祝家怎么可能因照顾小女儿的情意而丢掉脸面呢？他们坚决不同意，而且百般遮掩，生恐马家得知此事，而另一方的马文才正做着迎得佳人归的美梦！

祝英台答应出嫁马家

然而，祝英台明白自己是深深爱着梁山伯的，起初她是以为梁山伯并不爱她才答应马家求婚，现在梁山伯向她一吐衷肠，她可是肝肠寸断啊，怎么办？无法可想的她只能用“拖延战术”，希望借时间来改变一切。主意既定，祝英台私下派人送信给梁山伯，希望他暂时隐忍一切，努力求取功名，以图借显赫的声势来扭转一切，并表示对梁山伯海枯石烂，此情不渝。

一年过去了，两年过去了，祝英台已经是年近20岁的人了，过去14岁出嫁的闺女多的是，十七八岁更是公认的适婚年龄，马家一再催促，父母也心急如焚，祝英台就是不肯点头答应。此时的马文才，也略闻风声，然而在见过祝英台一面之后，他深深地被这个女子所吸引，他决意娶她，用自己的爱来改变她。在祝英台甚至不惜以死相胁父母之后，祝家无奈地向马家提出晚婚的请求，为了得到祝英台，马文才说服了自己的父母。双方家庭约定：婚事等到祝英台过了20岁生日再说。

此时，皇天不负苦心人，在爱情这一伟大动力的驱使下，梁山伯终于获取了功名，又恰好被皇帝任命为贸城县令，成了马家的父母官。梁山伯到任以后，忙着施政听讼，暂时还不便专注自己的私人事务，赢得了不错的口碑。等到一切就绪以后，衡情度理又不便贸然行事。贸城马家世代为官，宗族繁盛，梁山伯实在想不出什么充分的理由来横刀夺爱。忧心如焚、闷闷不乐的梁山伯终至于积郁成疾，一病不起，溘然而逝。

得知此讯，祝英台先是目瞪口呆，继而放声大哭，既哭梁郎的可怜，也哭自己的可悲，更哭梁郎的无能。这边是愁云惨雾，了无生趣；那边是催婚使者不断。祝英台的父母用尽了方法，一面好言相劝，一面苦苦哀求，祝英台万念俱灰，而且也再没有理由加以搪塞，于是心思一横，答应了择吉出嫁马家。

在梁山伯坟前殉情

梁山伯死后，他的亲友遵照他的遗愿将他葬在贸城西郊邵家渡山麓，意思是要一睹祝英台出嫁时喜船路过的风采。祝英台自然是为了情郎，非要在出嫁时经过邵家渡不可了。更提出要到昔日的同窗好友梁山伯的墓上去祭拜一番的要求。此时马文才已深知此中内情，他也同情、敬佩这样的女子，他对祝英台的爱情更深了。在他的支持下，马家勉强答应了这个不合情理的请求。

北方人结婚时，新郎骑马，新娘坐轿；南方人，特别在江南水乡，结婚时多乘舟船。祝英台的喜船经过邵家渡时，马家迎亲执事人等，原想顺风急驶，让船来不及靠岸就驶过邵家渡，如果要拜墓，等三朝过后与新郎双双前往也不为迟。谁料船至邵家渡时，忽然狂风大作，江面波涛汹涌，喜船连忙靠岸避风，祝英台也就从容上岸，前往梁山伯坟前祭拜。一声哀号，伤心欲绝，刹那间天摇地动，飞沙走石，白天好像刹那间变成了黑夜。就在迎亲和送亲的执事人员大惊失色时，忽见坟前裂开一条一尺多宽的隙缝，说时迟那时快，祝英台一跃而入。转瞬风停地平，一切恢复正常。

其实，祝英台在答应出嫁的时候，便抱定了以身殉情的决心。她想过投江、自缢，总觉得不及亲到梁山伯的坟前撞碑为佳。本来是打算祭拜以后，一头向墓碑上撞去以结束自己的生命，不料却天从人意，省去了许多周折。当时的人都认为是天意，连朝廷都啧啧称奇。如果仔细探究起来，那天大约是龙卷风加上地震凑巧与祝英台拜墓的事凑在一块而已。

不管怎么说，这事是很感人，宰相谢安奏请孝武帝，敕封该地为“义妇坟”，并立庙祀奉。晋安帝时，国家多难，梁山伯又屡显灵异为国效劳，为地方消灾，于是被敕封为“忠义王”。后来邵家渡的山坡上，时有大蝶双飞翩翩，据说黄色的蝴蝶就是祝英台，而褐色的蝴蝶就是梁山伯。

莫名其妙背骂名

至今宁波城西十五里的高桥乡，倚山面水的山坡上，尚有一座构筑精致的庙宇，门题："敕封忠义王庙"。庙内即供奉着官服的梁山伯和穿新娘子衣服的祝英台。庙前有一段雕着大荷花的石板路，尽头有一座精巧的石拱桥，叫"夫妻桥"。庙右就是梁山伯与祝英台的坟。庙后有两人的寝殿，仿照卧室布置，宝帐绣榻，明镜香橱，榻前放有男女绣花拖鞋；橱中悬挂梁山伯的袍服冠带和祝英台的罗衣绣裙。庙前的楹联写着："精忠不二昭千古，大义无双冠五洲。"

相传农历八月二十一日是祝英台殉情的日子。从1600多年前的东晋末年开始，直到现在，每年从八月初开始直到月底，四面八方的水陆香客，络绎不绝地前往忠义王庙进香。尤其是青年男女更是成群结队烧香许愿，并在墓地绕行一周，以符合长久以来的古老相传的一句俗谚："若要夫妻同到老，梁山伯、祝英台坟上绕一绕。"

祝英台用殉情的方式实现了与梁山伯的团聚，更获得了千年不坠的赞誉。只委屈了马文才，伤心欲绝、痛失娇妻的他连面都没露，就成了第三者，在他人生中最美好的一天，妻子竟跳进了别人的坟墓，叫他怎么不郁闷？然而更郁闷的是，他还为此背上了千古骂名。究竟他做错了什么？

一枝红杏的半老情殇

林　子

徐昭佩不是小家碧玉，这从她的名字就可以看得出。

在南朝宋齐梁陈的百多年里，徐家虽是配角，但其戏份也不算少。远的不说，徐昭佩的爷爷便是齐国的太尉，她父亲虽然差点儿，但也是梁国的将军。

但真正使徐家家喻户晓的，却是徐昭佩。

当然，徐昭佩的出名不是学花木兰替父从军，也不是花蕊夫人那般靠诗文传世，更不是仿效王昭君为国献躯。她的留名是因为爱情，或者说是她那著名的红杏出墙。

徐昭佩很漂亮，也很有才，她的诗词并不比一般的才女逊色，她的爱之梦与所有的少女们一样甜蜜。加上她的家世，嫁人的起点不会低到哪儿去。

徐昭佩嫁给梁元帝萧绎的时候，萧绎还只是湘东王，正手握重兵镇守江陵，忙得不亦乐乎。

萧绎当然不是忙打仗、练兵什么的，那些没多大意思，他对这些俗事也不太感兴趣。他很欣赏建康城里老爸梁武帝的派头，有事儿没事儿拜拜佛、讲讲学、论论诗文、吹吹牛。所以，俺的地盘俺做主，俺的地盘一定要与中央保持一致，因此，萧绎的工作中心便是与文人雅士们喝酒聊天，谈玄论道。萧绎只有一只眼睛，其他的事，哪还顾得上看呢?

徐昭佩一开始并没嫌弃萧绎是个“独眼”。爱情是不能完全以相貌来衡量的，这个，徐昭佩懂。

徐昭佩天天打扮得花枝招展，可怎么也引不起萧绎的兴趣。眼见得丈夫目不斜视忙进忙出就是忙不到自己身上，甚至连那只瞎眼都不瞧自己一下，她的心情开始很郁闷。

徐昭佩想：爱屋是要连屋上的鸟都要爱的。要是爱丈夫之所爱，有了共同的爱好就会有共同的语言；有了共同语言自然就会有共同的爱情。既然萧绎天天诗来词往，不如自己也融入诗词之中。只要有爱，就是化为诗词又有何妨呢?

于是，徐昭佩开始了她曲线寻爱的生活。

她不再浓妆盛服，而是素面淡雅地抛头露面，频繁出入于丈夫的“文学沙龙”，甚至差不多也到了天天与那帮雅士进行诗词派对的地步。

她的精神生活比独守空房要充实得多，她的美貌激起了大家无比的创作热情，她的才情得到了包括萧绎在内的圈子里的认可，但她依然没有得到她最需要的爱情。萧绎并未因徐昭佩的表现而对她“寡”目相看。

日子一天天精彩而平淡地流去。精彩是别人的，对徐昭佩来说，连平淡都没有。

一度，她还试图用生气来刺激萧绎，故意去找一些茬儿，说说气话、发发脾气、摔摔东西，叹叹气、流流泪，想以此来引起丈夫对自己的关注，可萧绎连架都懒得去吵。

徐昭佩很无奈。在无奈中，她的韶华渐渐逝去。

当萧绎有一天突然做了皇上，又突然另立别的女人为皇后而将徐昭佩降为妃子后，徐昭佩才开始真正体会到什么叫绝望。

绝望中的徐昭佩首先选择了酒。

从借酒消愁发展到贪杯成瘾，之中浸透和消耗了一个女人太多的心思。当徐昭佩几次直接将酒喷到萧绎的龙袍上时，萧绎更是觉得离她越远龙袍就越安全了。

绝望中的徐昭佩终于以自己的方式与萧绎进行了最后的决裂。

女人的愤怒是可怕的。后来，只要听说萧绎要来，徐昭佩就立即开始梳妆打扮。不过，她只在半边脸上涂脂抹粉，曰“半面妆”。这时候的徐昭佩似乎在乎起了萧绎的“独眼”，她的意思很明显，对于一只眼睛的人来说，半面妆足够了。

徐昭佩其实已经在用摧残自己的方式来达到毁灭的目的。

在这看似滑稽的举动中，徐昭佩不仅埋葬了自己的过去，也彰示着自己的泼辣和胆气。也许，正是这种泼辣和胆气使她最终越墙而出。

与太多的红杏出墙不一样，徐昭佩并没有胆怯的感觉。她先是找了一个风流和尚，接着找了一个风流小生，而这一切差不多都是公开进行的。

那个小生叫暨季江，当别人询问他时，他夸耀地说：“徐娘虽老，风韵犹存。”徐娘，徐昭佩是也。

徐娘甚至将那种自我毁灭装扮得很浪漫，当她回想起当年出入“文学沙龙”的日子，便约了诗人贺徽到尼姑庵中幽会，浅斟慢酌，低吟轻唱，诗文酬和，交杯言爱。

其实，徐娘那颗千疮百孔的心，还会真的有爱吗？她只不过是以爱的面纱覆盖她的伤恨罢了。

徐娘的结局是可想而知的，萧绎随便找了个借口，命她投井，并派人将她的尸体送回徐家，曰：“出妻。”

也许，当徐娘从决意出墙之日起，就已经期望着死亡早日降临了。但她没想到，丈夫比她更绝。

奇女孝庄太后与洪承畴、多尔衮的纠葛

禾 嘉

孝庄皇太后一生经历过努尔哈赤、皇太极、顺治皇帝福临、康熙皇帝玄烨四代帝王。皇太极是她的丈夫，福临是她的儿子，玄烨是她的孙子。她富于魅力和心机，又颇具政治才干，但却满足于躲在幕后，辅佐儿孙。学者李亚平对孝庄人生的阐释值得一读。

13岁出嫁，为皇太极生育子女最多

孝庄皇太后出身于蒙古科尔沁草原的博尔济吉特部落。当时，蒙古人和女真人一样，个人与家庭没有姓氏，部落的名称就是每一个人的姓氏。

在努尔哈赤与皇太极两代人中，他们迎娶的蒙古女子人数多达53人，其中，迎娶与出嫁到科尔沁部的女子为最多，联姻对象包括了科尔沁所有部落和蒙古几乎所有重要一些部落的酋长。这种毋庸置疑的政治婚姻，帮助努尔哈赤和皇太极基本解除了来自北部与西北部的威胁。他们用这种婚姻，为自己建立起来一道漫长而广大的安全屏障。

在皇太极著名的崇德五宫中，位居第五位的永福宫庄妃，就是后来的孝庄皇太后。她在娘家的蒙古名字叫布木布泰。有人认为和喇嘛教教义有关，含有“出世之人”的意思；还有一种看法则认为，布木布泰是当时蒙古人用来装东西的大口袋，是很重要的一种日常生活用品，用粗制毛线编织而成。从当时游牧渔猎民族的习俗上判断，后一种可能性似乎更大，姑且存疑。

布木布泰嫁给皇太极是在公元1625年即大明天启五年，后金天命十年的二月初二日。当时，她是虚岁13岁。她的丈夫皇太极比她大21岁，时年34岁。

皇太极一生中共有25个子女，其中11个儿子，14个女儿。他究竟有多少位妃嫔，目前尚没有人能够给出精确答案。为他生育过子女从而记录在案的则有15位。布木布泰为皇太极生育过3个女儿，1个儿子，是为他生育子女最多的妃子。从这一点出发，应该说他们二人的感情可能还不错。不过，没有证据能够证明，皇太极对她和她的子女曾经给予过特殊的关爱与照顾。皇太极太忙，需要他瞻顾的军国大事太多，需要他关爱的女人及其子女也太多，这可能是他没有过多关照布木布泰的部分理由。

精编“福临”神话“色降”洪承畴？

史书谈到皇太极时，认为他“聪睿绝伦”。这种情形，很有可能是皇太极对于布木布泰——庄妃没有给予过多关爱的原因之一。因为，这位庄妃的心机太多也太深。从两性心理来看，一般说来，那种心智能力极强并日理万机的男人，很难从性爱的角度喜欢一个心智能力同样强的女人。他们会因为双方太像而产生同性相斥。这种男人，渴望在女性那儿得到满足的，会是一种更加女性化的东西。

庄妃第一次表现出不凡的心机，是在福临出生前后。

有一个未经考证、但很多人愿意相信的说法，庄妃曾经拜范文程为老师，跟着他学习汉家文化。假如范文程曾经做过她的老师的话，这段时间应该足够教会她我国帝王政治文化传统的精髓了。

大清朝皇室仅有的两例有关皇权的神话故事，均围绕顺治皇帝和康熙皇帝的出生展开，而且都与庄妃——孝庄皇太后有关，这两个几乎一模一样的神话，全部出自她本人和她的侍女之口。“天生福人”——福临降生的前后一段时间里，尽管庄妃——孝庄皇太后以后一再渲染这孩子出生前后的神奇特异，但是，没有证据能够证明，皇太极曾经给予过福临和他的母亲任何特殊的关照，除了给他起了这个名字之外。

庄妃——孝庄皇太后见诸史册的第二个事迹，便是有关大明蓟辽总督洪承畴降清的故事。

据说，皇太极为了拿下洪承畴，绞尽脑汁想办法。最后，将熟悉洪承畴的人找来，询问洪承畴一生为人有什么特点？回答说：好色。于是，皇太极挑选了几位美貌侍女前去诱惑，结果，依然碰了壁。最后，庄妃看到皇太极为此愁眉不展，便主动提出愿意去做劝降工作。于是就有了下面这个流传得极为广泛的故事。

史料记载，庄妃身穿侍婢丫环的服饰，来到囚禁洪承畴的三官庙。当时，洪承畴面对墙壁，一个人坐在那里默默流泪，对她不理不睬。她告诉洪承畴，不忍看到一个英雄忍受绝食的折磨而痛苦地死去，因此，自己给他带来了毒药，使他可以迅速解除痛苦。然后，将被说成是毒药的人参汤喂到洪承畴嘴里，并百般劝导。最后，当洪承畴知道这位聪慧美貌的女子，竟然是大清帝国皇帝皇太极的妃子时，“始叩头请降”。随后，皇太极来到洪承畴的囚室，脱下自己穿着的貂皮大衣披到洪承畴身上，徐徐曰：“先生不会冷了吧？”洪承畴瞠目视之良久，叹曰：“真命世之主也。”遂翻身下跪。

关于这段故事，历来众说纷纭。有的人认为，庄妃在三官庙中前后逗留了几天几夜，方才说服洪承畴投降，而有人认为庄妃是在一天一夜之间解决了问题。不过，不管怎么样，这段故事中出现的庄妃——孝庄皇太后，足够聪明机智，富有洞察力和想象力，应该算是没有辱没这位女士的智商。

在对待两性关系上，世界上并没有特别多的民族像中国当代文人这样假模假式而又心理阴暗。在那些充满生机与活力的部族中，如果一位女性能够把一个英雄收服过来的话，不但不会受到族人的鄙视，相反，她也会像英雄一样受到大家的爱戴与尊敬。这是明清之后，头脑与心灵被孔孟之道强力阉割过的汉族士大夫们完全无法想象的。

与多尔衮的关系迷雾重重

与睿亲王多尔衮的关系，是孝庄皇太后最为人津津乐道的话题。她与多尔衮之间究竟发生了什么，怎样发生的，经过如何，结局怎么样等几乎全部笼罩在重重迷雾之中，颇有神龙见首不见尾之感。

至少从史书记载上看，在年龄上，她比多尔衮仅仅小四个月，差不多是同岁。她 13 岁嫁给皇太极，成为多尔衮的嫂子。第二年，14 岁的多尔衮便迎娶了她的姑姑为妻,多尔衮又成了她的姑父。在盛行多种婚姻制度的蒙古与女真人中，这种情形十分常见。从实际情况判断，皇太极生前，她和多尔衮的交往可能只有很短暂的一段时日，就是在她嫁给皇太极而皇太极又没有继位为汗的一年多时间里。

在满清王公贝勒中，多尔衮可能是除皇太极之外，文化素养最高的一个人，他对汉文化的了解大约在众多王爷中也是最深的。以他的聪明机警，当庄妃——孝庄皇太后散布出福临降生前后的神话时，他可能在第一时间立刻就明白了这个女人想干什么。从而，在与豪格的尖锐对峙中，退而求其次，作出了推举福临的选择。

皇太极继位为汗之后，他们之间的交往可能就变得高度困难。皇太极继位之前，多尔衮的母亲被以努尔哈赤遗命为由殉死，在此期间，庄妃是否能够给予同年、并且已经结婚的多尔衮多方安慰，是一个很成疑问的话题。

因此，从皇太极继位到去世，17 年时间里，他们之间应该很难有私下交往的机会和可能。

当时，庄妃与多尔衮之间如果有过信息交换的话，也很有可能是极度隐秘，或者是通过庄妃的侍女苏麻喇姑进行的。福临继位之后，多尔衮反倒有可能经常和此时已经成为两位太后之一的孝庄见面了。他以小皇帝福临名义发布的那些文告与命令，应该得到过这两位太后的鼎力支持。

到北京以后，情形又截然不同。在那时的中国，他名义上是摄政王，他行使的根本就是皇帝的权力。

此后，多尔衮和孝庄皇太后之间，可能有过一段时间的蜜月期。这个时期，是从多尔衮定鼎中原后，迎接小皇帝福临与孝庄皇太后们迁都北京开始的。多尔衮奉献到孝庄皇太后面前的，是那伟大的、女真人一代代梦想的锦绣江山。

史书上，有一个很有意思的细节。

按照礼部早已经安排好的时间表，皇帝和太后一行应该在顺治元年九月十七日到达北京。在通州只是迎入行殿短暂停留一下，然后，便前往北京。但实际上，摄政王多尔衮率领百官迎接至通州城外五里处，进入行殿，百官叩拜如仪后退出，摄政王留下与皇帝、皇太后叙话。不久，百官接到命令，皇帝一行旅途劳顿，决定当夜驻跸通州，次日一早起驾进京（《清世祖实录》卷八）。有历史学家认为，就是在这一天，时年 32 岁的孝庄皇太后，开始以自己的满腔柔情来回报同样是 32 岁的大英雄多尔衮。

顺治元年十月一日，第二次登基的福临册封多尔衮为“叔父摄政王”；顺治二年年初，加为“皇叔父摄政王”；顺治五年十一月尊为“皇父摄政王”。这种层层升级的尊崇，必定与多尔衮威权日重有关，也无法排除他与孝庄皇太后之间感情不断升温的可能。

清算多尔衮辅佐福临成就康熙

顺治八年二月，在清算多尔衮的疾风暴雨中，皇帝颁布煌煌诏书，指斥多尔衮的累累罪行，其中谈到了多尔衮“亲到皇宫内院”，等于公开承认了多尔衮与孝庄皇太后之间事实上的夫妻关系。假如不是成了公开的秘密，对于此类事情，皇家一般都是能瞒则瞒，能骗则骗的。果然，到康熙朝修《清世祖实录》时，在卷五十三条中，这一段便被删去了。有一种说法，说是太后与多尔衮大婚的诏书一直保留在大清官方的原始记录中，后来，到乾隆时代，纪晓岚在皇家档案馆中还曾经看到过，他建议乾隆皇帝为了皇家脸面考虑，把这些档案彻底销毁了。

这种情形表明，在当时的社会心理中，在满洲人看来，这是一个再正常不过的考虑了。而从汉族人那无数贞节牌坊来看，这对于太后本身和新王朝形象的杀伤力却极大。因此，才被弄得如此欲盖弥彰。若是今天还用这种思维看待此事的话，就不仅可疑，而且可笑了。

孝庄皇太后的这些做法，除了感情和报恩之外，一个最深切的动机，其实还是为了保住儿子的皇位。可惜，这小皇帝的一切来得都太过容易，他根本无法体谅母亲的苦心，使这一切反倒成了他憎恶多尔衮和自己母亲的心结。

事实上，多尔衮可能也并不为此感谢孝庄皇太后。以睿亲王的聪敏睿智，大约他也早就看出了孝庄皇太后的心思。这可能是他做了“皇父摄政王”之后，时间刚过一年，便纳娶侄媳妇——前肃亲王豪格夫人的重要原因。大约也是他去世前一段时间里，长期在外，很少回北京的重要原因。

顺治六年年底，多尔衮成为“皇父摄政王”刚满一年，他的王妃就去世了。一个月后，顺治七年正月，多尔衮纳娶了肃亲王豪格的夫人。当时，豪格死去不到两年。多尔衮死后，在汉族士大夫文人指责多尔衮用这种方式，继续报复已经死去一年多的豪格。孰不知，这个指责可能仍然是驴唇不对马嘴。多尔衮原来的王妃是皇太极正宫哲哲皇后的堂姐妹，是孝庄皇太后的堂姑姑，豪格的这位夫人则是多尔衮王妃的亲姐妹，也是孝庄皇太后的堂姑姑，而豪格又是多尔衮和孝庄皇太后的侄子。在汉族人眼中，他们整个一个乱伦。

实际上，在盛行多种婚姻制度的蒙古人和满洲人看来，这种彼此没有血缘关系的婚姻既考虑到了经济利益，又照顾到了未亡人的生活寄托，是再好、再正常不过的了。他们不理解的倒可能是汉族人——什么三从四德！什么贞节牌坊！

事实上，多尔衮在这里报复的恐怕不是已经死去的豪格，而是做给活着的孝庄皇太后看的。

多尔衮死后，对他的清算表面上是由顺治皇帝发动的。其实，当时福临刚满 13 周岁，显然可以将孝庄皇太后看成是幕后主使人。清算的凶狠程度，远远超过了一般的憎恶与报复。

因为，对于多尔衮所做的一切，皇太后不可能不面临人们疑虑的目光，从而陷入尴尬。她只有有效地将自己打扮成多尔衮跋扈和野心的受害者，方才可能摆脱这种尴尬。

10 年后，孝庄皇太后的儿子顺治皇帝死时，他的遗诏是在孝庄皇太后的一手主持下定稿并布告天下的。在这篇遗诏中，用皇帝的口吻，列举了福临自己生前的 14 项罪过，基本可以看成是一份皇帝的罪己诏。

顺治皇帝福临临死时，可能确实想要报复自己的这位母后。因此，才在皇位继承人的问题上，一再坚持将皇位传给自己的某一个堂兄弟。这样，孝庄皇太后的地位，将会在新皇帝继位后立即被边缘化，为新皇帝的母亲所取而代之。这是孝庄皇太后无论如何都无法接受的。此时，她很清楚，自己对儿子已经完全失去了影响力。甚至，就像顺治皇帝临死都不愿意看见出身于博尔济吉特氏的后妃一样，福临可能也同样不愿意见到自己的母亲。因此，皇太后命令皇帝生前最信任的满汉大臣们，轮番前去劝告皇帝改变心意，终无效果。于是，孝庄皇太后请出了深受皇帝敬重的德国的洋神父——汤若望。

如今，在皇帝势将不起之际，汤若望前来问候。据说，他有效地打消了皇帝立堂兄弟为继承人的想法。当皇帝接受了他的意见，询问哪一个儿子可以成为未来的皇帝时，汤若望回答说，应该选择已经出过痘、不再害怕天花的孩子。

这个孩子恰恰就是玄烨——康熙皇帝。

拒绝“垂帘”一生节俭死后盛名

康熙继位之初，曾经有一个汉族秀才上书太皇太后，建议她垂帘听政，被太皇太后断然拒绝。在未来的岁月里，孝庄太皇太后以她对康熙皇帝的成功教养，赢得了皇帝、并通过皇帝赢得了历史与后代的尊敬。

据说，晚年的孝庄皇太后自奉甚简。与明朝比较起来，皇宫中的开支与使用的太监、宫女仅仅是明朝的一个零头，平均起来大约还不到其百分之一。而就是在这种节俭的开支中，孝庄太皇太后还曾经多次将皇宫中积攒起来的银两，赈济给遭受自然灾害的灾区人民。她对康熙皇帝的教诲中，确实有一些以人民福祉为念的地方，这应该是她受到爱戴的原因。

据说，这位老太太在夏天避暑时，曾经去过多尔衮猝死的喀喇城，就是今天的河北省承德市附近。饱经沧桑、已是暮年的老人，来到故人之故地，不知会有那揪心的疼痛否？

公元1688年，即大清康熙二十六年十二月二十五日子时——午夜时分，孝庄太皇太后病逝于北京紫禁城慈宁宫。去世前，她再一次给后世留下了一个谜团，她叮嘱孙子康熙皇帝，不愿惊动自己奉安已久的丈夫皇太极，且眷恋儿子和孙子，因此，要求将自己葬在福临的陵墓附近。最后，终于安葬在位于今日河北省遵化县清东陵的围墙外，与今天沈阳北陵的皇太极昭陵相对，号为昭西陵，从而，为后世的人们留下了许多想象的空间。

75岁的孝庄太皇太后，一生多姿多彩，却也无法不令人感慨万千：这老太太，可真不容易！

宫闱秘史：谁夺走了中国帝王们的初夜权

佚　名

中国宫中男子的结婚年龄一般不超过18岁，大多数是在13岁至17岁之间。几乎所有的皇帝、小皇帝、太子在正式结婚之前都已临幸过女人，有着熟练的性经验，有的甚至已经生儿育女。

西晋的痴愚皇帝晋惠帝司马衷，在做太子的时候，13岁时结婚。

在司马衷结婚之前，他的父亲晋武帝司马炎派后宫才人谢玖前往东宫，以身教导太子，让太子知道男女房帏之事。谢玖离开太子的东宫时，已经怀孕。谢玖后来在别处宫室生下一个儿子。几年以后，太子司马衷在父母宫中见到一个孩子，晋武帝告诉他，这是他的儿子，他大为奇怪。同样，北魏文成帝拓跋浚17岁结婚，但他13岁时刚步入青春期便已临幸了宫女，14岁就做了父亲。

清代宫中明文规定，皇帝在大婚之前，先由宫中精选8名年龄稍长、品貌端正的宫女供皇帝临御。这8名宫女都有名分，从此成为宫中有身份的女子，每月拿俸禄，不再像其他的一般宫女从事劳役。因此，这份差使也一直为宫女们所企盼，希望借此脱离苦海，一步登天。这8名宫女的名分一般是冠以4个宫中女官的职称，即司仪、司门、司寝、司帐。清代宫中的这种规定，目的是使皇帝在婚前对于男女房事取得一些经验，以便在和皇后一起生活中不致窘迫慌乱，能够从容不迫。

皇帝在婚前和哪些女人发生性关系？这在中国的历代宫廷中，并没有规定，也无法规定，完全看皇帝个人的兴致。对于青春年少的小皇帝来说，性的问题是令他紧张的，还处于被开导而无禁忌的状态。这种状态下很容易被挑逗或产生冲动，也就很容易和身边的女子发生性关系。太子住在东宫，太子行冠礼以后，便被视为成年，没有皇帝的诏命，太子从此不许随意出入后宫，以防和后宫嫔妃发生瓜葛。太子在东宫中则没有顾忌，可以随心所欲，可以任意猥亵任何一个侍女，也可以和她们任何一个发生性关系。

从可能性上说，谁是小皇帝或太子的第一个性体验的女人？这个女人是不是会成为皇后或嫔妃？这实在难以确切地回答，谁都可能成为皇帝的第一个女人，被临幸以后也一般都有相应的名号。但总体上说，最可能成为小皇帝或太子的第一个女人的是他们身边的宫女，有些时候则是他们的乳母。

宫女和乳母在宫中都是女仆，是没有名分的一类。宫女如果被临幸和得宠，则会取得名分，从而改变其卑贱低下的地位。乳母能自由出入宫禁，即便被临幸，但其乳母的名分永远不会改变，也无法改变。人们无法接受当年乳养皇帝长大的乳母能成为皇帝的嫔妃，更不能接受成为母仪天下的皇后。

从心理上说，唯我独尊的皇帝对于他的第一个女人感情浅淡，不会持久，也不眷恋。这个女人令皇帝羞涩，会使皇帝想起初次性生活的紧张和怯懦。皇帝在她面前永远不会轻松。皇帝自然而然地会避开她，转而扑向其他的美女。

明神宗朱翊钧是明穆宗的第三个儿子。5 岁时朱翊钧即被立为太子，10 岁时即皇帝位。17 岁那年，朱翊钧有一次路过慈宁宫，看见了宫女王氏，一时春心荡漾，不能自制，朱翊钧便临幸了她。王氏从此却有了身孕，这样重大的事情，随驾的太监当然作有记录，日簿也有案可查，但冲动以后的朱翊钧却并不喜欢王氏，不再临幸她，也不记挂。此事被慈圣太后得知，抱孙子心切的太后照顾着王氏，王氏在宫中顺利地生下了一个儿子。

有一次，太后兴冲冲地告诉神宗，讲述了这件事，但神宗对此反应淡漠，装作没有听见。神宗的冷淡，王氏册封嫔妃当然无望，王氏所生的儿子同样遭到无辜的冷落。但历史上，皇帝和他的第一个女人也有例外的，如明宪宗朱见深和宫女万氏。万氏是 4 岁时进入皇宫、成为一名宫女的。万氏最初在英宗的母亲孙太后宫中服侍。英宗是宪宗朱见深的父亲。

万氏进入青春期以后，日益娇艳秀美，加上她聪明伶俐，善于察言观色，侍候太后体贴入微，所以极得孙太后的宠爱，成了孙太后的心腹和不离左右的小答应。宪宗朱见深是英宗的长子，生于正统十二年。两年后，英宗在土木堡被俘，太后命将朱见深立为皇太子。代宗朱祁钰即位，在景泰三年，废朱见深为沂王。英宗复位以后，又被立为皇太子，这年，朱见深18岁。

18年以后，英宗死去，朱见深即皇帝位，为明宪宗。早在宪宗做太子时，太后就派心腹宫女万氏去服侍太子。万氏大太子18岁。太子就在这个和乳妈年龄相仿的宫女万氏的照顾下一天天长大，逐渐长成为一个英俊少年。聪明绝顶的万氏不知在何时何地用何种手段勾引了少年太子，两人发生了性关系，太子从此不能自拔。太子依恋着万氏，离不开万氏，万氏成了他生命的寄托。年轻的朱见深对于万氏除了感情和性欲的需要以外，还有驯服和敬畏。朱见深18岁即位，万氏已经是36岁。

青春正盛的朱见深却依旧宠着中年妇人的万氏。赐给她名号，以至做到了贵妃。万贵妃恃宠而骄，横行宫中。她在后宫颐指气使，以残酷的手段使其他受孕的女子堕胎。宫中人人都惧怕她。老年以后的万贵妃，宪宗对她依旧宠爱不衰。万贵妃在58岁时，一次怒打宫女，因身体肥胖，一口气闭了过去，从此再没醒来。宪宗闻讯后肝肠寸断，喟然长叹：万贵妃去了，我还能活多久？没过几个月，宪宗便在郁闷愁烦中随万贵妃而去，终年40岁。

同是明代的皇帝，为什么王氏和万氏命运如此不同？两人姿色相当。宫女的身份也一样，从情理上推测，可能在于皇帝在性生活上的感觉，是快乐还是恐惧抑或是痛苦。王氏完全是被动的，她自己都少不更事，恐惧、紧张自不待言，更不用说能够让神宗轻松；万氏则不同，她是看着宪宗长大的，对他的一切了如指掌。万氏又大宪宗18岁，相当于他的母亲。万氏的成熟、风韵，从容不迫和长期培养的依恋和感情，自然会使宪宗在性的体验中感到轻松、自如、畅快无比。因此，王氏和她的儿子受到了冷落，而万氏没有子嗣却照旧宠冠后宫，封为贵妃。

万氏只是相当于宪宗的乳母，但是，历史上也有过真正的乳母和乳养的皇帝发生性关系的史事，这便是明熹宗天启皇帝和他的乳母客氏。从史料上看，乳母客氏和天启皇帝有过性关系。客氏在明代的宫中是淫乱驰名的。她怎会放过年轻的皇帝？她和天启帝的关系，不同于一般乳母和养子的关系，从如下史迹和分析中可以看出客氏和天启帝关系的不同寻常，从遭遇可以断定客氏最先勾引了弱冠的天启皇帝，直到天启皇帝23岁时死去，两人一直关系暧昧。

首先，客氏乳养天启帝，将他一天天养大。一般来说，皇帝在宫中长大以后，乳母的职责已经尽到了，皇帝不再需要乳母朝夕相处，但客氏却不同。史称其每日清晨进入天启帝寝宫的乾清宫暖阁，侍候天启帝，每至午夜以后方才回返自己的宫室咸安宫。如果说是乳母照顾皇帝，没有这个必要，也是多此一举。

皇帝已经长大，宫中侍仆成群，还需要一个乳母干什么？如果说客氏是出于慈爱，像母亲一样，每天得看护着年轻的皇帝，守着他，心里才安，那么这又和下一个事实相矛盾——客氏后来和魏忠贤私通，有一天，她和魏忠贤在太液池欢饮。两情缱绻，柔情似水，不远处，上树捕鸟的天启帝这时忽然跌落，衣裳破裂，面部出血。客氏却无动于衷，依旧和情郎魏忠贤嬉谈笑谑。客氏在此时不管是乳母还是自诩为慈母，都是玩忽职守，显然客氏都不是。

其次，客氏美艳妖冶，在天启帝面前从来不以乳母和慈母自居，而是一个渴求受宠的活脱脱的女人，史称客氏即便40多岁时，面色依旧如二八丽人，而且打扮入时，其美艳和衣饰，和她的年龄、身份极不相称。但客氏的美色和妖冶是十分惊人的，连年轻的宫女、嫔妃们也无法企及，一个个只是瞠目结舌。

据说，客氏为了保持美艳，使青春永驻，平时总是以年轻宫女的唾液梳理头发，以保持头发的乌黑光润。秀发如云无疑平添风韵，更具女性的妩媚多情。这样的一个女子在皇帝面前尽展风骚，朝夕侍从左右，已经不是乳母的身份。

再次，作为天启帝的乳母，客氏争风吃醋，竟先后害死了几个曾被天启帝临幸过的嫔妃。其中最可怜的是张裕妃，被天启帝临幸后怀孕，临产时客氏下令断绝张裕妃的一切饮食，也不派人前去接生。

结果，在一个狂风暴雨之夜，张裕妃饥渴难忍，拖着沉重的身体，匍匐着爬到屋檐下接雨水止渴，最后哭喊着在饥寒交迫中死去。除张裕妃以外，还有三位皇子，两位皇女，均因客氏的加害，不幸夭折。至于皇帝临幸过或刚刚怀孕的宫女被客氏残害的有多少，恐怕不会是少数。这和历代后宫中后妃争宠残杀有什么不同？如果客氏仅仅是皇帝的乳母，她完全可以借皇帝的光，称霸乡里，家族腾达，却没有必要搅乱后宫，对皇帝的后妃美人们恨之害之。

最后，客氏和魏朝、魏忠贤关系密切。客氏是一位性欲很强的女人。魏朝、魏忠贤是两位宦官首领，他们可能在入宫之前，净身做得不够彻底，在床上还能对付一阵。客氏知道以后，先和宦官首领魏朝私通。后来，客氏得知魏忠贤血气旺盛，性功能强于魏朝，客氏便毫不犹豫地投向魏忠贤。客氏的这一感情转移，并不是悄悄进行，而是明目张胆，在宫中闹得满城风雨。

客氏如此求欢于刑余之人的宦官，对于青春年少又很眷顾着自己的皇帝，她怎会无动于衷？而且，史称客氏常将称为龙卵的子鞭之类烹制后献给天启帝，为其大补阳气。滋补的目的，当然应该是自己受用，岂能是让天启帝多御几个嫔妃美人？多生儿女？再又夺之杀之？这些都是说不通的。只有在天启帝和客氏有了两性关系，才能说得清这一切。尽管如此，客氏还是没能像万贵妃那般幸运，有了名号，进入皇帝正式的嫔妃行列。

皇后在洞房是怎么伺候皇上的

佚　名

“春宵一刻值千金，花有清香月有阴。歌管楼台声细细，秋千院落夜沉沉。”这是北宋著名诗人苏轼的一首脍炙人口的七绝。“春宵一刻值千金”，对于普天之下寻常的黎民百姓是如此，而对于那些“一朝选入君王侧”皇后嫔妃也概莫能外。尤其是那些入选为正宫的皇后，更是十分珍惜这来之不易的大婚时刻的洞房花烛之夜。

古代皇帝大都拥有三宫六院七十二妃，但是，皇帝一般一生也只能结一次婚，此即所谓“大婚”。不过也有例外，如果哪位皇后被废了，皇帝就还有可能再来一次大婚的机会。也就是说另有一位美丽女子就要欢度皇宫大内新婚的洞房之夜。

如清顺治皇帝福临的第一位皇后博尔济吉特氏，因“与朕志意不和”，便被降为了静妃，于是，另一个女人便走入了洞房，这第二位女人就是孝惠皇后。除了皇后外，后宫的嫔妃再多，也难享受大婚的排场。顺治时的董鄂妃，虽然宠冠后宫，但是也只能悄悄地被“迎接”进宫，而不是“迎娶”进宫，连册封都不敢逾制，册封时“不设卤簿，不奏乐，王、贝勒、贝子、公等，不次朝贺礼”。所以，皇帝的后宫嫔妃，除了皇后这位正妻外，其他都是不需要大婚的妾室。

一个美丽的女人进入皇帝的后宫而成为母仪天下的皇后，与民间百姓结婚在程序上大体相同，一般也要遵守《礼记》中约定的“六礼”，即纳采、问名、纳吉、纳征、告期、亲迎。不同的是，皇家的大婚仪式更为隆重和讲究。被选上皇后的女方，也能接到皇帝派人送来的彩礼，但皇帝绝不会亲自去迎亲，而是让皇后的娘家人隆重地送上门。

皇帝彩礼对皇后的娘家人来说，是一份真正的厚礼。如在汉代，仅黄金就要送万斤以上。东汉时权臣梁冀的女儿被选上皇后时，汉桓帝刘志“聘黄金两万斤，纳采、璧乘马束帛，一如旧典”，礼金翻了一倍。实际上，在完成“六礼”的每一个过程中，皇帝家都要送彩礼。皇帝即便想多结几次，也不是那么随便的，是要花大价钱的。

皇后与皇帝结婚时也要进“洞房”，但与民间洞房的习俗不一样，皇后与皇帝结婚的洞房并不在皇帝自己原来的寝宫内，也没有固定的洞房，一般都把举行仪式的地方当做大婚之夜的洞房。

明清两朝皇帝结婚一般都在坤宁宫举行。坤宁宫是皇宫中后三宫的第三宫，在明朝是皇后的寝宫，清朝时将东面两间设为皇帝大婚时的洞房，西面五间则改为祭祀萨满教的神堂。清朝皇帝大婚迎娶皇后的礼仪相当隆重，也极为讲究。新皇后要从大清门被抬进来，经天安门、午门，直至后宫。而一般妃嫔进宫，只能走紫禁城后门神武门。

晚清母仪天下的慈禧太后，也未能从大清门走进来，这成了她一生中心头的痛。慈禧当初仅是嫔妃，公元 1851 年以秀女被选入宫，先称贵人，后号懿贵人，因得咸丰皇帝宠幸，公元 1854 年进封为懿嫔。虽然母以子贵，亲儿子载淳后来做了皇帝，但也改变不了她与咸丰皇帝的那段婚史。所以，后来，儿媳妇阿鲁特氏，也就是同治皇帝的皇后，仅仅是“奴才是从大清门抬进来的”这一句话，便惹恼了慈禧太后。同治皇帝死后不久，慈禧便逼她自杀殉葬。

皇后与皇帝的洞房比寻常百姓家的要高档豪华多了，但也不能免贴红双喜、喜庆对联的习俗。洞房的主题也是大红色，形成红光映辉，喜气盈盈的气氛。床前会挂“百子帐”，铺上会放“百子被”，就是绣了 100 个神态各异小孩子的帐子和被子；床头悬挂大红缎绣龙凤双喜的床幔，帝王之家也希望“多子多福”。隋唐时，皇宫大内的洞房不仅要铺设地毯，而且要设置多重屏障，龙凤大喜床的四周有布幔，可见，当时皇宫洞房的私密性很好。

在清朝，洞房一般设在坤宁宫的东暖阁，墙壁都是用红漆及银殊桐油髹饰的。洞房门前吊着一盏双喜字大宫灯，鎏金色的大红门上有粘金沥粉的双喜字，门的上方为一草书的大“寿”字，门旁墙上一长幅对联直落地面。从坤宁宫正门进入东暖阁的门口，以及洞房外东侧过道里各竖立一座大红镶金色木影壁，乃取帝后合卺和“开门见喜”之意。

洞房内金玉珍宝，富丽堂皇。东暖阁为敞两间，东面靠北墙为皇帝宝座，右手边有象征“吉祥如意”的玉如意一柄。前檐通连大炕一座，炕两边为紫檀雕龙凤，炕几上有瓷瓶、宝器等陈设，炕前左边长几上陈设一对双喜桌灯。东暖阁内西北角安放龙凤喜床，喜床上铺着厚厚实实的红缎龙凤双喜字大炕褥，床上用品有明黄缎和朱红彩缎的喜被、喜枕，其图案优美，绣工精细，富贵无比。床里墙上挂有一幅喜庆对联，正中是一幅牡丹花卉图，靠墙放着一对百宝如意柜。现在故宫开放了，有机会大家可以去看看这间皇帝的洞房。

皇后与皇帝的大婚自然没有闹洞房的规矩，但礼节是少不了的。那皇后与皇帝入洞房后，首先要做什么？在民间，新郎新娘一入洞房可能就急不可耐地上床了。皇后与皇帝可不行，得把全套的活动进行完毕才能共度春宵。

据《新唐书・礼乐志八》卷十八“皇帝纳皇后”条款的记载，唐帝、后的大婚相当复杂，入洞房后先要祭拜神灵，向天、地、祖宗表达敬意。实际上，这种祭拜活动在进洞房前就开始祭了，要入同牢席，婚后数天也都要进行不同性质的祭拜活动。在新房东房间的西窗下设有餐桌，桌前列有象征夫妻同席宴餐的豆、笾、簠、簋、俎，这意思与民间“以后吃一锅饭”是一个意思。进入洞房后的祭拜活动在行合卺礼前进行，是夫妻俩一起祭。这每祭一次，新人便要一起吃一次饭，这样真的到了上床前肚子也饱了，不至于食色两饥了。因为饮了点酒，还可以把双方的情趣调节到位，也算是上床前的一种调情手段。

所谓的“合卺礼”，就是民间所谓的“喝交杯酒”。“合卺”，本意是把剖开的瓠合为一体，古时多用之盛酒。把帝、后各自瓠内的酒掺和到一起，共饮，即是“合卺”。这种交杯酒可不是现代婚礼上互饮对方的酒杯，而是各自喝掺到一起的酒，现在的喝交杯酒形式应该是闹新房的产物。

当然，行合卺礼后，就是喝了交杯酒后，下面该上床了。但是皇帝当新郎官，那床可不能随随便便就上的，要分先后顺序的。唐朝皇帝纳皇后入洞房是这样上床的：尚仪北面跪，奏称：“礼毕，兴。”帝、后俱兴。尚宫引皇帝入东房，释冕服，御常服；尚宫引皇后入幄，脱服。尚宫引皇帝入。尚食彻馔，设于东房，如初。

皇宫的洞房之夜，新婚的皇后与皇帝喝了交杯酒后，皇帝被侍寝的宫人带到房间，脱下冕服，换上便衣；而皇后先被宫人引入帐内，宫人先将她的礼服脱了，这才把着便衣的皇帝引入内，与皇后睡到一张床上，共度花烛良宵。

在清朝，皇帝大婚入洞房上床前讲究更多。清皇是满族，信奉萨满教，但祭拜神灵也是少不了的，如还要跨火盆什么的。上床前要到洞房西旁的神堂祭拜神灵。祭祀仪式，由一名萨满老婆子主持。皇后入洞房不久，皇帝亦身穿龙袍吉服，由近支亲王从乾清宫伴送至坤宁宫。揭去皇后头上盖巾后，皇帝与皇后同坐龙凤喜床上，内务府女官在床上放置铜盆，以圆盒盛“子孙饽饽”恭献。这“子孙饽饽”是一种面食，就是一种特制的小水饺。然后设坐褥和宴桌，公主、女官恭请帝、后相对而坐，由福晋四人恭侍合卺宴。合卺宴上，帝、后对饮交杯酒。这时殿外窗前，有结发侍卫夫妇用满语唱《交祝歌》。合卺礼成，然后坐帐。晚上，内务府女官、福晋等侍候帝、后吃长寿面。面吃完了，皇后按规矩先脱光衣服上床，然后皇帝再脱衣上床，这样皇后与皇帝才能开始享受男女的鱼水之欢。

洞房花烛夜，金榜题名时，久旱逢甘雨，他乡遇故知，此乃人生四大乐事也。但对皇后而言，大婚往往是一种政治婚姻，有时很痛苦，也很无奈，难以体会到洞房花烛之夜的鱼水之欢。皇后与皇帝平日并不住在一起，大婚后的一段时间可天天晚上住在一起，同床共眠。如清宫有规定，大婚后皇帝、皇后在坤宁宫东暖阁住满一个月，然后各自就要回到各自的寝宫。但清代的皇帝中真正住满一个月的只有康熙皇帝一人。同治皇帝只住了两天，光绪皇帝也不过住了6天，而末代皇帝宣统溥仪的大婚是在退位后才举行的，不过也与其他的皇帝隆重的大婚无异，但他当晚便移居养心殿的体顺堂，感觉在洞房不习惯不舒服，致使两位同入洞房的新娘子一整夜都没能和溥仪上床。

在清代诸位皇后中，在洞房最难过的当是光绪的隆裕皇后。光绪皇帝在洞房内心事重重，根本不想与自己的表姐隆裕皇后上床。最后他趴在隆裕皇后的怀里号啕大哭，表示只能永远敬重她，大婚以后好长时间光绪不跟隆裕皇后同床。原来光绪最爱的是珍妃，但慈禧却逼着他娶了表姐。隆裕皇后无疑是这场政治婚姻的牺牲品。

周作人和他曾经迷恋的女人们

陈漱渝

14岁，情窦初开

周作人情窦初开是在 14 岁那年。第一个梦中情人是跟他同龄的杨三姑，大概比他小一岁。当时为了陪侍狱中的祖父,他跟祖父的姨太太寄寓在杭州花牌楼，隔壁一家姓姚。杨三姑便是领居姚老太太的干女儿，尖面庞，黑眼珠，瘦小身材。周作人临摩陆润庠的字帖时，杨三姑常抱着一只名叫“三花”的大猫，含情脉脉地在一旁观看。她的出现使少年周作人亲近喜悦，于是便在不知不觉间振作起精神，用尽不知从哪里来的力气去练字。就这样，杨三姑成为了周作人“对于异性的爱慕的第一人了”。

半年后，杨三姑患霍乱夭折。听到噩耗，周作人不禁黯然神伤，后来到杭州，经过杨三姑住过的清波门，仍然感到一种特别的亲近。1946 年，62 岁的周作人因汉奸罪被关在南京老虎桥监狱，在押期间作《往昔诗三十首》，其中还追忆起这位初恋的对象。

15岁，单恋表姐

周作人再次萌生男女之情是在庚子事变之前，大约 15 岁的时候，地点在绍兴小皋埠的娱园。娱园的老主人是清代举人，诗人兼画家，是周作人大舅父鲁怡堂的岳父。鲁怡堂晚年就寄居在娱园的西厢房。娱园内有一座微云楼，还有水池，是当地文人墨客宴集夜饮的地方，在地方文献中多有记录。庚子事变（1900年）之前，鲁怡堂的独生子成亲，周作人前往参加婚礼。当时姨表姑表同时聚集了21人，女的7人。其中有一人跟周作人同年同月生，周作人称她为郦表姐。在交往中，周作人对她产生了单相思。但他也知道，这位姑娘从小已订亲，不容他有非分之想。有一次，趁她不注意时，周作人跟一些小兄弟溜进她房中拿东西吃，无意中看见她的一件雪青纺绸衫，不禁拿起跳起舞来，感到非常得意。

令周作人痛惜的是，郦表姐婚后也因病早逝，只留下一张早年的照片在周作人母亲那里。

1906年，迷上日本大脚少女

周作人的第三个梦中情人是日本姑娘乾荣子。1906年夏秋之间，鲁迅奉母命完婚之后将周作人带到日本，寄宿在东京本乡汤岛二丁目的伏见馆。周作人在伏见馆第一个遇见的人就是馆主人的妹妹乾荣子。她当时16岁，兼做伏见馆的女佣（日本称做下女），替客人搬运行李，端茶倒水。周作人嫌恶缠足，最喜见女人的天足，所以乾荣子两只白如雪的光脚在榻榻米上走来走去，给周作人留下了终生难忘的印象。

乾荣子在周作人潜意识中留下了深刻印象，致使晚年周作人在梦境中还多次跟她相见，并在日记中留下了记录。更让周作人狼狈的是，他对乾荣子的这种单相思招来了妻子的猜忌，引发了一场接一场的家庭风波，使他陷入了“寿则多辱”的困境。

与羽太信子的“终日不快”

周作人的妻子是一位日本女人，名叫羽太信子，1888年7月生，1962年4月死，享年74岁。周作人是在1906年的夏秋之际跟随鲁迅去日本的，1908年4月8日迁居东京本乡西片町十番地吕字7号，亦称“伍舍”。这是日本著名作家夏目漱石的故居，房子大，而入住的只有包括周氏兄弟在内的5个中国留学生。为了照料这5个单身男子汉的生活，特请羽太信子来到这里做杂务（即跟乾荣子一样的“下女”)。据日本东京警方档案，周作人跟羽太信子于 1909 年 3 月 18 日(阴历二月二十七日)登记结婚。这就是说，从初见到成婚，周作人只花了 10 个多月时间，感情可谓是发展神速。

据史实推断，周作人新婚之后的一段时光应该还是开心的，所以他在诗中写下了“远游不思归，久客恋异乡”一类的句子，但结婚归国之后家庭就时起风波，主要是因为羽太信子患歇斯底里症，稍不如意便会大发脾气。到了晚年，遇到“三年困难”时期，物质供应匮乏，再加上乾荣子频入周作人的梦境，羽太信子心生猜忌，怀疑周作人 1934 年 7 月 11 日至 8 月 28 日东游日本时曾与乾荣子幽会，遂冷嘲热讽，如噩梦呓，不堪入耳。事实上，周作人此次东游是跟羽太信子同行，一贯惧内的周作人不大可能有越轨之举，更何况他并不知道乾荣子的下落，也已表示“无心再去找她”。

被共同生活了半个世纪的妻子怀疑辱骂是十分痛苦的事情，写日记发牢骚就成为周作人宣泄的爆发日。早在解放初期，周作人跟妻子发生冲突之后就在日记中留下了“甚不愉快”一类记载，后来经常“不快”。到了 1960 年家庭危机似乎达到了顶峰，致使周作人“精神动摇”，“终日不快”，无法工作，唯祈速死。在矛盾剧烈时，周作人曾发出感慨：“临老打架，俾死后免得想念，大是好事。”但待妻子一旦作古，周作人仍不免有所追思，因为羽太信子之所以猜忌暴戾，不可理喻，的确跟她的宿疾有关。更何况她平素信佛，崇拜观音，不但长年照顾周作人的饮食起居，而且也帮邻里做过一些好事，既不是“圣女”，也不是“恶魔”、“冤孽”。

胡适与陆小曼的隐情

柳已青

先来看两封英文信的片段。

第一封信于1925年6月初写的。

我最亲亲的朋友

这几天我很担心你。你真的不再来了吗？我希望不是，因为我知道我是不会依你的。……热得很，什么事都作不了。只希望你很快地来看我。别太认真，人生苦短，及时行乐吧。最重要的，我求求你为了你自己，不要再喝了。就答应我这一件事，好吗？你为什么不写信给我呢？我还在等着呢！而且你也没有给我电话。我今天不出去了，也许会接到你的电话。明天再给你写信。

眉娘（繁体）

第二封信于1925年6月下旬写的。

我最亲亲的朋友

我终于还是破戒写信给你了！已经整整五天没有见到你了，两天没有音信了。……你怎么发烧了？难道你又不小心感冒了？今天体温多少？我真是焦急，真希望我能这就去看你。真可惜我不可能去看你。我真真很不开心。请你一定要好好照顾自己。

现在要换成我当先生，等你好了以后，我要好好地教训你，如果你再一次不听话，你就等着瞧！你这个淘气的人！我会处罚你，让你尝尝滋味。大爷！你现在做的，是不可工作，不可以用脑筋，也最好不要看小说，最重要的，是不可烦恼。哦！我现在多么希望能到你的身边，读些神话奇谭让你笑，让你大笑，忘掉这个邪恶的世界。你觉得如果我去看你的时候，她刚好在家会有问题吗？请让我知道！

我不敢用中文写，因为我想用英文会比较安全。我的字还像男人写的吧？我想她看到这些又大又丑的字不会起疑心的。祝你飞快康复。

你永远的玫瑰（Rose）兼娘（繁体）

〔注〕Rose 的字母里的“o”是画作心的形状。

又：请不可取笑我的破英文，我可是匆匆写的哦。

这两封信一看就像处于热恋中的人写的，里面充满了对“恋人”的关心、思念、牵挂，口吻亲昵、撒娇、调笑，充溢在字里行间。写这两封英文信的是人陆小曼。此时徐志摩为了探望病中的泰戈尔，只身去了意大利。你一定认为这两封信写给徐志摩的，然而，不是，信中的那位“最亲亲的朋友”是胡适。

1925 年之前的胡适，把情感曾寄托在韦莲司、曹诚英身上，她们是大家熟知的胡适的情人。但胡适和曹诚英的恋情受到了江冬秀严厉的制裁，不仅要胡适和曹完全断绝关系，而且严查女性寄给胡适的信。在这种情况下，凌叔华吓得不敢给胡适寄信，陆小曼为了让信安全地到达胡适手中，用英文书写，故意把字写得“又大又丑”，看起来出自男性之手。信中所问“她刚好在家会有问题吗”，这个“她”自然是指江冬秀。

1925 年是胡适生命低落的时期，与曹的感情遇到压力和阻挠，女儿素斐不幸夭折，无以解忧，唯有杜康。

就是在这一年，他和曹诚英藕断丝连之际（他和曹诚英仍然通信，有朋友为他们秘密收转），他玩了一个几近致命诱惑的游戏——有人推测胡适和陆小曼也有过一段情。徐志摩和陆小曼的恋爱闹得北京沸沸扬扬的时候，徐志摩迫于压力，远走欧洲，暂避风浪，胡适作为“先生”教陆小曼读书，是陆的“良师益友”，并照料陆小曼。从陆小曼给胡适的信来看，两人真有点假戏真做，胡适对陆小曼感情的暧昧，对陆不过是逢场作戏，陆小曼成了胡适感情失意的替代。而此时，胡适之于陆小曼，也是情感的替代，她的“摩”不在身边。陆对胡适写这信，感情也许不当真的，那只不过是“交际花”的性情使然；也许动了真格，一个女人同时爱上两个男人也是常见的，尤其是对于陆小曼来说。陆小曼和徐志摩结婚后，她又和翁瑞午有暧昧的感情，这并非偶然。这是后话。

虽然同为胡适的红颜知己，陆小曼显然不能和陈衡哲相提并论，胡适对陈衡哲是智识和趣味上的赏识，胡陈是文学革命的知音，心灵上意气相通，他们提倡白话文的同道。胡和陆游戏人生的成分多些一些，胡适生活失意，一时感情冲动，如此而已。

值得玩味的是，后来——江冬秀坚决对反对胡适为徐志摩和陆小曼做媒，为此事，和胡适吵过几次。1926 年 7 月，胡适出远门，要行几万里路，到莫斯科去。出行之前，江冬秀当着客人（慰慈、孟录）的面，威胁胡适：你要作这个媒，就是到了结婚的台上，拖也要把你拖下来。江冬秀如此反感胡适为徐志摩和陆小曼做媒，不难理解，成全了徐志摩和陆小曼，是以破裂两对夫妻——徐志摩和张幼仪、王庚和陆小曼——为代价的，江冬秀害怕胡适步徐志摩后尘。江冬秀的做法，是不是还有这样一层原因，江冬秀出于家庭妇女的本能厌恶陆小曼，完全是女性敏感、复杂的心绪使然。

胡适大概猜到了江冬秀的心理，在去莫斯科的道中，写了一封家书，批评江冬秀的不当之处，并劝慰她：“志摩他们的事，你不要过问。随他们怎么办，与我家里有什么相干？”

胡适和陆小曼这段短暂的暧昧情感，是两人心底秘而不宣的隐私，仿佛一朵白云，很快被一阵风吹散。事过境迁，他们还是朋友。

胡适是徐志摩最好的朋友之一，他们在生活中互相帮助。胡适迫于江东秀的压力和曹诚英中断恋爱关系时，有一次，收到曹自杭州寄来的信，胡适担心曹诚英想不开寻短见，徐志摩为朋友分忧解难，去杭州找曹诚英。同样，徐志摩和陆小曼都是已婚之人，要想离婚结合，面对的反对和压力更多，陆小曼的母亲不同意女儿和王庚离婚，胡适曾疏通陆小曼的母亲。

1931 年 11 月 19 日，徐志摩乘坐的飞机在济南党家庄附近触山身亡，胡适为丧事出了不少力。徐志摩遇难后，陆小曼伤心欲绝，同时遭受外界的非议和指责，心中痛苦愁闷无法解脱。

1936年陆小曼与赵家璧编好了《志摩全集》，准备交良友出版公司出版，但胡适提议《全集》由商务印书馆出。但《志摩全集》历经波折，一直到上世纪50年代也没有出版，商务印书馆将原稿退还陆小曼。就这件事，陆小曼对胡适颇有微词。当然，《志摩全集》不能顺利出版，并非胡适造成的。1983年，香港商务印书馆决定正式出版《徐志摩全集》，使用由陆小曼与赵家璧编辑的原有纸型和清样。

陆小曼在志摩去世后，陆小曼对翁“只有感情，没有爱情”，委身翁瑞午同居之举引起志摩朋友们的反对。胡适是最主要的一个，他向陆提出，只要和翁瑞午断交，以后一切由他负责。陆小曼委婉地拒绝了他的要求。

之后，随着人事变迁，两人的生活圈子没有共同之处了，渐渐疏远，陆小曼逐渐被胡适遗忘。建国后，能画一手山水画的陆小曼没有被人遗忘，被聘为上海文史馆馆员。

不知晚年胡适在台湾，是否会偶尔想起陆小曼。海水苍苍，人世茫茫，胡适和陆小曼在上世纪二三十年代的交往和友情，都已湮灭在时光深处了。世间没有不老的红颜，人生也没有绝对的知己。每一个生命都是从孤独中来，到孤独中去。此一时，彼一时，心灵微妙而幽微的默契，情感中捉摸不定的暧昧，似乎微不足道，都被时光的流水带走了。

让10万将士无辜丧生的风流女谍

北京大陆桥文化传媒

玛格雷萨·杰拉是20世纪最有名的间谍之一，这位来自修道院的姑娘在经历了和东印度公司一位官员的灾难性婚姻后，来到巴黎改头换面，以跳舞为生。她的新名字叫玛塔·哈莉，在爪哇语中的意思是“黎明的眼睛”。她穿着异域舞蹈家的华丽服饰，自称是东方皇室成员的后代。她成了明星，专为上流社会表演色情舞蹈。

玛塔·哈莉生活奢华，即便有再多的钱财也无法支撑太久。一战爆发后，为了增加收入，玛塔·哈莉转而从事间谍活动。她利用美色引诱法国的军政要人，从他们那里骗取军事机密，并主动把情报传递给德国的情报机构。德国人向她报出了相当于两百万美元的交易报酬。

传奇就这样诞生了。她楚楚动人，让整个巴黎为之动容。1916年，如果你能轰动巴黎，那么你就无所不能。从任何角度来看，她的工作都非常出色。她拥有一批身居要职的法国情人，并且不停地更换。作为一名德国密探，她的任务就是利用美色，从法国官员那里套取军事情报。但是她和各国官员的频频联系引起了别人的怀疑。她很快就被抓住了。

消息一出，许多人觉得，玛塔·哈莉只是喜欢和男人调情、喜欢冒险，根本不会是真正的间谍；但也有人猜测，玛塔·哈莉试图充当双重间谍。总之，1917年截获的秘密情报终于让法国人相信玛塔·哈莉就是间谍。玛塔·哈莉因叛国罪受到了审判。她否认自己有罪，在法庭上她辩解道：“我是妓女，没错；但我不是叛徒，永远不是。”为了掩示自己的无能，法国军方将玛塔·哈莉定为超级间谍。那是一场世纪审判，相当于今天的辛普森案件的审判。

1917年，玛塔·哈莉被处决。直到临刑前，她依然楚楚动人。她拒绝遮住眼睛，也不让行刑者把她绑在木桩上。就在被枪决前，她还向12人的行刑队送去了飞吻。她的贪婪和天真是她丧命的最终原因。她从弱智的法国将军那里得到的情报让数十万士兵们白白送了性命，而她最终也难逃一死。

希特勒与他外甥女的情事

翁 崎

为了希特勒而自杀的女人不止一个：玛格达·戈培尔与其丈夫——纳粹德国的宣传部长约瑟夫·戈培尔，于第三帝国崩溃之际，在毒死6个儿女之后，自杀而死；自杀次数最多的当数希特勒的情人爱娃·布劳恩，最后一次她与希特勒同归于尽。

但是，还有一个女人早在她们之前14年就已自杀身亡，同样是为了希特勒。这就是希特勒的外甥女格莉·劳巴尔。

1931年9月18日，格莉在希特勒的寓所，用他的手枪击中自己的肺部，结束了23岁年轻的生命。

格莉死后，希特勒一度萎靡不振、食不甘味，甚至声称格莉是他最理想、最钟爱的女人，他曾多么想和她结婚，而且自己再也无法像爱她那样去爱别人了。

希特勒和自己外甥女的恋情究竟是怎么一回事呢?

1908年6月4日，在奥地利风景秀丽的小城林茨，一个女孩呱呱落地。父母为她取名安格拉，但大家都叫她格莉。她的母亲安格莉卡·劳巴尔是希特勒同父异母的姐姐，父亲莱奥·劳巴尔是税务局的公务员。格莉有一个哥哥，后来又有了一个妹妹。她出生的时候，当年19岁的希特勒正在做着当画家的美梦。他去看望姐姐的时候，姐夫总要对他挖苦一番。在姐夫的眼里，这个妻弟不务正业，是个没出息的人。

时过不久，希特勒再也听不到姐夫的冷嘲热讽了，就在格莉两岁的时候，莱奥·劳巴尔离开了人世。

格莉记事以后第一次见到舅舅，正是他落难之时。1923年11月，希特勒策划慕尼黑啤酒馆暴动失败，沦为阶下囚。翌年一个炎热的夏日，他的姐姐安格莉卡带着长子和长女去监狱探视，年方16的格莉这才对舅舅有了一个初步的印象。

格莉和希特勒再次相遇时，她即将完成中学学业，而希特勒此时也早已走出监狱，正在慕尼黑为纳粹党夺权做准备。那年，格莉所在的学校组织毕业班同学去慕尼黑观光旅游，将学生安排在当地普通人家住宿。希特勒知道后立刻和自己的追随者、慕尼黑的富裕出版商布鲁克曼夫妇联系，把外甥女安排在他们的别墅里过夜。可想而知，格莉不仅受到舅舅崇拜者的热情款待，也着实让同学们羡慕了一番。这就使得年轻而又不乏虚荣心的格莉为有这样一个舅舅而感到自豪。不过，她对希特勒及其纳粹党的思想和行为，却所知甚少，也毫无兴趣。

1927年夏天，格莉中学毕业，面临着升学地点的选择。她选中了慕尼黑，一来她的母亲在希特勒的要求下，已于半年前住进了他在慕尼黑附近贝希特斯加登的山庄别墅，为他料理家务，格莉在慕尼黑求学，可以经常见到母亲；另外，舅舅也在慕尼黑，无疑也是格莉做出这一选择的原因。在慕尼黑，无论是住宿还是上大学，费用都相当昂贵，因此，格莉在经济上需要依靠舅舅。

1927年9月，格莉在慕尼黑大学注册学医。希特勒在纽伦堡纳粹党代会结束后，让同党鲁道夫·赫斯与自己一起陪姐姐、格莉及其女友去旅游。他们乘着希特勒的豪华汽车，到古城德累斯顿和首都柏林游览，每到一地必进剧院看戏。

回到慕尼黑以后，格莉定期与希特勒见面。她很快对学业失去了兴趣和热情，不到半年就辍学改学声乐，希望有朝一日成为歌剧演员。希特勒的摄影师霍夫曼的女儿亨里埃特曾经问过格莉："你真的想当一名歌剧演员吗？"格莉做出了肯定而又自信的回答，并且憧憬着出演多种角色。

希特勒出手大方，不惜高价请来了知名的声乐老师为格莉练声。然而在老师眼里，格莉不仅没有天赋，而且懒散成性。但是，希特勒并不计较这些，他照样支付格莉每月的学费，期待着外甥女有朝一日在舞台上一展歌喉。

格莉来到慕尼黑以后，俨然成了相伴希特勒左右的女人。希特勒带她上馆子，拜访自己的支持者和崇拜者，带她看戏看电影，和她一起在别墅外面的草地上小憩，去湖边郊游野餐。也许就这样，希特勒渐渐地爱上了格莉。

格莉长着一张圆圆的脸、身材丰满，在当时算得上是个美女。她活泼可爱，性格开朗，热情奔放，无拘无束，见到过她的纳粹党徒都赞不绝口。对她心怀爱慕的，当然不止希特勒一人，希特勒的司机埃米尔·毛里斯就是其中的一个。

毛里斯20年代初就为希特勒出生入死，1923年希特勒发动政变失败后，他们一起被投入监狱。不知什么时候开始，格莉与毛里斯之间产生了恋情，为此他差点丢了小命。毛里斯曾这样告诉摄影师霍夫曼：有一天毛里斯到格莉的公寓去玩，两人正在卿卿我我的时候，恰巧希特勒来到，被他撞了个正着。“他一把抓住我，当时我觉得他简直想把我杀了。”从此以后，希特勒规定他们在两年内不许单独见面，并对格莉实行更严密的监视。

1929年，希特勒在慕尼黑的富人区租了一处宽敞的住宅，让外甥女搬进去。希特勒在物质上对外甥女相当大方，有求必应。他们在一起的时间越来越多，除了经常一起吃饭、看戏，还陪同出入时装商店。希特勒后来的情人爱娃虽然酷爱打扮，但他从未陪她出去买过东西。在外甥女死后多年，希特勒还对秘书说起自己当年陪格莉购买帽子时的情景，念念不忘与格莉在一起的时光。

但是，希特勒严格限制格莉的自由：她的信件都要经过希特勒的检查，为的是禁止她和男人交往；她不能像同龄的青年男女那样单独外出参加晚会、结交朋友，不能像他们那样结伴旅游，夜间不能太晚回家。出门的时候，她的身边不是希特勒，就是他派的中老年“保镖”，名为保护，实则监视，以防她和青年男子接近。希特勒自己很有可能曾对格莉行为不轨，不然，格莉不会说这样的话：“我的舅舅是一个恶魔，他要求我做的事，没有人能够想得出来。”尽管如此，她还是无法摆脱自己对希特勒的依赖。

对于格莉内心的痛苦，摄影师霍夫曼看在眼里。他是希特勒落难时结交的同党，因此还敢当面说几句真话。根据他女儿亨里埃特的回忆，有一回他对希特勒说：“希特勒先生，看来格莉苦于不断被监视、不自由，很不开心。我注意到，即使在舞会上她也不能尽兴，还表露出没有自由、不能自己做主是多么无法忍受。您难道希望她如此与世隔绝吗？”希特勒回答说：“我很牵挂格莉的前途，这您知道，我所拥有的一切，其中最为珍贵、最爱的就是她，我把保护她看作是我的任务，把照管她、为她挑选朋友看作是我的权利。这在格莉看来是限制自由，其实是出于明智的考虑。我不想让她落到骗子手里。”其实，格莉早已落入一个大骗子的魔掌。

尽管希特勒对格莉进行了严密的控制和约束，但他最担心的事情还是发生了。

格莉从1927年来到慕尼黑，直至1931年自杀的4年间，虽然大部分时间生活在慕尼黑，但是，她有时也独自返回奥地利，去维也纳或家乡林茨过上几个星期。很有可能那时她和一名男子相恋了。格莉的母亲在战后接受美军审讯时，声称格莉的男友是林茨的一个小提琴手，女儿想和他结婚，她和希特勒则坚决反对，并禁止格莉与他继续交往。

格莉的男友显然看透了希特勒在保护外甥女的幌子下的不良用心。一句话，是他试图占有她，所以对她交友横加干涉，完全超出了舅舅对外甥女的关心。

格莉对这种控制和约束最终忍无可忍，于是发生了1931年9月18日悲惨的一幕。

这一天，希特勒和他的摄影师霍夫曼从寓所出发，驱车前往纽伦堡，准备开始新的一轮竞选宣传活动。希特勒与格莉告别，已经走到楼下，却又转身上楼，对格莉说了些什么，这才下楼上了车。第二天上午，希特勒正准备离开纽伦堡，被慕尼黑打来的急电叫回旅馆——格莉自杀了。

原来，希特勒离开慕尼黑以后，格莉对女佣谎称自己打算外出看电影，不在家吃晚饭，把她打发回家了，然后取来希特勒的手枪，将自己反锁在房间里。第二天，女佣没有看见格莉出来吃早饭，又发现房门反锁，觉得事情不妙，马上叫人打开房门，看见的是倒在血泊中的格莉。

格莉到底是自杀还是他杀？当时有报纸认为希特勒和外甥女关系不正常，格莉知道舅舅的隐私太多，为了不影响自己的政治前途，希特勒亲自或派人对格莉下了毒手。然而法医的鉴定是：没有发现他杀的迹象，格莉系自杀身亡。

对于格莉的死，希特勒百思不得其解。一种说法是格莉想与男友私订终身，希特勒坚决反对，两人发生激烈争吵，格莉自知势单力薄，无法违背舅舅的意志，只能以死相抗。而希特勒寓所的女佣温特尔又对格莉之死做了另一种解释：希特勒的外甥女是因为嫉妒而走上绝路。当时希特勒已和爱娃有所交往。瓦格纳的儿媳妇威妮弗雷德曾在瓦格纳音乐节上见到过格莉，她坚信希特勒的外甥女既非他杀也非自杀，而是一次不幸的意外事故。在她看来，格莉为了能与希特勒以前的司机毛里斯终成眷属，不惜一切手段威胁从中百般阻挠的舅舅，结果却弄假成真，子弹击中了要害部位，才发生了这一幕惨剧。

这几种对格莉之死的解释相去甚远，历史学家普遍认为格莉是因为不堪忍受希特勒长期变态的管束和监视，在走投无路的情况下自杀身亡的。

希特勒和他的外甥女格莉之间是否有过性关系呢？这一点是多年来历史学家和心理学家大伤脑筋的问题。但是无论持何种观点，都没有确凿的证据，充其量也只是依凭一些现象做出的推测。不过，有一点却毋庸置疑，那就是希特勒深深地爱过格莉，这种爱完全超出了舅舅对外甥女的疼爱，也不是正常的男女之爱，而是他对格莉的控制欲、主宰欲和占有欲。

格莉之死似乎对希特勒震动极大。根据亨里埃特回忆，他让摄影师霍夫曼陪他住到一位出版商的别墅里，茶饭不思，也不说话，过了很长一段时间才有所缓和。她的房间保持原样，除了他自己和定期来更换鲜花的女佣，没有人可以进去。他还请人照着格莉的照片铸就一尊铜像，保存在她的房间里。希特勒毫不隐讳他对外甥女的这种不正常的爱，他常常会在知心的女友和女秘书面前表达自己对她的思念之情。“我告诉过你我为什么不结婚，这个女孩名叫格莉，是我的外甥女。我非常爱她，她是唯一一个我会娶的女人。但是，命运不允。”

摄影师霍夫曼的女儿亨里埃特认为，要是格莉不死，她也许会阻止希特勒的暴行，历史也许会是另一个面目。可惜历史不容假设，也无法假设。